我国交通运输治理关键问题研究

RESEARCH ON CRITICAL ISSUES IN CHINA'S TRANSPORTATION GOVERNANCE

蒋中铭◎著

人民日报出版社

北 京

图书在版编目（CIP）数据

我国交通运输治理关键问题研究 / 蒋中铭著.
北京：人民日报出版社，2024.10. — ISBN 978-7
-5115-8448-9

Ⅰ. F512.1

中国国家版本馆CIP数据核字第2024CA2636号

书　　名：**我国交通运输治理关键问题研究**
　　　　　WOGUO JIAOTONG YUNSHU ZHILI GUANJIAN WENTI YANJIU
著　　者：蒋中铭
出 版 人：刘华新
责任编辑：蒋菊平　徐　澜
封面设计：中尚图
出版发行：人民日报出版社
社　　址：北京金台西路2号
邮政编码：100733
发行热线：（010）65369527　65369846　65369509　65369512
邮购热线：（010）65369530
编辑热线：（010）65369528
网　　址：www.peopledailypress.com
经　　销：新华书店
印　　刷：三河市中晟雅豪印务有限公司
法律顾问：北京科宇律师事务所 010-83632312
开　　本：710mm × 1000mm　1/16
字　　数：215千字
印　　张：15
版次印次：2024年10月第1版　2024年10月第1次印刷
书　　号：ISBN 978-7-5115-8448-9
定　　价：58.00元

如有印装质量问题，请与本社调换，电话（010）65369463

前　言

党的十八届三中全会通过《中共中央关于全面深化改革若干重大问题的决定》，指出全面深化改革的总目标是完善和发展中国特色社会主义制度，推进国家治理体系和治理能力现代化。经济体制改革是全面深化改革的重点，核心问题是处理好政府和市场的关系，使市场在资源配置中起决定性作用和更好发挥政府作用。《交通运输部关于推进交通运输治理体系和治理能力现代化若干问题的意见》（交政研发〔2020〕96号），进一步提出建立健全交通运输法治体系、完善交通运输行政管理体系、完善交通运输市场治理体系、完善交通运输社会协同共治体系、完善交通出行保障政策体系、完善交通运输安全与应急管理体系、完善交通运输科技创新体系等推进交通运输治理体系和治理能力现代化的具体领域和任务目标。党的二十届三中全会通过《中共中央关于进一步全面深化改革 推进中国式现代化的决定》，提出进一步全面深化改革以经济体制改革为牵引，以促进社会公平正义、增进人民福祉为出发点和落脚点，更加注重系统集成，更加注重突出重点，更加注重改革实效，推动生产关系和生产力、上层建筑和经济基础、国家治理和社会发展更好相适应，为中国式现代化提供强大动力和制度保障。在具体改革任务中，提出"推进能源、铁路、电信、水利、公用事业等行业自然垄断环节独立运营和竞争性环节市场化改革，健全监管体制机制""深入破除市场准入壁垒，推进基础设施竞争性领域向经营主体公平开放""强化反垄断和反不正当竞争，清理和废除妨碍全国统一市场和公平竞争的各种规定和做法""推进水、能源、交通等领域价格改革""健全因地制宜发展新质生产力体制机制""健全现代化基础设施建设体制机制"等等，都对交通运输治理体系和治理现代化提出新的更高要求。

本书是笔者在近年来相关研究课题的研究成果基础上整理形成。感谢国家发展改革委综合运输研究所相关领导专家在研究过程中给予的指导和帮助。本书共分为五章：第一章交通运输治理体系和治理能力现代化研究为总论，提出面向建设交通强国的宏伟目标，要按照科学治理、民主治理、法治治理、市场决定的原则，推进交通运输法律法规系统、行政管理系统、市场经济系统、社会组织系统建设，形成法治框架下政府、市场、社会多方共治的现代化治理格局，推动实现交通运输治理体系和治理能力现代化。第二至五章分别聚焦当前我国交通运输领域的科技创新、都市圈轨道交通、城市公交、交通运输新业态等若干关键问题，研究提出相关治理体系建设的政策建议。

当前，我国正在以中国式现代化全面推进强国建设、民族复兴伟业。实现国家治理体系和治理能力现代化，既是实现中国式现代化的重要组成部分，也是实现中国式现代化的重要基础保障。实现交通运输治理体系和治理能力现代化，能够有力支撑全面建成交通强国，以交通运输高质量发展支撑中国式现代化。本书仅从涉及交通运输治理全局和局部的一些关键问题视角进行了粗浅探讨，抛砖引玉，希望引起更多政府人士、专家学者和公众的关注，合力推动相关领域的改革发展向纵深推进。由于作者水平有限，书中难免有论述不到位、不准确甚至谬误之处，请不吝指教！

目　录
contents

第一章　交通运输治理体系和治理能力现代化研究………… *001*

一、交通运输治理体系和治理能力现代化的内涵 ………… *001*

二、我国交通运输治理历程回顾 ………… *006*

三、我国交通运输治理问题分析 ………… *031*

四、交通运输现代化治理体系的构建思路 ………… *037*

五、推进交通运输治理体系和治理能力现代化的实施路径 … *042*

第二章　科技创新推动交通运输变革研究………… *051*

一、科技创新与交通运输变革历程回顾 ………… *051*

二、我国交通运输科技创新发展现状与问题 ………… *057*

三、交通运输科技创新的趋势分析 ………… *064*

四、交通运输科技创新的发展趋势 ………… *069*

五、科技创新推动交通运输变革的主要思路和任务 ………… *073*

六、科技创新推动交通运输变革的政策建议 ………… *080*

第三章　都市圈轨道交通高质量发展体制机制问题研究·················· 082

　　一、目标认知：推动都市圈轨道交通高质量发展的意义目标 ··· 082

　　二、供给现状：结构不完善、效率不高、效益不佳 ·········· 093

　　三、经验借鉴：东京都市圈轨道交通发展历程及特点 ······· 114

　　四、发展思路：推动都市圈轨道交通高质量发展 ········· 131

　　五、重大问题：破除体制机制障碍 ················· 135

第四章　城市公交管理体制机制改革研究················· 148

　　一、城市公交发展面临的形势背景 ·············· 148

　　二、城市公交的定位属性及政府作用 ············· 150

　　三、城市公交的管理现状及问题分析 ············· 153

　　四、国内外城市公交管理体制机制改革的经验借鉴 ·········· 168

　　五、关于城市公交管理体制机制改革的建议 ········· 181

第五章　交通运输新业态治理体系研究················· 189

　　一、交通运输新业态发展现状分析 ·············· 189

　　二、交通运输新业态发展面临的环境 ············· 211

　　三、交通运输新业态发展的思路与路径 ··········· 214

　　四、交通运输新业态发展的政策建议 ············· 222

参考文献··· 228

第一章　交通运输治理体系和治理能力现代化研究

交通运输治理体系和治理能力现代化，是建设交通强国的应有之义，更是建成交通强国的根本保障。改革开放 40 多年来，我国交通运输治理体系逐步健全，治理能力不断提高，但综合交通运输法治体系尚不完善，政府与市场关系仍待进一步理顺，各种参与治理的机制尚不健全，交通运输治理体系和治理能力仍难以适应经济社会发展需要。面向建设交通强国的宏伟目标，要按照科学治理、民主治理、法治治理、市场决定的原则，推进交通运输法律法规系统、行政管理系统、市场经济系统、社会组织系统建设，形成法治框架下政府、市场、社会多方共治的现代化治理格局，推动实现交通运输治理体系和治理能力现代化。

一、交通运输治理体系和治理能力现代化的内涵

习近平总书记强调，"改革开放以来，我们党开始以全新的角度思考国家治理体系问题，强调领导制度、组织制度问题更带有根本性、全局性、稳定性和长期性。今天，摆在我们面前的一项重大历史任务，就是推动中国特色社会主义制度更加成熟更加定型，为党和国家事业发展、为人民幸福安康、为社会和谐稳定、为国家长治久安提供一整套更完备、更稳定、更管用的制度体系。"党的十八届三中全会和党的二十届三中全会将"完善和发展中国特色社会主义制度、推进国家治理体系和治理能力现代化"作为全面深化改革的总目标，从国家顶层设计上开始探索加强国家制度建设。交通运输作为国民经济的基础性、先导性、战略性产业，也必须紧紧依靠实现治理体系和治理能力现代化这一力量源泉，保障交通强国建设。

（一）国家治理的概念

1.治理的类型

有学者认为西方国家的国家治理，先后形成了治理的四种类型和三次转型。一是统治型。和历史上任何一次的国家更替一样，作为现代的、新兴的资本主义国家，也是建立在暴力的基础上，并凭借暴力维持自己的阶级统治。二是管制型。随着资本主义国家政权的逐渐稳固，资产阶级统治者开始转向对公共行政事务的治理，这是国家治理的第一次转型。三是管理型。针对管制型国家公共行政的弊端，20世纪60年代，欧美国家发起了行政改革运动，使国家的行政管理进入了"新公共管理"的阶段，这是国家治理的第二次转型。四是治理型，也是国家治理的第三次转型。当人类步入后工业社会的时候，社会利益的多元分化越来越明显，社会公共事务的治理要求相关治理机构有更灵活更高效的回应，以国家为中心的治理结构和以科层管理制度为主的治理机制已经无法适应社会发展的要求。在社会资源配置方面，政府与市场一样表现出乏力的迹象，一方面，市场在限制垄断、提供公共品、约束个人的极端自私行为、克服生产的无政府状态等方面存在内在的局限，单纯的市场手段不可能实现社会资源的最佳配置。另一方面，仅仅依靠国家的计划和命令等手段，也无法达到资源配置的最优化，最终不能促进和保障公民的政治利益和经济利益。治理比统治、管制、管理具有更广泛的适用范围，治理中的权力主体是多元的、广泛的，其手段也是多样的、相互的，强调沟通和协调。

2.治理的内涵

治理理论是当今国际社会科学的前沿理论和热门话题，它提倡的一些价值日益具有共同性和普遍性。当代首先使用"治理"这一概念的是世界银行，1989年世界银行在概括当时非洲的情形时，首次使用了"治理危机"一词，此后"治理"被广泛地应用于政治发展研究中。全球治理委员会对治理的定义为，"治理是各种公共的或私人的个人和机构管理其共同事务的诸多方式的总和。它是使相互冲突的或不同的利益得以调和并且采取联合行动的持续的过程。这既包括有权迫使人们服从的正式制度和规则，也包括各种人们同意或认为符合其利益的非正式的制度安排"。联合国开发署的定义为，"治理就是通过国家、公民社会和私人部门之间的互动，一个社会管理其经济、政治和社会事务所依靠的价值、政策和制度体系。它是一个社会自我组织作为决策并执行决策以取得相互理解和共识并采取行动的方式"。治理理论的主要代表人物之一詹姆斯·罗西瑙（J.N.Rosenau）将治理定义为："一系列活动领域里的管理机制，它们虽未得到正式授权，却能有效发挥作用。"同时他认为与统治不同，治理指的是一种由共同的目标支持的活动，这些管理活动的主体未必是政府，也无须依靠国家的强制力量来实现。"

格里·斯托克（Gerry Stoker）认为，治理主体来自政府，但又不限于政府的社会公共机构和行为者。它对传统的国家和政府权威提出挑战，它认为政府并不是国家唯一的权力中心。各种公共的和私人的机构只要其行使的权力得到了公众的认可，就都可能成为不同层面上的权力中心。它表明在现代社会，国家正在把原先由它独自承担的责任转移给公民社会，即各种私人部门和公民自愿性团体，后者正在承担越来越多的原先由国家承担的责任。治理意味着，办好事情的能力并不仅限于政府的权力，不限于政府的发号施令或运用权威。在公共事务的管理中，还存在其他的管理方法和技术，政府有责任使用这些新的方法和技术来更好地对公共事务进行控制和引导。

总的来说，当代的治理是一个具有广泛适用性的概念，是指各种国家公共的机构或私人的机构乃至个人，共同处置社会公共事务的诸多方式的总和。它既不否认政府的合法权威，也不排斥社会和市场的自发组织机制，而是把这两者重新组合起来，认为有效的治理是建立在政府和市场的基础上对政府和市场手段的综合和补充；强调民主、法治、多元、合作，打破了近现代以来传统意义上的公共与私人、国家与市场、政府与社会的两分法，在治理的主体、职能、方法等各方面都作了扩展。

（二）中国国家治理和交通运输治理

1. 中国国家治理的意蕴

如上所述，西方人之所以主张以治理替代统治，是现代工业民主国家经历市场失灵和政府失灵双重失败的结果。在中国，人们面临的问题不仅是工业民主国家式的市场失灵和政府失灵，更体现为社会转型中市场机制的不成熟和政府监管责任的缺失。市场机制不成熟主要表现为：市场规则不健全；生产者和消费者地位严重不平等和信息不对称；非公有制企业对职工权益的侵犯；国有企业内部人控制衍生的腐败和企业行为短期化；社会信用体系尚处于起步阶段；等等。在市场机制不成熟的情况下，政府监管责任的缺失表现为选择性缺失。一方面是政府对产权的界定和保护不够，过多地干预市场主体的决策权（如招商引资），过度地限制市场主体的权利范围（如过度审批），从而阻碍市场机制作用的正常发挥。另一方面是政府宏观调控的乏力，如对重复建设、过度投资、环境污染等现象的解决失效。政府在制定市场游戏规则和监督规则的执行方面不力，造成了市场和政府的真空地带，产生了大量危害社会经济的问题。因此，在中国语境下，治理不仅具有充分释放市场机制、限制政府不当干预的意义，还有如何在市场体制环境下进一步改进和加强政府宏观调控的问题。

2. 交通运输治理与国家治理

交通运输治理服从国家治理。习近平总书记指出，"国家治理体系是在党领导下管理国家的制度体系，包括经济、政治、文化、社会、生态文明和党的建设等各领域体制机制、法律法规安排，也就是一整套紧密相连、相互协调的国家制度"。交通运输作为国民经济的重要产业之一，一直是落实中央和国家战略部署的重要领域。"推进交通运输治理体系和治理能力现代化"的提法，首次出现在《交通运输部关于全面深化交通运输改革的意见》中，而该意见正是国家全面深化改革方案在交通运输领域的具体体现。因此，在分析交通运输治理问题时，要清晰认识推进国家治理体系和治理能力现代化的基本原则、主要思路、重点任务，使之成为推进交通运输治理体系和治理能力现代化中的重要指导和主要依据。同时，在推进交通运输治理体系和治理能力现代化的过程中，还必须紧紧把握和认识我国经济社会发展的阶段性、规律性，使行业改革符合经济社会的发展要求，显著提高支撑和保障国民经济、社会发展、民生改善的能力。

交通运输治理现代化引领国家治理现代化。在推进国家治理体系和治理能力现代化的进程中，面临许多"牵一发而动全身"的改革难题，如果不能很好地解决，也会影响包括交通运输领域在内的各行各业改革的推进。同时也必须看到，交通运输是服务于国民经济的基础性、先导性、战略性产业，在过去一段时期，一直处于国民经济的基础和引领地位，"经济发展、交通先行"的理念，某种程度上已经深入人心。在推进国家治理体系和治理能力现代化的新使命中，交通运输行业也应积极扮演引领角色，率先对一些好的制度安排和改革方向进行探索实践，为国家治理积累宝贵借鉴经验。同时，衣食住行与人民群众的日常生产生活密切相关，交通运输领域的改革颇受关注，积累的矛盾和问题也十分突出，在此领域率先推进治理改革，对于提振改革信心，提高人民群众的满意度和幸福感都有重要价值。

（三）交通运输治理体系和治理能力现代化与交通强国的关系

1. 交通运输治理体系和治理能力现代化是建设交通强国的应有之义

国家治理体系和治理能力现代化是我们党在社会主义现代化框架下，继工业现代化、农业现代化、国防现代化、科学技术现代化后中国现代化进程中的"第五个现代化"，是建设社会主义现代化强国的重要内容。交通运输治理体系和治理能力现代化也是建设交通强国的重要组成内容。改革开放以来，我国交通运输基础设施建设取得了举世瞩目的伟大成就，高速公路、高速铁路、港口等建设获得了多项世界第一，但是交通运输治理水平仍然是短板，各项设施的应用水平和效益效率仍有待提高，在这样的背景下提出交通运输治理体系和治理能力现代化，强调了整体性的制度的完备和完善。如果说设施网络的完善、技术装备的创新是建设交通强国的硬件条件，那么交通运输治理体系和治理能力现代化则是建设交通强国的软件条件，两者缺一不可。从设施网络建设到服务提升，再到制度完善，正是我国交通运输领域在追求不断表达的新期待，不断提出的新目标，不断尝试的新实践。

2. 交通运输治理体系和治理能力现代化是建成交通强国的根本保障

国家的强大，源于制度的强大。在交通运输领域，交通运输治理是否完备、科学，直接决定着一个国家交通运输的整体发展水平。当前，我国交通运输领域存在设施供给不平衡、运输服务质量较低、运输系统效率不高等突出问题，特别是存在一些长期以来国家想推动解决却一直无法有效解决的问题，如跨行政区的交通设施建设、跨方式的综合交通枢纽建设、多式联运水平低、城市交通拥堵等。从表面上看，这些问题是因为方方面面的制约障碍，但究其根本原因，都是治理体系不科学和治理能力不足，有的是政府管理缺位，有的是国有企业市场化程度不高，有的是社会参与程度不够，等等。正所谓，改革是最大的红利。如果不改变现有的交通运输治理方式，就无法从根本上解除制约交通运输进一步发展的各种制约障碍，现阶段出台的各种鼓励措施，也只能是修修补补、隔靴搔痒，无法真正起到作用。

二、我国交通运输治理历程回顾

改革开放以来我国交通运输建设取得的重大成绩，与交通运输治理体系的不断优化密不可分。40 多年来，交通运输法律法规体系逐步建立，交通运输行政管理体制机制不断优化，政企分开、政资分开、政事分开、政社分开稳步推进，为充分调动地方、企业、行业等各个主体的积极性发挥了作用，使交通运输呈现出大建设、大发展、大变革的局面。但是，也要看到，面对新时代我们党两个一百年的奋斗目标，面对建设交通强国的战略要求，我国交通运输高质量发展仍存在诸多制约因素，其根本原因仍是交通运输治理体系不完善、治理能力不足，迫切需要进一步深化改革，推进交通运输治理体系和治理能力现代化。

（一）交通运输法律法规体系发展历程回顾

新中国交通立法的步伐最早可追溯到 1951 年 9 月 20 日政务院公布的政秘字第 714 号《车船使用牌照税暂行条例》，计 18 条，规定车船牌照税如何征收。我国交通运输法律法规建设的真正起步则是始于 20 世纪 80 年代中后期。

1. 交通运输法律法规体系逐步构建形成

（1）公路（道路）运输法律法规

公路是经济社会发展的重要基础设施，公路事业的大发展为保障经济社会发展发挥了重要作用。1997 年 7 月 3 日，第八届人大常委会第二十六次会议通过了《中华人民共和国公路法》，该文件经过 1999 年、2004 年、2009 年、2016 年、2017 年的五次修订，是道路交通方面最重要的法律文件，对公路规划、公路建设、公路养护、路政管理、收费公路、监督检查、法律责任进行了全方位的规划和界定。

1987 年 10 月，国务院发布《中华人民共和国公路管理条例》，规定公路工作实行统一领导、分级管理原则，即国道、省道由省级公路主管部门负责修建、养护和管理；县乡道路分别由县乡人民政府负责修建、养护和管理。该条例的颁布从法律上确立了公路管理"条块结合"的基本体制模式。2008 年 12 月 27 日，国务院发布中华人民共和国国务院令第 543 号《国务院关于修改〈中华人民共和国公路管理条例〉的决定》，《决定》自 2009 年 1 月 1 日起施行。在公路建设大发展的同时，各类破坏、损毁公路及附属设施的现象也时有发生，既影响公路的完好和正常使用，又危及交通安全。针对公路保护方面的突出问题，完善相关的法规制度并严格执行，切实把国家斥巨资修建的公路保护好、利用好，已成为一项重要而紧迫的任务。为充实和细化公路法所确立的公路安全保护方面的基本制度，2011 年 3 月 7 日国务院令第 593 号公布《中华人民共和国公路安全保护条例》，自 2011 年 7 月 1 日起施行，同时废止 1987 年 10 月 13 日国务院发布的《中华人民共和国公路管理条例》。

由交通部和国家经贸委 1986 年联合发布的《公路运输管理暂行条例》，是我国道路运输方面层次最高的行政法规。10 多年过去后，其中的许多条款都无法适应社会主义市场经济的要求。2004 年 4 月 30 日，国务院发布了《中华人民共和国道路运输条例》，弥补了这一不足，后经过 2012 年、2016 年、2019 年、2022 年四次修订。《中华人民共和国道路运输条例》是我国第一部全面调整道路运输法律关系的行政法规，涉及道路运输经营、道路运输相关业务、国际道路运输、执法监督、法律责任等方面，坚持以人为本的思想，具有重视道路运输安全生产，维护、关心、关注群众利益，推进道路运输全面、协调、可持续发展等诸多特点。该条例的颁布实施，填补了我国道路运输管理法规的空白，进一步完善了交通法规体系，为依法行政、依法治运，实现公路基础设施建设和道路运输协调、可持续发展，推进交通健康、稳定发展提供了强有力的法律保障。

针对收费公路在我国公路总里程数占的比重加大，对促进国民经济和社会发展所起作用越来越重要的现状，2004 年 9 月 13 日，国务院第 417 号令公布了《收费公路管理条例》。条例对如何规范收费站点的设置和公路收费权益的转让、如何设定收费标准等做出了规定。《收费公路管理条例》是我国第一部规范收费公路管理的行政法规，为各级政府及交通主管部门加强收费公路的管理，解决人民群众普遍关注的收费站点过多、过密等问题，提供了法律依据；有利于拓宽公路建设融资渠道、促进公路事业发展；有利于规范收费公路的经营管理行为，提高公路管理水平、改善公路服务状况，为广大群众出行提供安全、便捷、畅通的公路交通环境。

安全是交通的生命线，交通安全必须有法制的保障。为了加强道路交通管理，维护交通秩序，保障交通安全和畅通，适应社会主义现代化建设的需要，1988 年 3 月 9 日，国务院发布《中华人民共和国道路交通管理条例》。2004 年 5 月 1 日，《中华人民共和国道路交通安全法》和《中华人民共和国道路交通安全法实施条例》开始施行。这部体现"以人为本，保护弱者"精神的法律，重新配置了机动车与行人、非机动车之间的权利义务关系，以合理归责为原则，强调了机动车保有人和驾驶人的义务和责任，凸显出对生命的尊重与关怀。《道路交通安全法》对交通肇事、道路通行、第三者责任险、赔偿、酒后驾车、驾校、特种车处罚和报废等方面都有详尽具体的规定，根据交通现实需要将法律条文深度细化，这是立法的进步，将更加有利于现实中的操作。

道路交通运输立法包括很多层面，涉及道路管理、道路建设、车辆管理、道路运输、道路交通事故、机动车保险、交通事故损害赔偿、交通事故结果认定等方面，不一一列举。由此可见，道路交通运输立法尽管很多方面还有待加强，但已经形成了初步的立体架构，层次明显。

（2）水路运输法律法规

为了加强港口管理，维护港口的安全与经营秩序，保护当事人的合法权益，促进港口的建设与发展，《中华人民共和国港口法》由第十届全国人民代表大会常务委员会第三次会议于 2003 年 6 月 28 日通过，自 2004 年 1 月 1 日起施行。《港口法》规定了港口行政管理实行"政企分开"制度，即港口的行政管理职能，由政府负责港口行政管理的部门承担；港口经营业务，由依法设立的港口经营企业自主经营。新中国成立以来在沿海和内河主要港口长期实行的港务局"政企合一"的管理体制，从法律制度上得以改变。

1987 年 8 月 22 日国务院公布《中华人民共和国航道管理条例》，该条例是对我国沿海和内河航道、航道设施以及与通航有关的设施进行管理的法规。该条例分为总则、航道的规划和建设、航道的保护、航道养护经费、罚则、附则 6 个部分，国务院于 2008 年进行了一次修订。2014 年 12 月 28 日闭幕的十二届全国人大常委会第十二次会议，表决通过了《中华人民共和国航道法》。新出台的《航道法》客观反映了目前全国航道的管理现状和管理需求，规范和加强了航道的规划、建设、养护、保护，着力解决目前航道发展面临的主要问题和突出矛盾，定位准确、权责明确、制度合理，从法律层面为促进航运发展提供了重要的支撑保障。

为了加强对航标的管理和保护，保证航标处于良好的使用状态，保障船舶航行安全，1995 年 12 月，国务院发布《中华人民共和国航标条例》，

2011 年修订。

为加强水路运输管理，维护运输秩序，提高运输效益，1987 年 5 月 12 日，国务院发布《中华人民共和国水路运输管理条例》，提出水路运输在国家计划指导下，实行地区、行业、部门多家经营的方针。2012 年 9 月 26 日，《国内水路运输管理条例》经国务院常务会议通过，1987 年版条例同时废止。

为了规范国际海上运输活动，保护公平竞争，维护国际海上运输市场秩序，保障国际海上运输各方当事人的合法权益，2001 年 12 月 11 日，国务院公布《中华人民共和国国际海运条例》。

1992 年 11 月 7 日公布的《中华人民共和国海商法》是调整国际海上运输的一部法律，是调整海上运输当事人、船舶当事人之间横向财产、经济关系的一部重要的特别民事法律。《海商法》实施 20 多年来，对保障和促进航运业和海上贸易经济发展发挥了重要作用。与此同时，经过航运与海事司法实践的检验，《海商法》无法适应和满足国际国内航运经济政策、国内外相关立法和航运贸易实践的重大变化而亟须修改，已成为学界甚至业界的共识。

为了加强内河交通安全管理，维护内河交通秩序，保障人民群众生命、财产安全，2002 年 6 月 28 日，国务院令第 355 号公布《中华人民共和国内河交通安全管理条例》，就内河交通安全的管理体制，船舶、浮动设施和船员，航行、停泊和作业，危险货物监管，渡口管理，通航保障，救助、事故调查处理等做出了规定。

为加强海上交通管理，保障船舶、设施和人命财产的安全，维护国家权益，1983 年 9 月 2 日第六届全国人民代表大会常务委员会第二次会议通过《中华人民共和国海上交通安全法》后经 2016 年、2021 年两次修订。

（3）铁路运输法律法规

《中华人民共和国铁路法》于 1990 年 9 月 7 日公布，分总则、铁路运输营业、铁路建设、铁路安全保护、法律责任、附则六章。这是保障铁路运输和铁路建设顺利进行的重要法律依据，作用重大。但《铁路法》2009

年的修正基本是对法律语言和刑事责任表述的调整，不涉及铁路建设、运营和管理等基本问题。2015 年的修正则是为解决相关信息公开义务与调整后的政府定价目录保持一致。也就是说，现行铁路法基本上还仍保持着改革开放初期立法时的框架与条款，与中国经济市场化和铁路改革发展严重不符，近些年来铁路分局撤并、高铁快速发展、铁道部政企分开及鼓励社会资本进入铁路等重大变化均未能在铁路法中体现。

为了加强铁路的安全管理，确保铁路运输畅通，1989 年 8 月 15 日，国务院发布《铁路运输安全保护条例》，并于 2004 年 12 月 27 日进行了全面修订。《铁路运输安全保护条例》对保障铁路运输安全起到了重要作用。由于《铁路运输安全保护条例》是在铁路政企合一的大背景下制定颁布的，主要涉及铁路运输安全的内容，对铁路建设质量安全、铁路专用设备质量安全等内容涉及较少，而近年来我国铁路实现了建设和运营的快速发展，在方便广大旅客出行的同时，也对铁路安全管理提出了更高的要求。特别是随着铁路体制机制改革的深入和国务院行政审批制度改革的深入，其中不符合改革要求的规定急需进行全面修订。2014 年 1 月 1 日，《铁路安全管理条例》正式施行，从原来的铁路运输安全扩展到铁路安全，内容更丰富，围绕加强铁路安全管理、保障铁路安全畅通、保护人身安全和财产安全等内容做出新的规定。《铁路安全管理条例》是一部关于铁路安全管理的综合性法规，在内容设定上涵盖铁路建设质量安全、铁路专用设备质量安全、铁路线路安全、铁路运营安全等铁路安全生产的主要领域，对全面推进铁路安全管理的法治化，更好地保障公民的人身财产安全，促进铁路科学发展、安全发展具有重要意义。

为了加强铁路交通事故的应急救援工作，规范铁路交通事故调查处理，减少人员伤亡和财产损失，保障铁路运输安全和畅通，2007 年 7 月 11 日，《铁路交通事故应急救援和调查处理条例》公布，后经 2012 年修正。该条例对铁路交通事故涉及的主体、内容及其权利义务都做了详细的规定，对及时处理事故，恢复铁路运行秩序、维护各方当事人的合法权益具有积极意义。

其他行政法规包括《铁路货物运输合同实施细则》《铁路旅客运输损害赔偿规定》《铁路卫生交通检疫办法》等，内容涉及客货运输、损害赔偿、安全保卫等，对调整铁路活动中各种法律关系起着十分重要的作用，是铁路法规体系的骨架。

在部门规章层次，原铁道部在几十年的铁路管理实践中，制订了大量的行政规章，如《铁路建设管理办法》《铁路企业伤亡事故处理规则》《铁路交通事故调查处理规则》《铁路行车事故处理规则》《铁路技术管理规程》《铁路建设工程质量管理规定》《铁路基本建设项目投资控制管理办法》《铁路基本建设变更设计管理办法》等，对加强铁路管理、保障铁路运输生产经营活动顺利进行起到了重要作用。

（4）民航运输法律法规

改革开放前，受限于国民经济整体落后的现实情况，民用航空基础薄弱，发展缓慢，国家出台的法律法规很少。1987 年开始，民航总局按照政企分开、航空公司与机场分设的原则，在原民航成都管理局进行了以管理局、航空公司、机场三者分立为主要内容的改革试点。管理体制上的转变要求相应法律法规配套跟进。20 世纪 80 年代末 90 年代初，民航加强了对适航标准的规范，如《中华人民共和国民用航空器适航管理条例》等，对规范航空公司、机场的运营起到重要作用。

进入 20 世纪 90 年代以来，民航法规开始走向系统化，1996 年 3 月 1 日颁布实施的《中华人民共和国民用航空法》（经 2009 年、2015 年、2016 年、2017 年、2018 年、2021 年六次修正）对民用航空器国籍、民用航空器权利、民用航空器适航管理、航空人员、民用机场、空中航行、公共航空运输企业、公共航空运输、通用航空、搜寻援救和事故调查、对地面第三人损害的赔偿责任、对外国民用航空器的特别规定、涉外关系的法律适用、法律责任等民航涉及的各方面问题都做了规定。《中华人民共和国民用航空法》作为民航系统的最高法律，为维护国家的领空主权和民用航空权利，保障民用航空活动安全和有秩序地进行，保护民用航空活动当事人各方的合法权益，促进民用航空事业的发展，提供了重要的依据。此后，体系建设蓬勃发展，一方面通过规范计量标准，进一步提高飞行安全；另一方面不断鼓励科技创新，加速民航信息化建设。此外，随着环境的变化，1997年1月，民航局出台了《关于修订和废止部分民用航空规章的决定》，对部分不适应民航发展的规章条款予以修订或废除，使民航法规体系与时俱进，为民航的发展保驾护航。

进入21世纪以来，民航规章无论从数量还是涉及范围，相对之前都有了较大发展。内容涉及方方面面，从飞行安全管理到服务质量监督，从政府行业管理到企业依法经营，从保证企业合法权益到维护旅客货主利益，把这些关系都纳入法制的轨道，逐渐建立起一套完整的民航法规体系，用法律法规引导、推进和保障民航的改革和发展。

旅客构成发生深刻变化、航空运输消费行为多样化，市场需求价格弹性增强的趋势日益明显，而且，国内主要航线均有多家航空运输企业共同经营，航空运输市场内部及各种运输方式之间的竞争也日趋激烈。在这一背景下，2004年3月17日，由国家发展和改革委员会、中国民用航空总局共同发布《民航国内航空运输价格改革方案》。核心内容是对国内航空运输价格实行政府指导价，政府价格主管部门由对核定航线具体票价的直接管理，改为对航空运输基准价和浮动幅度的间接管理。同时，政府要加强对航空运输业的宏观调控，强化市场监管。今后，政府将根据航空运输的社会平均成本、市场供求状况、社会承受能力，确定国内航空运输基准价和浮动幅度；航空运输企业可以在政府规定的幅度内，自主制定具体的票价种类、水平及适用条件，运用价格手段，开展灵活的市场营销活动。这也是民航立法方面的巨大改进。

纵观民航法规体系发展，民航法规体系始终坚持以保障安全为中心。民航法规体系建设过程中，将安全保障的法律法规作为体系建设的中心，无论是哪一个效力等级的规范性文件，就其数量和内容而言，安全管理内容都始终占主要地位。

（5）城市交通运输法律法规

为了加强城市道路管理，保障城市道路完好，充分发挥城市道路功能，促进城市经济和社会发展，1996 年 6 月 4 日，国务院令第 198 号发布《中华人民共和国城市道路管理条例》，后经 2011 年、2017 年两次修订。

为了优先发展城市公共交通，加强城市公共汽电车客运管理，规范城市公共汽电车客运市场秩序，维护乘客、经营者及从业人员的合法权益，2005 年 3 月，建设部发布《城市公共汽电车客运管理办法》，对城市公共汽电车专项规划的编制、城市公共汽电车客运服务设施的建设及城市公共汽电车客运管理做出了规定。2008 年国务院大部门体制改革后，交通运输部负责指导全国城市公共汽电车行业管理工作，各地也按照改革精神相继完成了城市公共汽电车管理体制改革。2012 年 12 月，国务院发布了《关于城市优先发展公共交通的指导意见》（国发〔2012〕64 号），明确了城市公共交通优先发展战略在其规划、建设和运营等方面的有关政策要求。随着部门职责调整和城市公共交通发展形势的变化，原有相关管理规章已难以适应行业发展需要。为履行好指导城市客运管理职责，有必要制定出台规范城市公交的规章，明确城市公共汽电车客运的基本制度和服务要求，为规范城市公共汽电车客运健康发展提供基础支撑。2017 年 3 月，交通运输部以 2017 年第 5 号令颁布了《城市公共汽车和电车客运管理规定》，明确了城市公共汽电车客运的适用范围、发展定位、基本原则和发展方向，明确了城市公共汽电车客运规划和建设要求，确立了城市公共汽电车客运实施特许经营的相关规范，建立了运营服务监管体系，对运营安全进行了全面规定，对监督检查和相关法律责任做出了规定。

同时，加快城市公共交通立法是促进城市公共交通优选发展的基本前提，也是规范行业管理部门、企业和乘客行为、维护人民群众基本出行权利的重要保障。2009 年底，交通部研究起草了《城市公共交通条例》（送审稿），并报送国务院法制办。2012 年 12 月，《国务院关于城市优先发展公共交通的指导意见》出台后，交通运输部配合国务院法制办，对拟定中的条例内容进行了多轮修改完善。2013 年 11 月，《城市公共交通条例》（征求意见稿）发布。2024 年 8 月 19 日，国务院常务会议审议通过《城市公共交通条例（草案）》，要求结合条例出台实施，切实提高城市公共交通服务质量效率和安全管理水平。

　　出租汽车是关系民生、服务百姓的"窗口"行业，是人民群众出行的重要方式之一。随着出租车在城市公共交通中发挥的作用越来越重要，为加强城市出租汽车管理，提高出租汽车服务质量，保障乘客、用户和出租汽车经营企业、个体工商户及其从业人员的合法权益，促进城市客运交通事业的发展，1997 年 12 月 23 日，建设部、公安部制定《城市出租汽车管理办法》，适用于城市出租汽车的规划、经营、管理和服务。针对出租汽车行业长期积累的一些深层次矛盾和问题尚未有效解决，需要通过加强制度建设，建立科学完善的基本管理制度，依法依规予以解决。2014 年 9 月 26 日，交通运输部第 9 次部务会议审议通过了《出租汽车经营服务管理规定》，确立了出租汽车发展定位和发展方向，明确了出租汽车经营资格和车辆许可条件和程序，规范了出租汽车车辆经营权管理。2016 年 7 月 28 日，为最大限度地适应网约车新业态特点，创新制度设计，量身定制许可条件，简化许可程序，支持规范发展，《关于深化改革推进出租汽车行业健康发展的指导意见》《网络预约出租汽车经营服务管理暂行办法》对外公布，我国成为世界上首个将网约车合法化的国家。同年 11 月，交通运输部将《出租汽车经营服务管理规定》修改为《巡游出租汽车经营服务管理规定》。

　　此外，为了保护石油、天然气管道，保障石油、天然气输送安全，维护国家能源安全和公共安全，《中华人民共和国石油天然气管道保护法》由中华人民共和国第十一届全国人民代表大会常务委员会第十五次会议于2010 年 6 月 25 日通过，自 2010 年 10 月 1 日起施行。

　　上面所述的公路、水路、铁路、民航、管道和城市交通等法律法规，加上各类地方性交通运输法规，共同构成我国交通运输法律法规体系。但总体上来讲，交通运输立法仍然是比较薄弱的立法领域，这与交通运输在国民经济中所占的重要位置还不尽相符，因此，对交通运输立法作一个简短的回顾与分析，就是为了加快交通立法步伐，以系统化、体系化、国际化的思维，来推进中国的交通法制建设。

2.交通运输立法社会参与机制的有益探索

长期以来，我国立法不能充分反映民意，人民参与立法的途径和方式均受到诸多限制。相反，立法更多体现了部门利益，部门起草法律，就会反映部门的色彩。2015年3月15日，十二届全国人大三次会议上表决通过了修改后的《中华人民共和国立法法》，通过专家论证、公开征询立法项目、委托无利害关系第三方草拟法律法规草案等方式，完善立法听证、论证和公开征求意见制度，让立法更加体现广大人民的意志，顺应民心，反映民意。我国交通运输的立法过程，也逐渐由关门立法向开门立法转变，使法律法规的制定更好地回应人民的期待和要求。

（1）部门规章向社会公开征求意见

2013年2月，交通运输部启动《出租汽车经营服务管理规定》起草工作，组织管理部门和科研院所收集整理国内外相关资料，赴北京、辽宁、上海、浙江、安徽、山东、陕西、四川等地专项调研，多次召开座谈会，反复研究讨论。形成征求意见稿后，委托有关单位开展了政策风险评估，发文征求了部分省、市地方人民政府及各省交通运输主管部门意见，并公开上网征求全社会意见。综合各方意见和建议，形成《规定》送审修改稿，经交通运输部2014年第9次部务会议审议通过，以部令形式颁布实施。

2015年7月21日，交通运输部发布了关于备受关注的《收费公路管理条例》（修订征求意见稿）公开征求意见的通知。修订稿在向社会公开征求意见期间，共收到邮件221封、意见454条，其中总体意见265条，针对条文的意见189条。据了解，《收费公路管理条例》修订稿在一个月的征求意见过程中，引发争议最大的是"长期收费"。有关意见主要集中在：收费公路发展应突出维护公共利益、收费公路的统借统还制度、信息公开制度、高速公路的养护收费制度、免收车辆通行费的范围、明确社会资本投资收费公路的合理回报范畴、提高通行效率和服务质量、严格控制运营管理成本、加强收费公路运营主体服务监管等方面。相当一部分公众对构建"非收费公路为主、收费公路为辅"的两个公路体系及"用路者付费、差异化负担"的原则表示理解和认同，同时提出了许多建设性意见；也有一部分公众对高速公路拟实行长期养护收费等制度持不同意见。

出租汽车行业改革，特别是《网络预约出租汽车经营服务管理暂行办法》的出台，是我国立法领域的标志性事件。文件自 2015 年 10 月 10 日起向社会公开征求意见，社会公众通过网站、电子邮件、信函、电话、地方政府座谈会以及行业协会、高校、科研院所、媒体等召开的各类座谈会等多种渠道反馈了许多意见建议。交通运输部牵头，各部门配合形成合力，本着开放、包容的态度，充分听取和吸纳了社会各界意见。最终出台的文件凝聚了广泛共识，取得了最大公约数，可以说是我国政策制定、开门立法的典范。2017 年 8 月，在《网络预约出租汽车经营服务管理暂行办法》实施一周年之际，交通运输部又委托国家发展改革委综合运输研究所进行第三方政策评估，对进一步丰富和完善网约车规范管理提出了一些政策建议，包括推动地方落实改革政策、加快推动巡游车转型升级、尽快全面实现网约车依法依规管理、建立多部门联合监管机制、加强金融风险和市场垄断行为监管、建立行业黑名单制度和市场退出机制、构建公平竞争政策环境、完善配套政策措施等。

（2）地方交通运输价格动态调整听证制度

按照《中华人民共和国价格法》《政府制定价格听证办法》规定，制定关系群众切身利益的公用事业价格、公益性服务价格、自然垄断经营的商品价格等政府指导价、政府定价，应当建立听证会制度，由政府价格主管部门主持，征求消费者、经营者和有关方面的意见，论证其必要性、可行性。在交通运输领域，城市公共交通往往属于政府定价，近年来，各地在调整城市公共交通有关票价时，均严格落实价格听证制度，保证了公众的知情权和参与权。

例如，2014 年，为提高公共交通定价政策的透明度，增强行业发展活力和可持续发展能力，参照国内外票价管理经验，北京市出台了《北京市城市公共电汽车和轨道交通价格动态调整办法》，建立了公共交通价格动态调整机制。2014 年，北京市拟对公共交通价格进行调整。公共交通价格调整方案广泛吸收各方参与，充分吸纳各方意见建议。通过前期搭建的各种意见表达渠道，如：8000 个样本调查、"我为公共交通价格改革建言献策"活动、人大代表、政协委员、普通公众座谈、邮箱信件、电话传真等，收集了各类意见建议 4 万多条，并请专业机构进行全面系统梳理。方案设计过程中，充分考虑不同方面的意见建议，吸收采纳共性意见建议。2014 年 10 月 13 日，北京市研究提出《北京市公共交通价格调整听证方案》。2014 年 10 月 28 日，公共交通价格调整听证会举行，听证会共设听证参加人席位 25 个，委托北京市消费者协会、北京市人大、北京市政协以及有关单位推荐产生。设旁听席位 10 个，设新闻媒体席位 20 个，公民和媒体可在规定时间内报名参加。结果显示，25 位听证会参加人全部同意调整票价。其中 1 位同意方案一，24 位同意方案二。25 位听证会参加人中，有 22 位参加人明确表态同意建立动态的调整机制，其余 3 位没有提出其他意见。2023 年 8 月 17 日下午，广州举行听证会，听证市公交基础票价优化方案。听证会上提出局部微调方案（方案一）、单一票制方案（方案二）两个方案。两个方案都提出取消现行的一元票价。根据方案一，将恢复日班车线路起步价格为 2 元；对于全程 5 元票价线路，取消全程营运里程 49.83 公里的上限限制。根据方案二，全程营运里程小于或等于 15 公里的线路票价为 2 元，大于 15 公里的线路票价为 3 元。现场，共 15 名听证会参加人均表达了对此次公交基础票价优化的支持。其中，2 人赞成方案一，13 人支持方案二。值得一提的是，不少参加人都提出，在票价调整的同时，公交车能够"优服务"，希望增加短途公交车和地铁接驳班次，在民众有获得感的服务上做"加法"。

（二）交通运输管理体制机制发展历程回顾

1. 交通运输行政管理逐步实现大部门制

（1）行业主管部门"各自为政"的发展阶段

回顾历史，我国交通运输行政管理体制的变迁回荡。1949 年 10 月新中国成立后，铁路和民航都曾一度实行中央军委和中央政府的双重领导。1958 年，民航总局曾划归交通部领导。1962 年，民航总局由交通部划归国务院，成为国务院的直属局，但业务和人事权均由空军管理；直到 1980 年，民航总局正式脱离军队建制。1970 年，铁道部、交通部和邮电部的邮政业务合并，组建了"大交通部"。1973 年，邮政业务又划归邮电部。1975 年，交通部和铁道部再次成为各自独立的行业主管部门。在这种体制背景下，从中央到地方，交通运输行政管理俨然形成以部门瓜分为特征的分散式体制格局。铁路、公路、水运、民航、管道等行业主管部门各自为政，城市交通管理则由城市规划建设主管部门和城市属地当局分而为之。国家发展和改革委员会（原国家计委）作为宏观经济调控的国务院组成部门，负责重大交通运输战略规划、基础设施及运输装备项目的审批事权，及其与国土、建设、环境、流通等交通有关部门的行政性协调事务。应该说，分而治之的体制较好地发挥了行业主管部门的专业优势，但也带来了更多的跨部门协调问题，不利于提升政府行政效率和降低行政成本。

（2）交通运输大部门制的初步整合

铁路方面，按照经济区域和铁路货流、车流的规律，从 1983 年开始，陆续将 20 个铁路局合并为 13 个铁路局，扩大了铁路局管理范围，减少了 10 多个局分界口，提高了运输效率。

2002—2004 年，民航行业管理部门进行了机构和职能的调整，实行中国民用航空总局——中国民用航空地区管理局两级行政管理体制。中国民航地区管理局根据安全管理和民用航空不同业务量的需要，在所辖区内设立中国民用航空安全监督管理办公室。改革空中交通管理体制，形成了总局空管局—地区空管局—空管中心（站）三级管理与运营的体制架构。

2008 年，国务院机构改革组建了交通运输部，主要任务是将交通部、中国民用航空总局的职责，建设部的指导城市客运职责，整合划入交通运输部。组建国家民用航空局，由交通运输部管理。国家邮政局改由交通运输部管理。保留铁道部，继续推进改革。不再保留交通部、中国民用航空总局。

（3）交通运输大部门制的全面深化

党的十八大以来，交通运输行政管理体制改革不断深化和完善。2013

年，将铁道部拟订铁路发展规划和政策的行政职责划入交通运输部；组建国家铁路局，由交通运输部管理，承担铁道部的其他行政职责；组建中国铁路总公司，承担铁道部的企业职责。同时，不再保留铁道部。在此背景下，按照推进综合交通运输体系建设、理顺与国家发展改革委、中国铁路总公司有关部门单位的职责分工、进一步明确、加强的职责等要求，对职能配置及组织机构编制进行了相应调整。

一是强化综合交通运输体系建设的职能建设。将原铁道部拟订铁路发展规划和政策的职责，划入交通运输部。交通运输部负责推进综合交通运输体系建设，统筹规划铁路、公路、水路、民航以及邮政行业发展，建设与综合交通运输体系相适宜的制度体制机制，优化交通运输主要通道和重要枢纽节点布局，促进各种交通运输方式融合；负责组织拟订综合交通运输发展战略和政策，组织编制综合交通运输体系规划，拟订铁路、公路、水路发展战略、政策和规划，指导综合交通运输枢纽规划和管理。国家铁路局参与研究铁路规划，中国民用航空局、国家邮政局拟订民航、邮政行业规划，交通运输部负责衔接平衡；负责组织起草综合交通运输法律法规草案，统筹铁路、公路、水路、民航、邮政相关法律法规草案的起草工作。铁路、民航、邮政法律法规和规章草案，分别由国家铁路局、中国民用航空局、国家邮政局起草并提请交通运输部部务会议审议后，由交通运输部上报或发布；负责拟订综合交通运输标准，协调衔接各种交通运输方式标准。国家铁路局、中国民用航空局、国家邮政局负责职责范围内的标准拟订工作；管理国家铁路局、中国民用航空局、国家邮政局，并按有关规定管理国家铁路局、中国民用航空局、国家邮政局机关党的工作。

二是明确与有关机构的职责分工界定。对交通运输部与国家发展和改革委员会在规划和投资方面的职责做出了明确分工。主要调整是由交通运输部负责组织编制综合交通运输体系规划，统筹衔接平衡铁路、公路、水路、民航等规划；国家发展和改革委员会负责综合交通运输体系规划与国民经济和社会发展规划的衔接平衡；交通运输部负责提出铁路、公路、水路固定资产投资规模和方向、国家财政资金安排意见，按国务院规定权限审批、核准国家规划内和年度计划规模内固定资产投资项目，参与铁路投融资体制改革和有关政策拟订工作，而国家发展和改革委员会审批、审核的项目，需事先征得交通运输部同意。本次改革也对交通运输部与中国铁路总公司的有关职责关系做出明确界定。中国铁路总公司研究提出铁路发展规划、政策等建议，由交通运输部统筹衔接平衡；交通运输部在制定涉及铁路的发展规划、政策时，应征求中国铁路总公司的意见。

2. 交通运输投资管理逐步走向市场化

（1）由国家统筹向贷款、合资模式的探索

改革开放以前及改革开放初期，受计划经济体制影响，我国交通运输建设全部纳入国家计划，基本由国家进行投资建设。在改革开放初期提出计划经济为主，市场调节为辅的思想，允许通过市场来调节经济，这对于高度集中的以单一的指令性计划为特征的传统计划经济体制而言，是一次突破和进步，也推动了交通运输投融资政策的改革。

1981年，广东省为了解决大规模公路、桥梁经费短缺问题，提出借鉴国际上运用市场机制发展公路交通的成功经验，进行"贷款修桥修路，收费还贷"，先试点，后全省铺开。1984年建成东莞中堂大桥收费站，成为全国第一个收费站，从体制上为我国路桥建设开发了新模式。国家充分肯定了这一改革尝试，并在1984年12月国务院召开的第54次常务会议上将"贷款修路、收费还贷"确定为促进公路事业发展的四项优惠政策之一。但是在有计划商品经济体制下，尚为实践探索阶段，收费公路发展规模相对较小，全国收费公路总里程只有4096公里。

经济体制改革也深刻影响着铁路的发展，逐步打破了国铁一统天下的局面。1980年起与地方合资建设了南宁—防城、三水—腰古、坡底—秦家川、乌鲁木齐—乌苏、益都—羊口等铁路线，扩大了运输能力。1992年，国务院发布《关于发展中央和地方合资建设铁路意见的通知》，明确指出"修建合资铁路是对传统的建设和管理体制一大突破，是深化铁路改革的一条新路"，推进了合资铁路的快速发展。

（2）有序推进吸引企业和外资参与投资

1992 年，党的十四大确定社会主义市场经济体制为我国经济体制改革的目标，随后 1993 年，党的十四届三中全会通过了《中共中央关于建立社会主义市场经济体制若干问题的决定》，确立了我国经济体制向社会主义市场经济体制转变。在投资领域则要实现市场对资源配置的基础性作用。为了改进投资管理体制，提出把投资项目分为公益性、基础性和竞争性三类：公益性项目由政府投资建设；基础性项目以政府投资为主，并广泛吸引企业和外资参与投资；竞争性项目由企业投资建设。理论界对交通基础设施属性有了新认识并基本达成共识，认为公路等基础设施不同于一般的公共产品，而具有准公共产品的特性。经济体制方向的定位和交通基础设施属性的新认识，极大推动了交通投资体制改革。

1997 年，全国人大将"国家允许依法设立收费公路"作为一项法律制度在《公路法》中予以确立，并明确了民间资本与外资均可依法投资经营收费公路，公路建设投资连续多年保持在每年几千亿元的高位水平上，自筹及其他资金所占比重逐年上升。

1996 年开始，国家投资只用于港口的水下部分建设，水上部分由港口当局向银行贷款和自筹资金解决。随后又确定了国家投资主要用于重点项目建设，为地方服务的港口原则上由地方筹措资金建设。货主专用码头由企业自行建设。

1993 年国务院批准《中国民用航空总局关于国内投资经营航空企业有关政策的通知》，规定中央政府或地方政府可独资或联合投资建设机场飞行区，允许经济组织参加投资。市场经济体制改革下的市场化融资推动和加快了交通基础设施的发展，综合路网的整体水平迅速得以提高，交通拥挤的状况得以缓解，经济发展的瓶颈得以打通，各地投资环境迅速得到改善，为国民经济的可持续发展作出了积极的贡献。相比而言，计划经济色彩最为浓厚的铁路，发展速度缓慢、市场份额持续下降，成为综合交通体系中的薄弱环节。

2003 年，党的十六届三中全会确定下一步的任务是完善社会主义市场经济体制，更大程度地发挥市场在资源配置中的基础性作用成为改革的重要目标之一，主要任务之一是完善公有制为主体、多种所有制经济共同发展的基本经济制度。全会明确提出"放宽市场准入，允许非公有资本进入法律法规未禁入的基础设施、公用事业及其他行业和领域"。2005年2月国务院发布《关于鼓励支持和引导个体私营等非公有制经济发展的若干意见》，明确提出今后一个时期鼓励、支持和引导非公有制经济的总体要求，提出了一系列促进非公有制经济发展的政策措施。

随后不久，航空和铁路加大加快向非公有制经济的开放力度。2005年3月11日，奥凯航空正式开航，被业界视为民营资本打破航空业国有垄断的标志性事件。此后，多家民营航空公司相继获批。2005年7月2日铁道部发布《关于鼓励支持和引导非公有制经济参与铁路建设经营的实施意见》，宣布向非公资本开放铁路建设、铁路运输、铁路运输装备制造、铁路多元经营四大领域。自此，铁路探索吸引民间资本进入铁路建设领域，积极扩大合资建路规模等取得很大进展，近几年以来在客运专线、运煤专线等的建设中社会经济组织成为重要的投资力量。

（3）全面推开政府和社会资本合作模式

党的十八大以来，特别是党的十八届三中全会首次确立了"市场在资源配置中起决定性作用"，社会主义市场经济体制改革得到进一步深化和完善。在此期间，交通运输的投融资体制也得到进一步深化和完善。2015年5月，交通运输部《关于深化交通运输基础设施投融资改革的指导意见》提出，"要打破各类行业垄断和市场壁垒，建立公平、公开透明的市场规则，创新投资运营机制，改进政府投资安排方式，进一步完善'多元筹资、规范高效'的投融资体制，结合自身行业特点，积极推广政府和社会资本合作模式（PPP），最大限度地鼓励和吸引社会资本投入，充分激发社会资本投资活力"。

公路方面，为提高收费公路建管养运效率，促进公路可持续发展，2015年4月，财政部、交通运输部决定在收费公路领域鼓励推广PPP模式，鼓励社会资本参与收费公路投资、建设、运营和维护，与政府共同参与项目全周期管理，发挥政府和社会资本各自优势，提高收费公路服务供给的质量和效率。当年5月，交通运输部对收费公路新建项目进行了PPP试点。评选出了11个试点项目，涉及5个省，总投资超700亿元人民币。

铁路方面，2013年8月国务院发布《关于改革铁路投融资体制加快推进铁路建设的意见》，提出按照"统筹规划、多元投资、市场运作、政策配套"的基本思路，完善铁路发展规划，全面开放铁路建设市场，对新建铁路实行分类投资建设。向地方政府和社会资本放开城际铁路、市域（郊）铁路、资源开发性铁路和支线铁路的所有权、经营权，鼓励社会资本投资建设铁路。2017年9月，我国第一条由民营资本控股的高铁——杭绍台高铁PPP项目签约，由复星集团牵头组建民营联合体占股51%，这标志着我国铁路投融资体制改革迈入新阶段。

民航方面，2016年10月民航局发布《关于鼓励社会资本投资建设运营民用机场的意见》，提出全面放开民用机场建设和运营市场，"除枢纽机场和具有战略意义的运输机场保持国有或国有控股外，其他运输机场对国有股比不作限制""全面放开通用机场建设，对投资主体不作限制"。2016年4月6日，民航局正式同意将湖北鄂州燕矶作为首家民营货运机场——顺丰机场的推荐场址。

按照财政部PPP中心截至2017年6月统计，交通运输PPP项目投资额达到5.1万亿元，占据各大行业之首。

3. 交通运输行业管理逐步确立企业主体地位

（1）由政企合一向政企分开的初步探索

建立现代企业制度是我国建立社会主义市场经济体制的基本方向之一，改革开放40多年来国企改革是我国经济体制改革中的中心环节。在传统的计划经济体制下，我国并不存在市场经济意义上的"企业"，实际上只有从事生产的工厂和车间，运输企业更是如此，政企合一是改革开放前运输业的基本管理体制。

改革开放初期，确立社会主义市场经济体制的目标前，国企改革主要是以扩权让利为主线，继之以双轨条件下的企业经营承包制为主线。计划经济体制下，我国的各种运输企业实行的是政企合一的管理体制，运输企业仅仅充当生产组织者和计划执行者的角色，几乎没有自主经营权。

计划经济体制逐步突破后，公路和水运成为交通运输业中市场化改革最早、改革进程最快的两种运输方式。20 世纪 80 年代初就提出了"有河大家行船，有路大家行车"的指导思想，中央政府和各地交通主管部门积极开放运输市场，逐步淡出运输企业的直接管理，与此同时公路水路运输企业逐渐成为运输市场的经营主体。

公路方面，20 世纪 80 年代开始，交通主管部门不断推行简政放权和政企职责分开，按照政企分开的原则，将人、财、物及生产经营管理权下放给企业，交通主管部门不再直接干预企业的市场经营。各省交通主管单位将企业下放到中心城市，并下放相应的权力，扩大企业自主经营权。坚持放开搞活运输，国营、集体、个体一起上，各种运输方式一起上，多家经营，鼓励竞争，使公路运输出现了多形式、多层次、多渠道搞运输的好形势和多种经济成分、多种经营方式并存的繁荣景象。到 1985 年底，全国个体运输户拥有汽车 29 万辆，超过交通运输部门专业运输汽车的总量。从 1987 年开始对运输企业推行各种形式的承包经营责任制，1989 年全国道路运输企业普遍推行承包经营责任制，进行企业内部配套改革，改善企业经营机制。

港口方面，1982 年大连港率先实行政企分开，分别成立大连港口管理局和大连港装卸公司；从 1984 年开始除秦皇岛港外，沿海和长江主要港口先后实行"双重领导、以地方为主"的管理体制，在财务上实行"以港养港、以收抵资"的制度。内河航运重点进行了长江航运体制改革，实行港航分家，1984 年，撤销长江航运管理局，分别组建长江航务管理局和长江轮船公司，并下放管理自主权。到 1985 年底，仅长江水系就建立了 800 多家轮船公司，运量达到 1000 多万吨。"七五"期间，经交通部批准，上海港机厂、上海海运局、广州海运局海盛船务公司、南京长江油运公司、深圳远洋股份公司等作为股份制试点单位，同时各地交通部门也选择一批企业作为股份制试点。

　　民航方面，1980 年和 1982 年进行了两次机构调整，各地区管理局、省（区、市）局增设飞行安全、经营管理、运输服务等机构。民航还进行企业改组，成立了民航工业航空服务公司等单位。1987 年，按照国务院批准的民航系统管理体制改革方案，民航业实施了以政企分开，管理局、航空公司、机场分设为主要内容的体制改革。一方面组建了 6 个地区管理局作为管理地区民航事业的政府机构，另一方面组建了六大骨干航空公司，作为自主经营、独立核算、自负盈亏的经济实体。1988 年，民航在进行管理体制改革的同时，深化企业内部改革，对航空运输企业和机场试行承包经营责任制度。1992 年底，组建了中国国际、东方和南方三个航空集团。

　　铁路方面，虽然许多企业经营权力并没有从国家下放到铁道部或铁路局，但开始确立了企业概念，探索通过"企业基金""全额利润留成""税后利润递增包干"等形式放权让利。1981 年，铁道部先后批准上海、广州、齐齐哈尔、吉林铁路局进行扩大企业自主权试点，下放部分管理权限。1983 年 12 月组建了广深铁路公司，实行"自主经营、自负盈亏、自我改造、自我发展"的管理体制。1984 年又根据国务院《进一步扩大国营工业企业自主权的暂行规定》，下放企业自主权。1986 年 3 月，经国务院批准，铁道部实行投入产出、以路建路的经济承包责任制（即大包干），这项改革的主要内容是：国家规定铁道部除按章缴纳营业税、城市建筑税、教育附加费以外，全部利润留给铁道部，用于发展铁路，实行包括运输、造车和基本建设在内的全面承包。经济承包责任制明确了铁道部或铁路局的责任，在确立铁路企业市场主体地位上迈了一大步。

　　我国从计划经济向有计划的商品经济转轨阶段，交通运输行业经过改革，扩大了运输企业的经营自主权，极大调动了运输企业生产的积极性。但是在旧的计划经济体制下，企业对政府的行政依附关系依然存在，在投资、资产处理、收益分配、人事任免等方面还是受制于政府的行政支配，政企尚未分开，企业市场主体地位尚未确立。

　　（2）现代企业制度的逐步建立

　　1993 年，党的十四届三中全会首次正式提出并阐述了建立现代企业制度，要求进一步转换国有企业经营机制，建立适应市场经济为要求、"产权明晰，政企分开，责任明确，管理科学"的现代企业制度。现代企业制度的基本要点是企业法人制度、有限责任制度和科学的组织管理制度，基础则是政企分开。建立现代企业制度的要求，极大地推动了交通运输行业政企分开，运输企业加快向自主经营、自负盈亏的市场经济主体转变。

1994 年，交通部建立现代企业制度工作开始起步，交通部门重点调整了交通主管部门和企业、计划和市场、主体地位和产权等关系，并规定交通企业根据国家宏观计划指导和市场需要，在经营范围内可自主作出市场经营决策，开展客货运输等业务，为社会提供服务。1995 年确定了广州海运（集团）公司、中国远洋运输集团、中国长江航运集团、上海海运（集团）公司、营口港务局等企业作为部属及双重领导企业建立现代企业制度试点。1998 年，交通部与直属企业全面脱钩，彻底实现了政企分开。各省也陆续进行政企分离的改革，大部分省交通厅将原来直接管理的企业剥离或者转移出去。2001 年，国家经贸委、财政部、中央企业工委联合发布《关于深化中央直属和双重领导港口管理体制改革的意见》，将秦皇岛港以及中央与地方政府双重领导的港口全部下放地方管理，实施港口所在城市的属地化管理。港口下放后，实行政企分开，省级或港口所在城市人民政府港口主管部门按照"一港一政"的原则对港口实行统一的行政管理，港口企业不再承担行政管理职能，并按照建立现代企业制度的要求，成为自主经营、自负盈亏的法人实体。到 2003 年上半年，所有下放港口都已完成港口管理体制改革方案，成立港口行政管理机构，并实施政企分开。

铁路明确了铁道部和企业的责任，确定了转换企业经营机制的目标，即企业适应市场的要求，成为依法自主经营、自负盈亏、自我发展、自我约束的商品生产和经营单位，成为独立享有民事权和承担民事义务的独立法人，提高了企业生产和经营的积极性。1992 年铁道部广州铁路集团成立，成为自主经营、独立核算、自负盈亏、具有法人资格的实体，主要从事铁路客货运输、科研开发、生产加工、工程建设等经营业务，并获得了一系列优惠政策。1994 年初，广州铁路（集团）公司下属的广深铁路总公司被国务院批准为第二批在境外上市的 22 家企业之一，铁道部把这个试点作为铁路深化改革的一项重点工作，对公司组织结构、人员结构、资产结构、经营结构及内外部经济关系进行了全面清理，制订了公司重组方案。沈阳铁路局所属的大连铁路分局被国务院列入建立现代企业制度百家试点企业之一，1995 年 12 月，大连铁道有限责任公司正式成立，标志着铁路企业改革取得突破性进展。1998 年，铁道部首先在昆明、呼和浩特、南昌、柳州 4 个铁路局、广州铁路（集团）公司及部属的非运输企业中开展了资产经营责任制试点。1999 年起，在 14 个铁路局（集团公司）全面实行资产经营责任制，进一步扩大了铁路局经营自主权，减少了铁道部对企业日常生产经营的干预。2000 年 4 月，经国务院批准，铁道部与中国铁路工程总公司、中国铁路建筑总公司、中国铁路机车车辆总公司、中国铁路通信信号总公司和中国土木工程集团公司实施政企分开。自 2000 年开始推进主辅分离、辅业改制，将与主业无直接关系的学校、医院等逐渐剥离出去；将运输辅业和多种经营等部门进行改制，独立核算；成立集装箱、特货和行邮快运 3 家货运集团公司。铁路行业通过融资上市、引进地方和民间资本等方式，以客运专线、运煤专线为载体成立铁路运输公司。

民航总局制定了经营管理体制和管理方式改革的具体办法，重点落实企业的 14 项经营自主权。在企业经营形式上，除继续完善民航企业已有的承包责任制外，提出积极办好企业集团创造条件试行股份制。1994 年，作为试点上海虹桥国际机场下放，由上海市管理。为了发挥地方办航空的积极性，先后组建了一批地方航空公司，充实了民航运力。2002 年，民航总局总体改革方案出台，民航总局企业职能全部剥离，只承担行业管理职能；2003 年 9 月 4 日，国务院批复民航总局《省（区、市）民航机场管理体制和行政管理体制改革实施方案》，93 个机场实行属地化管理，民航总局和地方管理局不再承担机场的人财物的管理职能。

（3）实现铁路政企分开

党的十八大以来，交通运输行业管理体制改革得到进一步深化。《中共中央关于全面深化改革若干重大问题的决定》提出了推动国有企业完善现代企业制度的重大改革任务，"国有资本继续控股经营的自然垄断行业，实行以政企分开、政资分开、特许经营、政府监管为主要内容的改革，根据不同行业特点实行网运分开、放开竞争性业务，推进公共资源配置市场化"。

十二届全国人大一次会议批准《国务院机构改革和职能转变方案》，实行铁路政企分开，撤销铁道部，组建国家铁路局，承担铁道部拟订铁路发展规划和政策的行政职责，隶属交通运输部。组建中国铁路总公司，承担铁道部的企业职责。2017 年，中国铁路总公司开始推进铁路企业公司制改革，本着先易后难的原则，分三步进行，即 2017 年底前完成中铁总非运输企业公司制改革，其次是中铁总所属 18 个铁路局（公司），最后是中铁总。

（三）交通运输管理体制机制改革取得的成就

在国家经济体制改革总体框架下，交通运输业按照经济体制改革的总体部署，始终坚持市场化改革方向，基本实现了从计划经济体制向市场体制的根本性转变，取得了巨大成就。总体来看，交通运输管理体制改革主要沿着三条主线展开：一是调整政府和市场的分工，实现政府交通管理职能的转变；二是理顺中央政府和地方政府的管理权限，由中央集权向分权演化；三是将企业从行政附属机构改变为真正的市场主体。

1. 实现政府交通管理职能的转变

铁路、公路、水运和民航业均已实现了各自领域的政企分离、政事分离和政资分离，这是交通管理体制改革取得的最重要的成就，也是其他改革措施得以顺利推行的重要制度保障。通过政企分离、政事分离和政资分离，交通行业主管部门的职能由计划经济体制下的行政管理、微观管理逐渐回归行业管理和公共服务职能，政府在公益性交通基础设施投资、维护运输市场竞争秩序、提供基本交通公共服务等方面的职能逐步得到强化，从而有效弥补了交通领域存在的"市场失灵"。与职能转变相适应，政府的管理手段也从以指令性计划为主的行政化管理手段逐渐转向以经济手段、法律手段为主，同时辅以必要的行政手段，交通法律法规体系、交通产业政策和发展规划、各种财政税收杠杆已成为配置交通运输资源、调节交通市场供求关系、规范交通运输市场行为的有力手段。

2.理顺中央和地方事权

通过体制改革，逐步理顺了中央和地方政府在交通运输投资、运输管理、交通安全管理等各方面的责权利关系，既确保了中央政府在交通发展上的宏观调控职能，又充分调动了地方政府在交通建设和管理上的积极性。改革以来交通运输取得长足发展的重要原因之一就是充分调动了地方政府在交通建设投资和运输管理上的积极性，推动了交通投资渠道的多元化。改革前我国交通运输投资主体单一，中央政府大包大揽、高度集权的体制不仅造成了建设资金的匮乏，而且严重抑制了地方政府的投资积极性。改革后，中央集权的管理体制逐渐向分权演化，通过"赋权"，地方政府在交通发展中的责任和权利得到明确，从而大大提高了地方政府的积极性，港口管理体制改革就是很好的例证。另外，通过明确中央政府和地方政府之间的管理权限，使得一些领域长期存在的政令不一、多头管理、责权不明的问题得到根本解决，既确保了中央政府在行业管理上的宏观调控职能和权威性，又充分体现了地方政府的管理自主权和重要补充作用，在这方面，海事管理体制则是又一个成功的例证。

3.确立运输企业的市场主体地位

实现交通运输业从计划经济转轨到市场经济，最主要的任务就是按照市场经济的要求建立健全交通运输市场体系，而作为市场主体的交通企业又是构建交通运输市场体系最为关键的环节。交通运输企业从依附于行政管理机构的生产单元逐渐演变为具有独立生产经营自主权的市场主体，企业管理制度逐步走向规范化，基本建立了"产权清晰，权责明确，政企分开，管理科学"的现代企业制度，从根本上促进了企业的发展壮大。目前，一批具有较强国际竞争力的交通运输企业已成为我国交通运输业快速发展、参与国际竞争的生力军。

三、我国交通运输治理问题分析

（一）交通运输法治建设仍难以适应经济社会发展要求

1. 法律法规体系的部门法和行业法色彩较浓

当前，我国交通运输法律法规体系主要以部门和行业进行区分，虽然各运输方式、各行业内部基本形成了较为规范的制度体系，有利于规范各个行业主管部门的管理职责和各行业企业的经营行为，但是由于我国各种运输方式长期分别隶属于不同的主管部门，各部门大多从自身的角度制定法律和发布相关规章，从而造成多头分散的碎片化局面以至于在交通运输法规体系中有些法律规章的内容存在交叉重叠的现象，有的相互之间还存在矛盾。交通运输是一个包括不同运输方式和若干交通行业的复杂领域，同时也是服务经济社会发展的重要支撑，若缺乏更为顶层的共同法律规范制度设计，容易使相应法律法规成为部门和行业利益的背书。也正是由于部门管理的条块切割、地域分割等现状问题，造成了目前我国交通运输的综合效益难以得到有效发挥，旅客换乘、货物换装、区域协调、产业融合等矛盾突出。此外，一些部门从自身管理便利性的角度出发制定法律，对待新事物的包容性不够，可能制约交通运输新模式新业态新经济的发展。

2. 法治实施水平仍有待提高

当前交通运输的行业管理往往依据主管领导的关注重点或工作意图展开，较多通过行政命令和政府文件（包括各类"管理办法"和"指导意见"等），靠习惯和经验开展工作，较多通过突击式、运动式的方式开展工作，工作的持续性、稳定性不强，缺乏法律制度的保障。虽然一些管理办法最终以部门规章的形式予以确定，但普遍存在约束力较低、普遍适用性较差等问题，一些规章未进行合法性审查、公平性审查，与上位法存在明显矛盾，与全面依法治国还有很大差距。

3. 交通运输立法进度和管理方式均落后于经济社会发展需要

随着互联网、大数据、云技术、人工智能等新技术的不断涌现，交通运输新模式新业态不断涌现，在管理上无法可依、无章可循的状况较为普遍。现行对交通运输进行条块分割管理的模式也很难适应新的发展形势，交通运输立法正在被动适应新事物的发展要求。市场上出现一种新业态，相应的管理规定就必须抓紧制定或修订，始终跟不上发展的要求，也造成一段时期内市场秩序的混乱。例如，网约车、共享汽车以及未来的无人驾驶出租车，虽然本质上都是人员和车辆的管理问题，但由于其出现进程不一，交通运输管理部门目前仅是就事论事，逐一制定规定予以规范。再如，城市轨道交通以往只有地铁、轻轨两种制式，其建设规范也只需要制定两种标准，但近期随着中低速磁浮、跨座式单轨、悬挂式单轨等新型制式层出不穷，相关管理部门仍试图通过传统的分类制定标准的管理方式，显然也不适应该行业的发展需要。

（二）综合交通运输管理格局尚未真正形成

1. 缺乏真正的综合交通运输管理主体

虽然现阶段交通运输部已经是名义上的综合交通运输管理部门，但是由于其长期以来一直是公路水路的行业主管部门，对铁路、民航等运输方式的控制力不强，再加上从国家层面尚未赋予交通运输部综合管理职责足够的权限，铁路、公路、水运、民航、管道等行业主管部门各自为政的局面尚未从根本上得到改变。也正是由于交通运输部尚未真正行使综合交通管理职能，目前，组织拟订综合交通运输发展战略和政策，组织编制综合交通运输体系规划，指导综合交通运输枢纽规划和管理，优化交通运输主要通道和重要枢纽节点布局，促进各种交通运输方式融合的相关工作，仍然需要国家发展改革委的工作协调，但这又进一步削弱了交通运输部在综合管理上的话语权。

2. 建设管理主体缺失与重复建设现象并存

随着我国新型城镇化进程的不断推进，城镇聚集区、都市连绵带逐渐形成，交通运输需求呈现出以城市群和都市圈等跨行政区域为中心的形态，但是我国各地的交通运输管理仍以传统的条块分割、地域分离为主，缺乏跨行政区的交通运输建设管理机构和协调机制，造成一个区域内交通建设不同步、政策措施不连续等问题，严重阻碍了区域协调发展的进程。例如，北京市中心与河北省三河市距离仅 30 公里，但至今未有轨道交通连接，交通服务存在差异，"环首都贫困带"等问题凸显。同时，由于地方在交通建设上的积极性较高，造成一些交通项目存在重复建设的问题。例如，同一区域内的各个城市都加强当地港口基础设施建设，恶性竞争争抢货源，造成财政资源的巨大浪费。

3. 地方财权和事权不匹配问题逐年凸显

在 1994 年分税制改革后，中央财政重新掌握了主导权，这在一定时期内有利于国家宏观调控政策的实施。但是，在交通运输领域，随着中央和地方事权的逐步理顺，为发挥地方工作的积极性，地方政府在交通建设、运营维护和安全管理等方面承接了大量职责，地方政府的财政出资压力逐年加大，特别是随着近年来土地出让金收益的大幅下降，再加上国家对地方政府举债的严格控制，地方财政已无力承担相应的支出责任。过去一些地方争着抢着上项目的那股冲劲，也在这种环境下迅速衰退，当前即使国家想推动一些地方项目的建设，地方政府也表现出不愿意修建的意愿。

（三）政府与市场的关系仍需进一步理顺

1. 政府在市场治理中仍不乏越位和错位行为

虽然交通运输行业已初步实现了政企分离、政事分离和政资分离，但是行业主管部门、地方政府与部分国有交通运输企业之间仍然存在较为紧密的裙带关系。一方面，政府通过大量不合理的行政审批、设置各种门槛条件等管理企业的微观经济活动，不利于发挥企业的积极性、主动性和创造性。例如，上海飞机设计院反映，其进行的各种科技创新研发都需要政府的审批，甚至需要按照政府的意愿开展研发活动，使得企业在自主创新方面畏首畏尾，做了很多不急需的科研，又无法开展真正迫切需要的科研工作，抑制了企业的创新力。另一方面，一些地方政府为达到政绩目的，通过大量的财政补贴直接干预企业的经营行为，造成市场扭曲。例如，广州市政府通过大量财政补贴广州港集团，并试图强行通过行政手段进行区域港口整合，使之与市场化程度很高的深圳盐田港进行不正当竞争，破坏了正常的市场经营秩序。

2. 政府在市场监管中职责存在缺位

政府为达到一些行政目的，往往善于运用行政手段干预企业的正常经营活动，而不是从市场监管的角度为行业发展创造良好的制度环境，反映出政府在市场监管方面的职责缺位。例如，政府在推进运输结构优化过程中，选择了简单的行政命令"一刀切"的方式，如港口不允许接受公路运输的煤炭，而不是通过加强环境监管的制度建设来实现。政府在市场监管、垄断行为、环境保护、消费者权益维护等方面缺少有效的监管手段，也使得一些公众利益得不到有效保障。例如，近期一些打着共享经济旗号的新业态，在一夜之间充斥各地，然而在投资人圈钱过后，又留下"一地鸡毛"，剩下的只有普通大众的各种悲伤，这种现象与政府监管职能的缺失有很大关系。

3. 行业市场化程度仍有待提高

从国家总体看，不同所有制主体在资质许可、政府采购、科技项目、标准制定等方面待遇还不公平，有的地方不从统一大市场出发、搞地方保护，还有的垄断行业为了自身利益限制排斥竞争。特别是在交通运输领域，行业垄断制约民营企业进入，无法公平享受财税、金融、土地、人才等政策。例如，铁路运输市场尚未建立起适应市场竞争的机制环境，铁路总公司一家独大，长期垄断经营，对市场的灵敏度不高，改革动力不足，是当前综合运输领域的突出短板，社会资本难以进入铁路投资领域、旅客联程联运和货物多式联运等高效运输模式长期无法推动的最主要症结就在于铁路市场的封闭。自 2013 年铁路总公司由铁道部改制以来，内部运行管理的体制机制没有明显改变，其下属各路局及专业运输企业仍并不具备真正的市场主体地位，铁路系统"小官小商"的身份，使其游离于政府管理部门与市场主体之间，成为进行真正市场化改革的主要障碍。由于进入门槛较低，道路运输、内河水运业则存在市场主体高度分散、粗放经营、过度竞争的情况，市场主体多、小、散、弱，能够进行网络化、规模化经营的企业少，车（船）多货少，运输企业或车（船）主为揽到业务竞相压价，造成市场过度竞争，也影响着资源的配置效率。民航领域也存在航油和航材供应、机场服务等方面的垄断行为，成为制约我国航空公司提升国际竞争力的重要因素。此外，在交通投资领域，地方政府通过以成立公司的形式，注入土地收益、股权、国债，整合国有资产等方式成立了具有法人资格的交通投融资平台，代替政府来投资建设交通基础设施，在这种背景下成立的投融资公司带有较浓的政府色彩。

（四）公众参与治理的机制不健全

1.管理部门听取公众意见的意识不强

从大环境上看，我国政府管理较为强势，各项改革和管理工作倾向于强调顶层设计，而相对较为忽视基层和社会公众的声音，整体理念尚未实现从管理到治理的转变。公共政策制定者习惯于高高在上、发号施令，缺乏与普通民众进行沟通和协商的意识，对社会公众参政议政的权利视而不见，在做出某项政策时往往出于部门或者个人利益，很少在乎政策的出台或者执行过程中对社会大众的实际效果和影响。例如2013年1月，公安部交管局在没有充分听取社会大众意见的前提下，就贸然出台了"闯黄灯扣六分"的规定，制度刚一出台，就遭到社会大众的质疑，网上"吐槽"之声更是汹涌难挡，不得不仓皇取消这一规定。再如，据媒体报道，2024年5月，广州市白云区三元里村经济联合社发布通告称，该村自5月16日0时起，所有电动自行车、五类车不得进村停放。禁止所有电动自行车入村停放正式实施后，人流量明显下降，这直接影响了许多店铺的生意。没多久三元里店铺整排倒闭关门，街道冷冷清清，导致租客提前退租。

2.公众缺少参与治理的渠道

虽然《中华人民共和国立法法》《行政法规制定程序条例》《规章制定程序条例》等现行立法规程对法律法规制定过程中的征求公众意见均有不同程度的要求，但实际上，各种向社会征求意见的要求，要么落实不到位，要么根本就没有落实。例如，2014年12月29日，深圳市政府发布《关于实行小汽车增量调控管理的通告》，宣布深圳实行小汽车限购政策，当天发布当天执行，事先没有跟市民有任何的沟通，明显违背《规章制定程序条例》中要求"起草规章向社会公布征求意见的期限一般不少于30日"，"规章涉及重大利益调整或者存在重大意见分歧，对公民、法人或者其他组织的权利义务有较大影响，人民群众普遍关注，需要进行听证的，起草单位应当举行听证会听取意见"等要求。各级交通运输管理部门在出台具体政策时，更没有制定征求社会公众意见的程序要求。行业协会、工会等社会组织，由于依附于政府行政体系存在，也无法真正履行反映行业和公众权益诉求的职责。正是由于公众缺乏参与治理的渠道，也导致了出租车司机、货车司机等群体通过罢工、聚集闹事等极端手段表达自己的利益诉求。

3. 公众参与缺乏有效的监督手段

由于向社会征求意见的相关规定缺乏实施细则，使得在征集社会大众意见时，采用何种调查方法，如何选择调查对象，如何执行调查程序等，都没有严格的规定。有的交通运输管理部门通过在调查研究前，事先安排好要调查的对象、选择好想要调查的区域，来保证自己想要得到的结果，造成调查的公正性大大降低。一些管理办法在征求意见后，是否采纳和落实，没有对公众的反馈机制，也使得一些人认为"提意见没用"，"提了白提"，使得公众参与治理的积极性不断下降。媒体的社会监督职能，在重重新闻审查的背景之下，也难以有效发挥。2018年7月30日，央视《新闻1+1》栏目以《北京南站，究竟"难"在哪儿？》为题报道了社交网络中广泛流传的北京南站运输保障和交通秩序问题，才引起有关部门的重视。但是，这种监督远远不够，人们不禁要问，在北京南站规划、设计的阶段，为何没有舆论监督，为何没有征求社会意见。建成后的修修补补，已经无法解决根本问题。

四、交通运输现代化治理体系的构建思路

交通运输治理体系既是国家治理体系的子系统，又是国家治理体系的重要组成部分。要推进交通运输治理体系和治理能力现代化，必须充分认清交通运输治理体系与国家治理体系的这种相互关系，既要在国家治理体系的框架下推进交通运输治理体系的建设，又要通过现代化交通运输治理体系的率先建设，推动国家治理体系和治理能力现代化的实现，打造国家治理体系在交通运输领域的样板。

（一）现代化交通运输治理体系的构成与基本特征

现代化交通运输治理体系由交通运输法律法规系统、交通运输行政管理系统、交通运输市场经济系统、交通运输社会组织系统四大系统构成。其中，交通运输法律法规系统是核心，交通运输行政管理系统是关键，交通运输市场经济系统是目标，交通运输社会组织系统是保障。四大系统相互影响、相辅相成，作为核心的交通运输法律法规系统规定了政府、市场、社会三者的行为准则和相互关系，政府、市场、社会又在交通运输具体的治理实践中为交通运输法律法规系统的完善提供了有力的支撑。

1. 交通运输法律法规系统

无规矩不成方圆，法定职责必须为，法无授权不可为，交通运输法律法规系统是交通运输政府管理行为、市场经营行为、消费者参与行为等一系列交通运输相关方行为，以及调整各相关方利益关系的基本准则和行为规范，是建立现代化交通运输治理体系的核心。由全国人大制定的交通运输法律、由国务院制定的交通运输行政法规、由交通运输相关管理部门制定的部门规章等共同构成了交通运输法律法规系统。在交通运输法律法规系统中，科学立法是基础，严格执法是关键，公正司法是保障，全民守法是前提。

2. 交通运输行政管理系统

现代化市场体系的建立，需要发挥市场在资源配置中的决定性作用与

更好发挥政府作用相结合，良好的政府行政管理系统是保证法治顺利实施，实现良治和善治的关键。完善的交通运输行政管理系统，是建立现代化交通运输治理体系的关键。在交通运输行政管理系统中，要建立和完善交通运输管理体制机制，使之适应经济发展规律、社会发展需要；要明确行政管理的职责和边界，确保政府行政管理的公平和效率；要优化政府的服务功能，为交通运输市场的发展创造良好环境。

3. 交通运输市场经济系统

市场在资源配置中起决定性作用，完善的交通运输市场经济系统是建立现代化交通运输治理体系的目标。交通运输是现代服务业的重要组成，交通运输业实现现代化的本质是不断满足人们日益增长的美好出行和高效运输需要。在交通运输市场经济系统中，企业、商品服务、生产要素是系统的核心，企业运用各种生产要素向市场提供商品或服务。要加快形成企业自主经营、公平竞争，消费者自由选择、自主消费，商品和要素自由流动、平等交换的现代市场体系，着力清除市场壁垒，提高资源分配效率和公平性。

4. 交通运输社会组织系统

现代化治理体系的根本和基础，在于激发和创造社会组织活力，实现社会共同治理。健康的交通运输社会组织系统，是建立现代化交通运输治理体系的保障。在交通运输社会组织系统中，每一位公民和交通运输的参与者都是治理体系中的一员，专家学者、行业协会等不同背景、不同视角的个体和组织共同构成了社会组织系统的多样化生态。在交通运输法律法规系统建立之时，社会组织系统能够建言献策，为最大限度建立完善的法治体系、最大化满足各方利益诉求提供了有力保障；在交通运输行政管理实施和市场经济运行过程中，社会组织系统能够起到有效的监督作用，保证政府和市场各方按照既定的规则行事。

（二）现代化交通运输治理体系的构建原则

1. 科学治理

科学精神，是当代人类从事任何一项活动所必须遵循的。所谓科学治理，是指建立健全既体现科学理念、科学精神，又具有科学规划、科学规则、科学运作的治理体系，并充分利用现代科学技术进行治理。在推进交通运输治理体系和治理能力现代化的过程中，治理体系的设置要与事物发展的客观规律相一致，不能成为阻碍行业发展的绊脚石；要建立健全科学的治理体系和治理程序，遵循科学的决策原则进行治理决策，遵循科学的实施原则进行治理实施，要利用科学技术特别是信息技术、依托网络优势提高治理的技术能力；要提高治理参与主体的能力及素质；要注重绩效，采用科学的方式方法和工具提升治理绩效，并对治理绩效进行评估及改善；等等。

2. 民主治理

交通运输兼具生产性和生活性服务业特性，与人民群众的日常生产生活密切相关，交通运输领域的治理问题每个人都十分关注。在构建交通运输治理体系的过程中，必须把民主治理作为一项基本原则贯彻始终。一是民主决策。一个好的决策过程需要凝聚各个相关方的共识和智慧，一方面为制定相关政策法规获取社会最大公约数，另一方面也为法治的实施提供了良好的前提条件。只有各方均比较认同的"善法""善政"，才能得到最好的执行。决策不仅是政府的事，而是需要政府和参与主体共同决策。二是民主参与。一项政策的执行，有时仅仅依靠相关管理部门的三五个人，很难落实到位，而广泛发动社会组织和公民参与交通运输的治理过程，能起到事半功倍的效果，还能在治理过程中进一步培养和提升公民参与治理的能力和水平。三是民主监督。绝对的权力导致绝对的腐败，只有受到监督和制约的权力，才是人们可以信赖的。要推进治理过程的公开化、透明化，自觉接受社会监督，把"人民群众对于交通运输治理的效果满意不满意"作为政府相关管理部门施政的动力和方向。

3. 法治治理

法治是治国之重器，良法是善治之前提。坚持交通运输的法治治理，就要形成完备的交通运输法律规范体系、高效的交通运输法治实施体系、严密的交通运输法治监督体系、有力的交通运输法治保障体系。同时，法治原则也包含着制度治理，法律本身就是一种制度，除了法律制度外，还要遵守其他更多的规章制度。交通运输治理，应更多依托于这样的制度进行治理。要坚持运用法治思维和法治方式推进交通运输治理体系和治理能力现代化，治理内容都要于法有据；实践证明行之有效的，推动及时上升为法律法规；实践条件还不成熟、需要先行先试的，推动按照法定程序作出授权。

4. 市场决定

交通运输是现代服务业，企业是面向市场的最前沿。交通运输相关企业依靠市场竞争得以生存，能够最敏感地通过洞察市场的发展规律提升组织效率，通过捕捉市场的"痛点"改善交通运输服务，通过社会的发展态势确定技术创新战略。而指令式地干预市场微观经济活动，只会制约市场的创造活力，不能再继续下去。要按照国家全面深化改革的总要求，立足交通运输的基础性、先导性、服务性，进一步厘清政府与市场的边界，发挥市场在交通运输资源配置中的决定性作用，加快转变政府职能，更好发挥政府作用。

（三）现代化交通运输治理体系的建设思路

1. 树牢目标导向

建设交通强国，就是要实现交通运输领域的质量变革、效率变革、动力变革。要将建设现代化交通运输治理体系，推进交通运输治理体系和治理能力现代化作为建设交通强国的前提和必要条件，树牢目标导向，将治理体系建设与交通强国目标所需要的价值观念和目标体系进行对标，通过建立现代化交通运输治理体系，推动我国交通运输实现由大到强的转变。当前，就是要将发展质量、发展效率和技术创新的动力作为建设现代化交通运输治理体系的重点，坚持以人民为中心的发展思想，逐步从人治向法治转变，从管理向服务转变，从权力本位向责任本位转变，从封闭管理向透明治理转变，从政府本位向社会本位转变。

2. 加强顶层设计

强化交通运输治理体系的顶层设计，立足政府、市场、社会的系统构成，形成多元治理格局，使各种治理主体既有合理的分工，又能形成统一的合力，确定交通运输治理的总体方略。体制方面，要理顺政府不同部门之间的权责关系，理顺中央政府与地方政府的权责关系，建立分工合理、权责匹配，既相互制约又相互协调的行政架构。充分发挥市场在资源配置中的决定性作用，不断完善交通运输市场经济体制。发展社会组织，塑造公民参与治理的模式。机制方面，要完善协作机制，加强治理主体的沟通、参与、合作、协同。健全责任机制，厘清治理主体的权责配置。强化监督机制，规范治理主体的行为。

3. 持续深化改革

坚持深化改革，就是坚持问题导向，以破解当前制约发展的突出问题入手，不断释放改革红利，这是交通运输持续健康发展的基本经验，是建设交通强国的关键抉择。当前，我国经济发展进入新常态，交通运输发展进入新阶段，改革进入攻坚期和深水区。必须以强烈的历史使命感、责任感，在新的历史起点上全面深化改革，最大限度调动一切积极因素，以更大决心冲破思想观念的束缚、突破利益固化的藩篱、提高推进发展的能力，努力开拓中国特色交通运输事业更加广阔的前景。

4. 夯实社会基础

推进交通运输治理体系和治理能力现代化，必须实现社会和公民的普遍参与，必须实现政府、市场和社会的良性互动。一方面，要培育和发展社会组织，充分发挥第三部门作用，完善社会组织功能，使之成为社会治理的基础，建立政府与社会的相互依赖、相互协作的互动关系。要完善社会组织参与交通运输治理的行为规范，为社会组织的发展创造一个公平的环境。另一方面，交通运输立法、行政等均要引入民主决策程序，建立民众参与决策的制度，扩大民主参与、加强民主监督。

五、推进交通运输治理体系和治理能力现代化的实施路径

交通运输治理体系和治理能力现代化是建设交通强国的重要保证。要以交通运输法律法规系统建设为基础，通过立法先行、科学立法，推动政府、市场、社会等交通运输相关主体行为及其利益关系法治化、程序化、规范化。要完善交通运输行政管理系统，科学划定政府职责边界，坚持有所为、有所不为，坚持简政放权、放管结合、优化服务，不断提高政府行政效能，释放改革红利。要健全交通运输市场经济系统，真正使市场在资源配置中发挥决定性作用，通过市场机制提升服务、提高效率、推动创新。要建立交通运输社会组织系统，通过制度设计，使社会公众能够普遍参与交通运输治理全过程，真正将交通运输治理变成全体人民自觉遵守的普遍习惯。

（一）推进交通运输法律法规系统建设

1. 立法先行，科学立法

自古以来，"国无常强，无常弱。奉法者强则国强，奉法者弱则国弱"。法治维系着一个国家的发展和强盛，依法治国是中国共产党领导人民治理国家的基本方略和基本方式。要从较多依靠行政命令和政府文件，包括各类"管理办法"和"指导意见"等的做法向依法行政转变，从较多靠习惯和经验开展工作的方式向依靠法规和制度开展工作转变，从突击式、运动式抓工作的方式向按公共政策程序办事转变。要坚持人大主导立法，特别是针对涉及综合性、全局性、基础性的交通运输法律法规，防止部门利益法律化。要通过法律明确交通运输各相关方的权利义务，明确政府的法定职责，防止政府行为的错位和缺位，规范市场主体的经营行为，创造保障市场公平竞争的法治环境。要健全法律监督体系，强化对行政权力的制约和监督。

2. 加强综合交通运输法律法规的立改废

针对经济社会的发展要求和综合交通运输的发展特点，创新综合交通

运输的立法。建议尽快制定综合交通运输法，作为统领各运输方式法律的上位法，明确将综合交通的规划、建设、管理相关要求以法律的形式固定下来，从制度上解决各种运输方式各自为政、跨管理部门协调效率缺乏、跨区域交通缺乏责任主体、综合运输效率不高等突出体制机制问题。全面梳理现行交通运输法律法规，特别要注意进行合法性审查和公平性审查，对不符合综合交通发展要求的法律法规，要及时进行修订完善，避免在法律法规层面造成交通运输市场关系的不平等。要及时废除已经不适应经济社会和时代发展要求的法律法规，为交通运输实现创新发展创造良好环境。

3.推动交通运输新经济新模式新业态立法创新

要加强立法调研，密切关注交通运输领域出现的新事物，特别是在移动物联网、大数据、云计算、人工智能等新技术的发展背景下，要加强对交通运输新经济新模式新业态的跟踪和研究，及时制定出台包容审慎的管理办法，避免用旧办法管制新业态，破除行业壁垒和地域限制。例如，针对近年来网约车、共享汽车、无人驾驶等新模式的出现，逐渐模糊了彼此的经营界限，完全可以改变传统按业态分类管理的方式，改为按要素进行管理，打通制约业态间要素相互流动的制度障碍。要强化地方政府自主权和创造性，做好与现有社会治理体系和管理制度的衔接，完善事中事后监管。要充分利用云计算、物联网、大数据等技术，创新网络业务监管手段。要根据新事物的不同形态和特点，科学合理界定平台企业、资源提供者和消费者等的权利、责任及义务。要切实加强新模式下对企业垄断行为的监管与防范，维护消费者利益和社会公共利益，营造新旧业态、各类市场主体公平竞争的环境。

4.强化法律法规的实施和监督

实践是检验真理的唯一标准，法律法规真正的效益发挥取决于实际执行。要加强法律法规在具体实施过程中的评估环节，全面把握法律法规实施的效果和存在的问题，建立反馈和修正机制，通过及时修改不适应实际情况的内容、细化部分内容的可操作性、增加新形势新问题下的应对之策等，使得法律法规始终能与实际需要保持一致，始终站在时代发展的前沿。

要完善执法程序，规范自由裁量权，做到严格规范公正文明执法，同时要加强对法律法规实施过程的监督，对法律法规执行过程中的政府越位、错位和缺位现象，通过严格的司法监督、广泛的民主参与、普遍的舆论监督等多种形式，使权力在阳光下运行。

（二）完善交通运输行政管理系统

1. 推动交通运输大部门制改革实施落地

在当前交通运输大部门制改革的基础上，通过细化体制机制设计，真正使交通运输部成为综合交通运输的总体协调部门。例如，铁路、民航等领域的重大项目实施，必须获得交通运输部的核准；国务院在考核各部门工作业绩时，交通运输部对铁路总公司、民航局有绝对话语权等。积极推动地方各级交通运输主管部门负责本区域内综合交通运输规划、建设、管理与服务，统筹地方铁路、公路、水路、民航、邮政等管理，实现交通、住建、公安等部门有关交通管理职能的统一，加快形成"大交通"管理体制和工作机制。例如，深圳市交通运输委员会将原深圳市交通局、公路局、交通综治办（轨道办）的职责及规划局、城市管理局（城市管理行政执法局）、公安交通警察局的有关职责整合划入，规划设计、发展职能得到进一步融合和加强。要强化城市一级政府与铁路、民航等的协调机制，强化城市政府在综合交通枢纽规划建设中的话语权。研究建立都市圈交通一体化管理机构和协调机制，统筹负责都市圈范围内的综合交通运输规划建设管理职能。

2. 科学确定中央和地方事权划分

《国务院关于推进中央与地方财政事权和支出责任划分改革的指导意见》（国发〔2016〕49 号）中明确提出，2017—2018 年，交通运输领域的中央与地方财政事权和支出责任划分改革要争取取得突破性进展。要按照中央财税体制改革和事权划分的要求，坚持体现基本公共服务受益范围，兼顾政府职能和行政效率，实现权、责、利相统一，激励地方政府主动作为，做到支出责任与财政事权相适应等划分原则，推进交通运输领域中央与地方财政事权和支出责任划分改革。在事权划分上，加强中央在保障国家安全、维护全国统一市场、体现社会公平正义、推动区域协调发展等方面的财政事权，例如国防公路、全国性大通道等基本公共服务应属中央财政事权；将直接面向基层、量大面广、与当地居民密切相关、由地方提供更方便有效的基本公共服务确定为地方的财政事权，例如市政交通、农村公路等基本公共服务确定为地方的财政事权；同时，考虑到中央政府在协调平衡区域发展和提供基本公共服务的引领带动作用，应当确立部分中央与地方共同财政事权项目，体现中央战略意图，例如跨省（区、市）的重大交通基础设施项目建设、市域轨道交通建设等。在事权划分的基础上，建立交通运输事权和支出责任相适应的制度。根据事权的划分，建立与事权相匹配的支出责任体系和管理制度，调整完善与履行职责相适应的机构设置、人员配备和保障机制。

3. 优化政府行政管理职能，打造服务型政府

一是深化行政审批制度改革。清理规范交通运输行政权力，公布交通运输部门权力清单、责任清单和权力运行流程图。全面清理交通运输行业行政审批事项，减少交通运输建设投资、生产经营活动等审批。全面清理非行政许可审批事项，减少工商登记前置审批。精简交通运输行政审批环节，优化审批流程，完善跨区域联合审批制度，推进网上办理和窗口集中办理，实现审批、管理、监督相分离。加快投资项目承诺制改革，政府定标准、强监管，企业作承诺、守信用，最终实现"零审批"管理。例如，长期以来国家对城市轨道交通建设的审批，制约了各地城市交通发展的主动性和积极性，应逐步转变监管思路，实现由事前审批向事中事后监管转变。

二是加强市场监管职责。通过加强对交通运输过程监管和后续管理，强化生产经营者的主体责任，完善市场退出机制。加快建立交通运输强制性标准体系，重点加强对安全生产、工程质量、环境保护、服务质量等方面的监管。同时，要创新监管理念和方式，积极推进交通、工信、工商、质检、网信等跨部门联合监管和"互联网＋监管"，实现从职能部门"单打

独斗"转变为综合监管、"智慧监管"。要加快推进涉企信息归集共享,实行守信联合激励和失信联合惩戒机制,让市场主体"一处违法、处处受限"。对违法违规行为,要依法严惩,使违法主体付出沉重代价。

三是坚持对新事物的包容审慎监管。交通运输新技术、新业态、新模式是推动我国经济转型升级的重要动力,要使之持续健康发展,不能不进行监管,但这些新生事物在很多方面与传统经济有很大不同甚至完全不同,有的远远超出了现有的认知能力和水平,监管不能削足适履、简单套用老办法,否则就可能将其扼杀在萌芽状态。但我们既要包容审慎,又要坚守安全质量底线。要本着鼓励创新原则,区分不同情况,量身定制包容审慎监管模式和标准规范。对符合发展方向,但出现了问题,要及时予以引导或加以纠正,使之有合理发展空间;对潜在风险很大,特别是涉及安全和有可能造成严重不良社会后果的,要及早发现问题、果断采取措施,这也适用于传统业态的监管;对以创新之名行侵权欺诈之实的,要予以严惩。

四是提供便捷高效的政务服务。大力发展"互联网+政务服务",变"群众跑腿"为"数据跑路",打造全国一体化政务服务平台。例如,鉴于网约车从业人员数量多,办证环节流程较长,杭州市开发建设网约车管理信息系统,具备互联网申报、与公安并联审查、驾驶员考试、人车注册报备,以及平台数据库接入和动态监管等功能,实现了网约车平台、人员和车辆"三项许可"全部在线办理。在人车许可办理过程中,群众通过互联网提交办证申请,交通和公安部门在网站后台对申请材料进行数据流转和并联审查,人员和车辆办证在线完成,办证进度短信告知,最终签发电子证件。整个办证过程"只跑一趟"。

五是强化交通运输信息开放共享。推动跨地域、跨类型交通运输信息互连互通,依托国家及行业数据共享交换平台和政府数据开放平台,促进交通领域信息资源高度集成共享和综合开发利用,完善综合交通运输信息平台功能。按政务公开的有关规定,政府交通信息资源分级分类向社会开放,鼓励基础电信企业和互联网企业向小微企业和创业团队开放资源。鼓励发展交通大数据企业,提升处理和分析能力,创新数据产品,更好支撑企业运营管理和政府决策。

（三）健全交通运输市场经济系统

1. 充分利用市场机制提升交通运输服务品质和效率

区分交通运输公共服务的供给主体和供给方式，供给主体是政府的交通运输公共服务，也可以通过市场化的供给方式予以实现。可以通过建立交通运输部门向市场购买服务制度，通过政府购买服务的方式，引入市场主体提供原本由政府包办的交通运输公共服务，提高服务质量和服务效率。原则上，凡是直接面向市场的交通运输服务，均可通过市场机制实现。例如，政府打造多年的交通出行信息平台，效果很不理想，但携程、百度等市场主体推出的信息服务平台，却得到了广大用户的一致欢迎。政府完全可以在这些服务领域与市场开展合作，为公众提供更加优质的交通运输服务。再如，在城市公交、轨道交通等运营服务领域，可以进一步引入竞争机制，采取合同、委托等方式向社会购买。在交通基础设施建设方面，推广政府与社会资本合作等模式，引导和鼓励社会资本通过特许经营等方式，参与交通运输基础设施等投资、建设、养护和运营，提高建设和运营效率。要注重发挥市场形成价格的作用，逐步放开交通运输领域竞争性环节价格，根据服务质量实行不同定价，实现优质优价，通过价格手段调节市场需求，提供个性化、差异化的交通运输服务。例如，全国各地的巡游车竞争力不强，造成多方不满意的最主要因素就是政府对巡游车价格的管制，特别是在市场化程度很高的网约车进入出租汽车市场之后，更加反映了在市场机制和政府管制两种模式下运输服务行业的孰优孰劣。

2. 使企业真正成为行业创新的主战场

创新是提高交通运输行业竞争力的关键，我国要建设交通强国，必须把创新作为发展的第一动力源。而创新驱动阶段的经济发展与经济赶超阶段不同，用赶超阶段的政府主导、集中决策和配置资源，进行经济性管制的办法，不能实现创新驱动的经济形态，必须真正确立企业为市场主体的地位，使其在资源配置中发挥决定性作用。企业的创新是一种市场导向的、由企业家推进的、具有很大风险的、营利性的经济活动，企业家和创业者更贴近市场，具有敏锐发现技术的市场价值、认定可应用领域的本能，有快速捕捉市场机会的冲动，并可以将创新活动所必需的人才、资金和其他物质条件整合起来，组织和指导进行目标导向的创新实践。只有建立起企业家和创业者愿意以他们的睿智和财产倾注于创新活动的体制环境，才能使创新不是偶然发生的现象。必须遵循市场经济规律和企业发展规律，深化交通运输国有企业改革，坚持政企分开、政资分开、所有权与经营权分离，坚持权利、义务、责任相统一，坚持激励机制和约束机制相结合，促使国有企业真正成为依法自主经营、自负盈亏、自担风险、自我约束、自我发展的独立市场主体。

3. 创造公平有序的良好市场环境

要大力破除交通运输行业的市场准入壁垒，全面清理交通运输领域妨碍统一市场和公平竞争的规定和做法，反对地方保护，反对垄断和不正当竞争。制定政策都要进行公平竞争审查评估，出台优惠政策也要以普惠性政策为主。对于具有垄断性的行业，要放开竞争性业务，这有利于扩大民间资本进入，也有利于推动提升行业整体竞争力。建立公平开放、统一透明的交通运输市场，实行全国统一的市场准入负面清单制度，除法律规定外，不得限制要素在不同区域、行业间的自由流动，推动"非禁即入"普遍落实。探索交通运输领域对外商投资实行准入前国民待遇加负面清单的管理模式。

要创造鼓励创新的大环境，充分调动人们创新的欲望，并使那些产生创新欲望的人有充分施展才华的条件，使成功的创新得到应有的回报，使创新失败的人有机会东山再起。可以通过适度从紧的生产要素条件给企业创新的压力，例如，从严的环境监管会倒逼企业提高燃油经济性、发展新能源汽车。要构建健康的市场环境，通过法治化手段保障充分、规范的市场竞争和每个企业公平的发展机会，要构建良好的产业化发展环境，通过产业规模、产业组织、产业配套能力以及服务商、科研和融资等支持性机构的合理组合，提高创新成功率，建立激励创新的政府采购制度，帮助企业克服技术突破之后面临的技术还不完善、生产尚未达到经济规模、配套设施和服务还跟不上、商业模式还不成熟、市场认同度还比较低等产业化难题。

（四）发展交通运输社会组织系统

1.提高社会治理的制度化水平

是否有完善的保障社会公众参与交通运输治理的各项制度，关乎社会公众参与的积极性和有效性。相关的制度越完善、越规范，公众参与交通运输治理的稳定性就越强。在推进交通运输治理体系和治理能力现代化的过程中，要通过法律的形式来明确公众的参与地位，并不断完善公众参与治理的相关流程制度，细化社会治理的要求，避免社会参与的形式化。例如，相关政策法规的制定，如涉及重大利益调整或者存在重大意见分歧，对公民、法人或者其他组织的权利义务有较大影响，人民群众普遍关注的，应当举行听证。对于部门间争议较大的重要交通运输政策法规，可以引入第三方评估。在交通运输规划、设计、建设、管理的全过程中，要通过各种形式征求社会各方面意见建议，凝聚最大共识，提高交通运输治理能力，使交通运输治理始终符合社会公众的预期。对于重大政策要建立政策评估和反馈机制，使公众对政策执行情况有知情权。要公开交通运输公共信息，明确社会监督的渠道和形式，积极回应社会关切，满足不同利益群体诉求，将沟通工作做到平时，重塑政府公信力。

2.创新社会参与治理的方式

行业协会、科研院所、新闻媒体等都是交通运输社会组织系统的重要力量，要发挥各类社会组织参与交通运输治理的积极性，主动吸收各方面有益意见和建议。要支持行业协会自我化运作，使之真正代表行业内各企业的利益，在政策制定和执行过程中，能够将行业内企业的真实愿望反映出来，真正成为政府与企业沟通的桥梁。要重视科研院所、专家学者对交通运输治理工作的意见建议，真正将他们的意见建议落实到具体工作中。要支持新闻媒体开展新闻监督，交通运输相关管理部门要以开放的姿态，做好新闻宣传工作，使新闻和舆论监督成为交通运输治理的有力工具，让权力在阳光下运行。伴随着网络技术和信息技术的发展，各种新媒介不断涌现，大大提高了信息传输的便捷性和有效性。交通运输相关管理部门要积极利用微信平台、电子政务、微博问政等方式，及时发布交通管理有关的各种消息，与社会公众进行信息交流，倾听社会公众的看法和建议，并开设各种投诉热点、论坛监督等方式，加快投诉及监管信息的传播速度，提升公众参与监管的效率。

3. 积极引导和重建良性社会文化

增强制度建设、公众参与和提高政策透明度的过程，有利于减少社会心理中的"不公平感"和"被剥夺感"，并使政府部门的权威性和公信力得到更多认同。要使社会公众能够积极参与交通运输治理，关键还在于积极引导和重建良性社会文化，特别是要创造一个良好的社会生态环境，让社会公众能够批评政府，建立起政府与社会组织之间的良性互动。《中庸》里有一句话，"天地之道，可以一言而尽也，其为物不二，其生物则不测"。社会的生态多样性怎样体现出来？就是开放、自由与尊重，没有表达的自由，人与人之间的丰富差异性就体现不出来。政府要致力于从社会基础层面搭建一个生态系统，这个生态系统自己就会繁荣、就有无穷的造化。

第二章　科技创新推动交通运输变革研究

科技是国家强盛之基，创新是民族进步之魂，交通运输变革过程总是与科技创新的进程密不可分。当前，我国交通运输科技创新主要包括以政府和运输企业为主体的效率提升行动、以市场为导向的运输服务产品和模式创新以及以创新驱动的新技术研发应用，但也存在发展战略与体制机制有待完善、技术研发与平台效用有待提高、行业标准化工作亟待加强、发展环境仍有待完善等问题。结合对未来趋势分析，提出科技创新推动交通运输变革要遵循创新发展、支撑引领，市场运作、提质增效，政府引导、安全有序，包容平等、开放共享的思路，和构建协调推进工作机制和发展战略、完善智能运输服务系统、构建智能运行管理系统、健全智能决策支持系统、加强智能交通基础设施支撑、全面强化技术研发支撑的重点任务。最后，提出制定完善标准规范、推动信用信息共享开放、创新政策法规、加强行业监管的政策建议。

一、科技创新与交通运输变革历程回顾

习近平总书记指出，科技是国家强盛之基，创新是民族进步之魂。自古以来，科学技术就以一种不可逆转、不可抗拒的力量推动着人类社会向前发展。16 世纪以来，世界发生了多次科技革命，每一次都深刻影响了世界力量格局。从某种意义上说，科技实力决定着世界政治经济力量对比的变化，也决定着各国各民族的前途命运。这一点在交通运输领域得到了充分的体现和印证。从交通运输发展史上看，每一次交通运输变革都与科技创新的进程密不可分。工业革命之前，人类的交通运输一直处在一个较落后的状态，主要靠人自身、动物及一些简单的自然力量来进行交通运输活

动。随着几次科技革命的发展，交通运输也随之产生了变革。

（一）三次科技革命与交通运输变革历程回顾

1. 第一次科技革命与交通运输变革

第一次科技革命最突出的标志就是蒸汽动力的发明和广泛应用，直接导致了许多领域的变革和生产效率的提高，包括纺织、印染、化工、运输、钢铁等。最明显的是钢铁和运输业。正像马克思在《共产党宣言》中所说的"轮船的行驶，铁路的通行，电报的使用，整个大陆的开垦，河川的通航，仿佛用法术从地下唤出来的大量人口——过去哪一个世纪能够料想到有这样的生产力潜伏在社会劳动里呢！"科技带来了制造业迅速发展，但如何快速、大量地运输原材料及产品成为当时社会的一大难题。

这种需求促进了以蒸汽为动力的运输系统的形成。蒸汽机的使用推动了蒸汽轮船和火车的发明，出现了铁路。利用蒸汽为动力的运输方式，为人类交通运输方式的第一次大的变革，开辟了交通运输的新纪元。1825 年，英国的乔治·斯蒂芬森在斯克顿和达林顿之间铺设了世界上第一条客货两用的公共铁路。在随后的几十年间，英国、美国和其他欧洲国家都进入了铁路建设高潮，横贯美国大陆的铁路就是在这个时期建成的。这种形势也扩展到非洲、南美洲和亚洲各国。从此，铁路成了陆地交通的主要工具。

另一个重要交通运输方式的发展是汽轮的发明和海路运输。1807 年，富尔顿将他所发明的汽船"克莱蒙托"号展示于哈德逊河，证明了使用蒸汽机的汽船可以在海上及河上航行，从此开始了海上运输的机械化时代。1833 年，一艘名叫"皇家威廉"号的加拿大汽船首次横渡了大西洋。其后的几十年内，汽轮的发展一日千里，并获得了广泛的应用。

2. 第二次科技革命与交通运输变革

19 世纪末，开始了一场以电力为主导技术，以电信、内燃机、汽车、照明、钢铁为主导技术的第二次科技革命。这次科技革命对交通运输产生的最大影响就是内燃机汽车和电气化火车作为交通工具的出现和发展。而且这两项交通运输方式至今仍在影响着我们的社会生活。

19 世纪末 20 世纪初，欧美一些主要资本主义国家相继完成了工业革命，随着生产力大幅增长，要求交通运输工具也要有相应的发展。从德国人奔驰和戴姆勒于 1886 年制造的第一辆汽车开始，各国都争相发展汽车业，汽车工业有了日新月异的变化。短短几年时间，汽车已经从一种实验性的发明转变为关联产业最广、工业技术波及效果最大的综合性工业。内燃机的发明和汽车的普遍使用成为人类交通运输方式的第二次大变革。各发达国家直到现在，都在修建和完善发达的公路交通网。以汽车为主的公路交通极大地增强了各地区之间、城市乡村间、生产和社会的交流和联系。私人汽车概念的出现，也赋予了个人的个性化与更多的自由和活动空间。

1879 年，德国西门子公司设计的世界上第一条电气化铁路在柏林建成，这标志着铁道运输进入了一个电气化的新时代。20 世纪初，由于欧美各国在海外殖民与拓荒所需，铁路运输得到了迅速发展，这一期间铁路能如此蓬勃发展，最主要原因即在于工业革命以后，欧美各先进国家对于原料、资源的需求增加及国际间商品贸易量大增，这些都使得铁路运输的需求持续增加。当时陆地上的主要运输任务大都依赖铁路来完成。这一阶段铁路技术的发展也为后来高速铁路的发展奠定了基础。

3. 第三次科技革命与交通运输变革

第三次科技革命是人类文明史上继蒸汽技术革命和电力技术革命之后科技领域里的又一次重大飞跃。它以原子能、电子计算机、空间技术和生物工程的发明和应用为主要标志，涉及信息技术、新能源技术、新材料技术、生物技术、空间技术和海洋技术等诸多领域，是一场信息控制技术革命。一般认为现代科技革命有两个阶段：第一个阶段从 20 世纪上半叶开始，以原子能、电子计算机、空间技术为主导技术群；第二阶段，一般认为从 20 世纪 70 年代开始，也称世界新科技革命，该阶段主要以信息技术、生物技术、新材料技术、新能源技术、空间技术、海洋技术为技术群。

交通运输方面，人类已不满足地面交通，开始向空中发展。1903 年，美国的莱特兄弟的双翼滑翔机第一次实现了用螺旋桨作动力的飞行。飞机的发明和航空运输的开始是人类交通运输方式的第三次变革。1914 年，美国首次开辟了从坦帕到圣彼得斯堡的定期航班。航天方面，1961 年，苏联成功发射载人宇宙飞船。1969 年，美国"阿波罗 11 号"飞船搭载宇航员阿姆斯特朗登月成功，人类第一次踏上地球外的星球。从此，人类的活动范围，已经从局部地区，到国家，到洲际，到全球，扩展到地球以外的空间。

现代科技革命也给其他运输方式带来了跨越式的发展。汽车在技术上更加成熟，并且融入了许多新的科技成果，如电子设备、新材料、新能源的应用等，使得汽车更加安全、舒适。同时，高速公路的大批修建，使得汽车运输得到了全面普及，很大程度上改变了人们的生活方式。铁路运输方面，1964 年，以日本第一次推出了运行速度 200km/h 以上的高速铁路系统新干线为标志，兴起了铁路运输的第二次发展高潮，时速随后又提高到 300km。法国推出了 TGV 高速铁路系统，至今车速实际最高运行速度已达 300km/h。德国、西班牙、意大利等国也相继建成了部分高速铁路系统。科技的发展也推动了新一代轨道交通系统的发展。2010 年 12 月 3 日，中国自主研制的 CRH380AL 型高速列车创造出 486.1 公里的世界铁路运营试验最高时速纪录。目前，中国高速铁路运营里程超过 2.2 万公里，这是地面交通的又一大突破发展，把轨道交通和地面交通带入了一个新的时代，开辟了交通运输方式的又一次变革。

（二）科技创新对交通运输变革的作用

党的十九大报告指出，"创新是引领发展的第一动力，是建设现代化经济体系的战略支撑。要瞄准世界科技前沿，强化基础研究，实现前瞻性基础研究、引领性原创成果重大突破"。其中，特别提出，要加强应用基础研究，拓展实施国家重大科技项目，突出关键共性技术、前沿引领技术、现代工程技术、颠覆性技术创新，为建设交通强国等提供有力支撑。党的十九大报告首次在加快建设创新型国家中提出建设交通强国，说明在我国经济已由高速增长阶段转向高质量发展阶段之时，创新已成为我国交通运输发展与变革的重要动力源。

王庆云认为，技术进步和科技创新对交通运输的影响有的是直接的，有的是间接的。归纳起来，大致有以下几个方面：第一，提高要素生产效率，使国民经济产出比提高和单位产值、单位产品的运输量减少；第二，促进经济结构优化，特别是产业结构高级化，技术密集型产业产值在国民生产总值中的比重增大，使得客货运结构发生变化；第三，促进规模经济的形成，中心城市将成为经济的生长点和物资、信息的集散地，有利于交通网络的布局和形成以及运输效率的提高；第四，为交通运输业自身的发展提供良好的条件；第五，促进产业组织效率的提高和管理的现代化，有利于综合运输体系的形成，增强综合运输能力；第六，通信技术的快速发展，对人们的出行部分起到了替代作用，有可能减少对交通的需求量。

交通运输部党组将科技创新对建设交通强国的重要意义概括为以下四个方面。一是科技创新是引领交通运输发展的第一动力。建设交通强国，发展是第一要务，关键是要依靠科技创新培育发展新动力，在新常态下实现新旧动力有效转换。必须加快从要素驱动发展为主向创新驱动发展转变，以科技创新为支撑引领，加快培育发展新动能，为交通运输可持续发展提供动力源泉。二是科技创新是推进行业供给侧结构性改革的迫切要求。建设交通强国，必须解决我国交通运输业存在的"结构不优、大而不强"的结构性问题，加快补齐发展短板，关键是发挥好科技创新的引领作用，加快推进行业供给侧结构性改革，全面提升技术进步水平，提高交通运输网络化、一体化、智能化、绿色化发展水平，提升科技创新在交通运输发展中的贡献率。三是科技创新是推动交通运输"走出去"的重要前提。建设交通强国，交通运输业"走出去"是必由之路。当今世界，谁牵住了科技创新这个"牛鼻子"，谁走好了科技创新这步先手棋，谁就能占领先机、赢得优势，依靠技术优势不断提高运输效率和品质，降低运输成本，向世界输出更具竞争力的交通运输产品和服务。四是科技创新是实现行业治理体系和治理能力现代化的重要支撑。建设交通强国，治理现代化是支撑，关键是要依靠互联网、物联网、大数据、云计算等新一代技术，与传统产业形态深度融合，对传统管理模式深度改造，不断提升管理效能。这是实现行业治理体系和治理能力现代化的一条捷径，也是必由之路。

总结起来，本研究认为，从整个经济社会发展的观点来看科技创新与交通运输变革之间的关系，有以下三个层面：

1. 科技创新是交通运输变革的基础条件

交通运输的变革基础在于交通运输基础设施、交通运输工具和交通运输组织模式的改变，而从历次科技革命的经验中可以看出，每一次科技革命都会通过交通工具、交通组织、交通效率等的创新，直接推动交通运输发展变革。从经济社会的角度看，科技创新会带来经济的发展、社会的繁荣，会对交通运输产生巨大的需求，也为交通运输实现质量变革、效率变革、动力变革提出了最迫切的要求，从而成为交通运输发展变革的重要推动力。

2. 科技创新与交通运输变革相互促进

众多学者在研究第一次科技革命发生在英国的原因时，不少人都认为应归功于英国运输业的发展。18世纪上半叶英国就开始大规模地修建改造全国的道路。到1770年，英国已拥有1.5万英里的收费道路，通行税制度遍及全国。在内河运输方面，为了追求更廉价的运费，1759年英国兴起了修建运河的高潮，30年内，英国国土上开辟了四通八达的航路。海洋运输业，则是随着英国的海上贸易，以及它争夺海上霸权、征服海外殖民地的战争而发展起来的。经过长期发展和改善交通运输，英国在18世纪后半叶，已经发展为运能大、速度快、费用降低、经常性增加、可靠性和专业化程度提高的交通运输系统。荣朝和等人认为，充分改善的运输条件和由此而得到高度发展的商业，是发生科技革命的先决条件，或者说运输和商业的发展促成了大工业的形成。然而一旦大工业得以建立，就会以其释放出来的巨大的内在力量，把运输再一次推入前所未有的革命性进程之中。恩格斯也曾说过，一定水平的运输也成了工业化产生的原因，而建立工业的最直接结果就是交通进一步改善。

3. 交通运输科技创新推动经济社会高质量发展

无论是16世纪，依靠先进航海技术发现"新大陆"的葡萄牙、西班牙，还是17世纪凭借先进造船技术享誉世界的"海上马车夫"荷兰，抑或是进入 19 世纪后，发明并推广使用了蒸汽机船、汽车、火车、飞机等现代交通工具的英国、美国，在这些国家成为世界经济中心的过程中，先进的交通科技都是不可或缺的重要条件。正如亚当·斯密在《国富论》中所讲："一切改良，以交通改良最有实效。"只有具备先进运输技术和运输保障能力，才能保障国家具有在全球范围内配置资源的能力，才能保障国家经济社会的高质量发展。

二、我国交通运输科技创新发展现状与问题

由于着眼点为推动交通运输变革，本书所称的交通运输科技创新，重点包括两方面的内容。一是交通运输领域的科技创新，即现阶段所称的智能交通概念，是旨在利用当前信息通信、人工智能、大数据、云计算等技术手段，以更绿色低碳的方式，推动运输组织变革和系统运行效率提升，推动综合交通运输体系系统和管理的全面优化，从而为公众提供更安全、高品质、多元化的交通出行和运输服务。二是交通运输工具的制造领域，是旨在通过能源、材料等技术的革命，给现有交通运输工具的制造带来变革，进而提升现有交通运输质量和效率，甚至创造新的交通运输方式，从而影响交通运输变革进程的方式。

（一）我国交通运输科技创新发展现状

当前，我国交通运输科技创新呈现以下三个特点：一是以政府和运输企业为主体的效率提升行动，通过运行管理与行业监管的现代化，提升现阶段交通运输运行组织效率和管理效率；二是以市场为导向的运输服务产品和模式创新，为公众提供了高品质、多元化的交通出行和运输服务；三是创新驱动的新技术研发应用，为未来重构交通运输形态，推进交通运输深度变革提供技术支撑。

1. 以政府和运输企业为主体的效率提升行动

一是运行管理逐步智能化。铁路列车自动控制水平显著提高，市场竞

争逐步过渡到国产设备占主流的阶段，铁科院和中国通号更是具备完整的全部自主知识产权的列控系统。民航管理控制系统与国际接轨，基本上形成了包含通信系统、情报系统、卫星定位系统、气象保障系统在内的空中管理信息设施系统。近 100 个城市开展了智能公交调度系统的建设，有效提升了城市公共交通服务质量。菜鸟 AGV 机器人、京东无人仓、无人机配送等智能物流管理得到应用，佛山机场成为全国第一家 RFID 行李跟踪系统全覆盖的机场，实现了行李全流程闭环的数据自动收集和自动化处理。

二是行业监管能力逐步增强。北京、上海、江苏、重庆、安徽等省市已全面建成省级公路网运行管理与应急处置平台，实现了对区域路网的运行监测与管理。建成了 42 个船舶交通管理系统（VTS）和覆盖沿海、长江干线及其他内河通航水域的船舶自动识别系统（AIS），重点船舶动态定位跟踪监测覆盖率达到 100%。建成全国重点营运车辆联网联控系统，实现全国范围内重点营运车辆动态信息的跨区域、跨部门信息交换和共享。以世界性和地区性大型活动的召开为契机，北京、上海、广州、深圳等特大城市综合交通信息资源开发利用程度显著提高，交通运输运行协调和应急联动能力明显提升。目前已有 253 个城市建有完善的公安交通指挥中心，205 个城市建成应用了集成指挥调度平台。

三是信息服务能力不断提升。交通运输部与百度地图基于政企合作模式建立的综合交通出行大数据开放云平台自 2016 年 11 月 18 日上线以来，目前已有包括各种运输方式、政府部门、通信运营商、互联网企业等的 7TB 数据向社会开放共享。南京南站、上海虹桥等 6 个综合客运枢纽管理与信息服务系统示范工程实现了枢纽内多种运输方式之间信息互通与共享的突破。国家交通运输物流公共信息平台和区域物流公共信息平台建设取得积极进展，依托东北亚物流信息服务网络，实现了中日韩三国 19 个主要港口间集装箱船舶和集装箱动态信息共享。长江航运物流公共信息平台建成启用，整合了长江航运信息资源，提高了航运物流效率。

2. 以市场为导向的运输服务产品和模式创新

一是"互联网 +"新业态不断涌现。互联网与交通运输不断融合形成的新业态总体上处于全球领先地位，网约车、共享单车、共享汽车等不断成为"互联网+"领域的热点；货车帮、菜鸟物流、惠龙易通等已经走出了物流互联网化的第一步；长途客运、实时公交、城市停车、车辆维修等方面也正在开展"互联网+"交通实践。其中，网约车模式通过调动社会闲置资源，一定程度上增加了交通供给量，有效解决了高峰时期运力资源不足的问题，同时缩短了乘客等车时间，提高了出行效率。停放在公交枢纽、办公场所和居民区的共享单车，给使用者提供了快捷的"最后一公里"出行方案，成为"新四大发明"之一。货车帮为"互联网+物流"这一模式发挥着示范及带头作用，促进物流产业全面升级。

二是票务服务系统更加便捷多元。高速公路电子不停车收费（ETC）实现全国联网，用户总量超过5000万，主线收费站ETC车道覆盖率超过98%，成为全世界规模最大并取得巨大实效的智能交通系统之一。机票和12306火车售票系统不断完善，道路客运售票系统正在推进，携程网等在一定程度上实现了"一站式"购售票，改善了购票服务体验。城市公共交通一卡通售卡量超过4亿张，京津冀地区交通一卡通率先实现跨区域跨交通方式的互连互通。移动支付快速发展，微信、支付宝在河南、浙江、山东等地实现高速公路通行费自动缴纳，西安、上海、深圳等城市已逐步实现城市公共交通的二维码支付。

3. 创新驱动的新技术研发应用

一是自动驾驶技术研发。自动驾驶汽车是新一代人工智能技术发展的最新成果和最主要应用领域，将对汽车产业和交通运输领域带来重大变革，对经济发展乃至城市、社会形态产生重大影响。近年来，自动驾驶汽车的研发得到了国内外资本的高度关注。目前推进自动驾驶汽车研发的企业主要有三类：第一类是以美国谷歌和我国百度为代表的高科技企业，主要基于激光雷达、视频传感器，利用人工智能的车载计算机，直接开发具有高度和完全自动驾驶功能的汽车；第二类是美国特斯拉和我国蔚来等新兴车企，结合汽车电动化，以商业模式和未来产业生态布局为着眼点，逐步开发自动驾驶汽车；第三类是国外的奥迪、通用和我国长安等传统车企，选择在现有车辆基础上，以核心技术和终端产品为主线，采用相对保守的逐级提升发展的路径。自 2017 年底以来，北京、上海、杭州、深圳等地政府纷纷出台鼓励自动驾驶汽车进行道路测试的指导性文件和实施细则，对自动驾驶汽车的开发和测试予以政策支持，体现了对待新事物包容、审慎的积极态度。

二是新能源汽车技术推广应用进入快速发展期。经过连续数年的高速增长，我国新能源汽车产业已初具规模，并涌现了一批具有国际竞争力的领军企业。2017 年，新能源汽车产销均接近 80 万辆，分别达到 79.4 万辆和 77.7 万辆，占全球市场的半壁江山，成为全球新能源汽车市场增长的重要引擎。在产业配套及技术水平方面，我国新能源客车配套动力电池、电机、控制器等关键零部件完全实现国产化，续航里程和使用安全性等技术水平大幅度提高。

（二）我国交通运输科技创新存在的问题

1. 发展战略与体制机制有待完善

一是交通运输科技创新呈现碎片化发展，整体发展战略和框架缺失。目前，交通运输科技创新涉及行业、部门、领域众多，主要是问题导向的发展模式，哪有问题，哪有市场，投资就投向哪里，虽然在一定程度上解决了行业和市场的痛点，但整体上看，发展未形成合力，存在发展不系统、发展方向不清晰、发展路径不明确的问题。2000 年，我国制定了第一版智能交通体系框架，但近些年，移动互联网、物联网、大数据等新技术发生了巨大变化，也需要依据技术发展更新。

二是交通运输科技创新缺乏有效协调机制。国家层面，2000 年，科技部牵头会同原国家计委、原国家经贸委、公安部、原交通部、铁道部等十多个相关部门联合成立全国智能交通系统协调指导小组及办公室，该机构在当时我国智能交通技术研发上发挥了重要的协调和推进作用，但 2008 年后已停止运作。迄今为止，我国尚未成立推进智能交通发展的其他政府组织。在地方层面，各部门负责各自领域内的智能交通应用系统建设，缺少统筹协调，条块分割严重，交通资源分散，形成"信息孤岛"现象。最为具体的体现是公安交管部门和交通部门分别建立了一套运行监控系统，设备、信息没有实现互通共享。

三是新形势下相关政府管理部门在科技创新发展中的职能定位不明确，"越位"与"缺位"现象并存。在"越位"方面，如各地方政府主导建设的出行信息服务平台，总访问量远远不及百度、高德、携程等单个市场产品，效果十分不理想。在"缺位"方面，市场企业所期望的数据开放和信息共享、信用体系建设等涉及智能交通发展的基础性、体制性问题，政府却一直难以有效推动解决。

四是科技创新体制机制与市场需求存在一定程度脱节。当前，民营企业在交通运输科技创新中已成为绝对的主力军，但是在国家科技创新体系中仍处于弱势地位。国家科技创新投入仍在政府和国有体制内循环，效率低下，与真正的市场应用存在脱节现象。

五是科研管理体制不适应创新发展的需要。现阶段我国科研管理体制较为呆板，国家设定研究方向，设定审批，不利于发挥科研单位的主动性和创造性。对科研经费的管理过于严格，对人才的价值不够尊重，导致人才流失。

2. 技术研发与平台效用有待提高

一是关键技术的自主创新能力依然较弱。智能车辆、交通控制、信息安全、定位技术等领域的自主创新能力依然是短板，特别是原创性成果和颠覆性创新严重不足。如对定位技术而言，目前我国仍广泛使用 GPS 系统，而我国自主研发的北斗导航系统在应用上仍存在不少问题亟待突破。在区域交通控制、交通仿真等核心技术领域也缺乏成熟的研究成果。虽然我国一些汽车企业在智能辅助技术分支上获得突破，目前在汽车领域广泛实际应用的汽车辅助驾驶系统层次，技术依然由国外公司垄断，国内没有专业生产汽车高级辅助驾驶系统的厂家。

二是部分已取得突破的技术对标国际仍有差距。我国结合自己国情开发了适合于中国高速公路收费体制的不停车收费（ETC）技术，缩短了与欧、美、日主要发达国家的差距，在收费通信速率方面优于欧洲、略低于日本，在交易安全和应用扩展性方面优于欧洲、与日本处于同一水平，但是在协议机制上，缺少了多OBU防碰撞、异步通信的时窗、快速响应机制，国内ETC技术相对欧标，整个通信时间较长，应用于多车道自由流应用场景有一定的限制。百度等公司的自动驾驶汽车事故率较国外先进水平仍有较大差距。虽然我国动力电池产业规模已经居全球首位，但核心技术专利和高精尖技术缺乏，仅有极少企业进入国际车企供应链。

三是核心零部件主要依靠进口。视频检测国产产品占据主流地位，取得了较好的效果，但交通流检测器、气象检测器等交通运行状态监测相关产品、自动驾驶核心零部件等仍以国外产品为主。船舶交通管理系统基本上采用德国、荷兰、法国等发达国家的产品；大型集装箱码头管理系统基本采用美国、比利时等国家的产品。智能交通产业发展需要信息、通信、传感器等行业的协调，虽然我国目前在信息和通信领域取得了较大发展，但传感器核心技术及相关产品仍主要掌握在国外公司中。

四是监管平台与设备效用有待提高。近些年智能交通重点在于硬件的建设，装备了很多设备，建立了很多平台和系统，但真正的效用没有太多发挥出来。另外，智能交通既需要进行大量信息技术应用，又需要对原有的业务流程进行优化，对整体设计要求较高，业务流程和信息技术应用没有有效融合容易出现"中看不中用"的问题。如各省建设的交通应急处置系统，大部分与实际业务流程脱节，导致应用效果不佳，发生应急时仍恢复到传统的电话联系。

五是决策支撑不够。现阶段，我国交通运输的相关决策过程仍然更多依靠传统的方式方法，由于信息尚未打通、相关联合决策机制尚未形成等原因，目前科技创新对交通运输的决策支撑仍然不足。

3.行业标准化工作亟待加强

一是标准制定与行业、实际情况结合不够。标准制定过程缺乏相应的科学研究作为支撑，致使标准制定过程中需要的科研项目无法立项进行研究，导致标准制定过程中试验验证不足；采用国际标准制定我国标准时，只是进行文字翻译，国际标准的适应性只能凭借专家的经验进行判断，缺乏必要的国内适用性分析，造成了我国标准的竞争力差，市场适应性不强等问题。

二是标准制定的协调性不强。交通运输科技创新涉及行业领域众多，目前我国还没有类似国外统管大交通的运输部，相关部门标准化工作存在部分交叉，顶层协调有待加强。国内的相关部委、交通运输部负责管理的相关标委会都已涉及智能交通标准化工作，并且在标准的上报计划、标准制定过程等方面存在交叉及不协调，有时某个领域标准化工作在不同的标委会中出现，使得交通运输科技创新标准化工作的整体性、协调性不强。

三是缺乏综合性智能交通标准。现有智能交通标准，更多集中于道路运输领域，将多种运输方式作为整体的综合交通信息化、智能化标准缺失，不同系统之间存在信息封闭的问题，信息化效能未能充分发挥。

四是部分企业标准替代行业标准存在问题。智能交通团体标准发展迅速，但目前团体标准普遍存在市场认可程度不高的问题，国标、行标、团标融合促进产业发展的协同效应尚未充分体现。

五是国标、行标标准制定周期长，协调难度大。智能交通正处于快速发展期，技术迭代更新频繁。相比之下，标准化速度相对滞后。国标、行标，从立项到发布通常需要3年时间，周期较长；标准是对已有实践成果的规范化，需要技术或产品经过一段试用及评估期。此外，智能交通涉及行业领域众多，相关部门标准化工作存在部分交叉，顶层协调有待加强。

4.发展环境仍有待完善

一是部分政策法规滞后于行业创新发展。随着互联网、大数据、云计算等先进信息技术普及应用，新的交通运输业务模式、运作方式、技术装备层出不穷，但现行一些政策法规修订不及时，不能很好适应智能交通创新发展的新形势。例如，道路运输条例对从事道路客运的运输企业、运输车辆、驾驶员、班线站点、票制票价都有明确的要求，在运输组织的各环节都需要政府相关部门的审核或者审批，制约了在线路、时刻、价格等方面具有灵活性的定制公交发展，而从事货运经营的企业必须有自有车辆的规定，制约了无车承运人发展。再如，目前无人驾驶领域法律法规缺失，使得无人驾驶车辆上路测试、物流领域推广使用无人车面临法律风险，制约新技术新装备应用。

二是政企数据开放共享不畅，"信息孤岛"现象普遍存在。涉及交通运输的各类数据仍分散在各级政府、不同政府部门和各类企业的手中，交通、公安、住建、工信等部门"各为其政"，"信息孤岛"现象普遍存在。虽然国家政府、各地各部门和企业之间都进行了一些数据开放共享的有益尝试，但出于大交通管理体制尚未形成、政府数据的公共安全属性、企业数据的商业利益等多重因素叠加，跨地域、跨类型的交通运输信息仍然无法实现有效的互连互通，交通运输大数据的价值尚未充分挖掘。

三是对新业态的监管能力不足。部分行业沿用传统监管思路和规章制度，存在管理空白、责任不清、监管缺位等问题，对新业态的监管治理能力不足。在"互联网+"时代，交通服务的供给内容和方式不断变化，融合性新业态大量出现，仅靠传统的行政许可管理显然已经远远不能满足需要。"互联网+"交通的供给方通常是大量不确定的个人或组织，其服务和产品的安全性、标准化、质量保障体系、用户数据保护等方面仍存在不足和隐患，如何建立与之相适应的包容审慎的监管机制，是摆在各级政府面前的难题。

三、交通运输科技创新的趋势分析

（一）深刻认识交通运输科技创新的重大意义

1. 科技创新是交通运输提质增效的必然选择

随着铁、公、水、航等交通基础设施的逐步完善，我国交通运输正在进入综合协调、优化发展的新阶段。在这个新的发展阶段，如何提高综合交通运输体系的运行效率和管理效率、如何为公众提供更优质的运输服务，成为交通运输发展的关键问题。充分利用科技创新发展成果，能够将信息、通信、传感、控制及计算机等先进技术与综合交通运输体系相融合，实现先进技术在交通系统中的全面应用，进而推动综合交通运输体系系统和管理的全面优化，推动运输组织变革和运行效率提升，支撑安全和绿色发展。在我国交通运输发展的新阶段，必须把科技创新作为工作的重中之重，通过科技创新全面提升交通运输服务质量和资源配置效率，实现交通运输质量、效率和动力的变革。

2. 交通运输科技创新是培育经济新增长点和推进供给侧结构性改革的重要领域

交通运输是国民经济重要的基础性、先导性、服务性、战略性产业，交通运输科技创新涉及面广、带动性强，建设维护资金需求规模大、持续性好，推动交通投资向交通信息化智能化的新投资领域和方向拓展，有利于培育新的经济增长点，更好发挥交通运输支撑引领经济社会发展的作用。同时，交通运输是经济活动的派生性需求，需要主动响应新的出行模式和生产流通方式，精准发力。大力推动交通运输科技创新，建设覆盖出行全链条的运输需求信息系统，能够为政府及市场主体及时、精确地分析研判交通运输需求规模、特征及演变态势提供有力技术支撑，为创新有效供给、提振有效需求奠定基础，促进交通运输供给侧结构性改革的持续推进。

3. 交通运输科技创新是引领未来科技革命的关键战场

从第一次工业革命中蒸汽机车和蒸汽机船的发明，到第二次工业革命中汽车和飞机的发明，交通运输领域一直在引领人类进步的进程中发挥着重要作用。当前，自动化、信息化、智能化已成为世界科技发展的主流。交通运输科技创新是一项复杂性、综合性、系统性工程，涉及前沿技术多，如信息通信技术、精确导航技术、电子收费技术、系统控制技术等；涉及信息数据集成量大，如各交通方式的运行信息、公众出行信息、气象与环境信息、城市规划与土地利用信息等；涉及产业链条长，如装备制造、计算机、电子信息、人工智能等。加快推动交通运输科技创新，能够对相关技术、信息、产业产生很强的拉动作用，对于引领我国未来科技革命、信息革命、产业革命具有重要意义。

（二）我国交通运输科技创新面临的重大机遇

1. 硬件基础条件较好

我国通信产业规模不断壮大，建成了全球规模最大的光纤和移动宽带网络，固定网络逐步实现从十兆到百兆再到千兆的跃升，移动网络实现从3G突破、4G同步、5G引领的跨越。我国百度、阿里、腾讯三大互联网企业还建立了成熟的云平台，可以为交通大数据分析处理提供很好的硬件支撑。交通行业本身，我国已经基本建成了由交通政务内网、政务外网和行业专网组成的交通运输基础通信网络架构，实现了41个省厅级单位、90多个大中型港口以及190个政务信息报送单位的全面互联，高速公路专用光纤通信网络已基本实现全国联网；交通要素感知体系初具规模，实现了对部分重点路段、特大桥梁、特长隧道、长江干线航道、重点车辆船舶的动态监测。

2. 互联网应用水平领先

我国网民规模庞大。近年来，滴滴、高德、美团等互联网平台公司在短时间内就能吸引千万级规模的用户加入，正说明我国网民对基于移动互联网的模式创新较为适应和欢迎。而发达的互联网应用环境，对交通运输科技创新特别是基于移动互联网的交通新模式新业态具有重要的支撑作用。

3. 产业发展速度快，市场潜力规模大

近年来，我国交通运输科技创新进入快速发展时期，其中智能交通领域的投资额以年均25%以上的速度增长。未来5年，我国交通运输基础设施网络依然面临大量新建、改造升级的任务，运输工具的整体技术水平亟待提升，管理与服务系统仍有大量新建和重构的需求，在这一过程中可以同步应用新一代信息技术的最新成果和产品，利用后发优势推动智能交通的跨越式发展。另外，我国是世界最大的发展中国家，经济仍将保持稳健增长，交通基础设施网络规模、客货运输需求总量都是世界上最大的，在世界经济整体增长乏力的背景下，我国国内市场的体量以及对中高端和个性化服务的巨大需求，是我国智能交通服务及产业发展的动力源泉。

4. 新兴领域具有技术优势

虽然我国在传统燃油车、飞机制造等技术的积累上仍与发达国家有不小差距，但随着能源革命和新材料、新一代信息技术的不断突破，我国在互联网科技、新能源汽车、智能汽车等方面有望抢占先机、赶超发达国家。当前，我国新能源汽车技术水平大幅提升，产业规模快速扩大，产业链日趋完善。支撑交通运输智能化、网联化发展的信息技术产业实力不断增强，互联网产业在全球占有一定优势，信息通信领域技术和标准的国际话语权大幅提高，北斗卫星导航系统即将实现全球组网。这些新兴领域的技术优势，使得我国交通运输科技创新面临变道超车的难得历史机遇。这就要求交通运输行业主动布局研发动力电池、电控系统、人工智能等新兴技术领域，突破技术瓶颈，在技术、产品、服务、标准等多维度创新发展，增强产品开发能力，提升品牌影响力，积极抢占新兴领域发展先机。

（三）交通运输科技创新面临的挑战

1. 世界竞争格局的变化要求我国交通运输科技创新掌握主动权

大好的发展态势不能掩盖严峻的竞争形势，从总体上看，我国交通运输的自主创新能力还不强，关键领域核心技术特别是包括汽车、飞机等制造业在内的核心技术受制于人的格局没有从根本上改变。真正的核心技术是求不到、买不来的，立足点要放在自主创新上。综观世界经济产业竞争格局，发达国家纷纷提出产业升级战略，加快推进产业创新和融合发展，发展中国家也在加紧布局，利用成本、市场等优势，积极承接国际产业和资本转移。经过 40 多年的努力，我国交通运输业已经越过了追赶期，传统比较优势陆续消失，如果我国还不能掌握相关核心技术，掌握对国际产业链分工布局的控制力，我们就会丧失发展的主动权，当下仍为我国交通运输装备制造工业做出巨大贡献的外资，将有可能转移至其他国家。

2. 经济高质量发展要求我国交通运输实现科技创新的引领

我国经济已由高速增长阶段转向高质量发展阶段，正处在转变发展方式、优化经济结构、转换增长动力的攻坚期。交通运输科技创新，特别是交通装备制造工业产业链长、覆盖面广，实现转型升级，能够显著带动国家整体制造业实力的提升。例如，西方发达国家几乎都在汽车产业的一些关键领域占据重要位置。就我国而言，随着小汽车进入家庭不断增加，汽车市场需求的增速开始放缓，同时，城市交通承载力的约束逐年增强，空气污染防治攻坚战已经打响，汽车产业也面临转型发展的迫切要求。要改变追求产销量的粗放发展模式，更多注重发展质量，围绕价值链部署创新链，围绕创新链配置资源链，完善政产学研用协同创新体系，特别是加强发动机、变速箱、汽车电子等核心产业的研发，强化产业链的协同和全球布局。面对信息化智能化等发展趋势，我国交通运输业也必须顺势而为，主动在产品形态和生产方式上谋求深度变革，加快向新能源、轻量化、智能和网联等方向发展，控总量、优环境、提品质、创品牌、促转型、增效益，推动交通运输发展由规模速度型向质量效益型转变。

3. 部分领域科技创新进入"无人区"要求转变发展模式

"无人区"的概念是华为创始人任正非在 2016 年全国科技创新大会上提出来的。任正非说，华为正在本行业逐步进入"无人区"，处在无人领航、无人制定规则、无人跟随的困境，华为跟着人跑的"机会主义"高增长会逐步慢下来，创立引导理论的责任已经到来。企业或者产业进入"无人区"，其本质就是从战略跟随者转变为战略引领者，和华为一样，我国的交通运输业也正在逐步进入"无人区"，我国拥有全球最大的市场，有独特而复杂的中国特色，因电动汽车、自动驾驶技术和汽车共享等技术的高速发展，交通运输业处于变革的边缘，原来的商业模式和竞争模式将发生巨变，产业结构也将发生重构，这一切，不管是在国内还是在国外，老经验可能不灵了，大家都无章可循，原来跟着别人跑的"机会主义"高增长会逐步慢下来，更多的时候需要我们自己探索产业的发展路径，尤其是在不确定性如此巨大的今天。

四、交通运输科技创新的发展趋势

（一）交通基础设施将发生革命性变化

包括互联网、物联网、云计算、大数据等在内的信息技术，将成为推动我国交通运输变革的主要力量。近些年，以手机为代表的移动互联网的广泛应用，实现了客运服务供需双方的实时对接；物联网对货运组织产生较大影响，更好地实现了货物与载运工具的匹配。未来，随着我国深入普及高速无线宽带，城镇热点公共区域的高速无线局域网将得到广泛布局，再加上 5G 移动通信技术的逐步商用，万物互联将不再是想象，交通运输的基础设施、载运工具、客货运输参与者等将同其他经济社会组成要素一道，共同构成泛在互联的人类社会和智慧生态，重构组织链、产业链、价值链、创新链，提高系统整体的可靠性、安全性、高效性、便捷性、经济性。同时，信息技术的更新换代及其推广应用、视频识别技术的发展，都将对交通运输的运行组织、安全管理产生很大的影响。

1. 信息通信设施成为重要的交通基础设施

未来，交通系统和其他经济社会系统一道，依托越来越强大的信息通信系统连接在一起，构成万物互联的生态圈。这就使得未来的交通运输系统的运行，也越来越依赖于包括通信、互联网、传感等现代信息技术在内的信息通信技术的进步和设施的完善。例如，自动驾驶汽车领域，单车智能是必要的基础，但自动驾驶的未来不是一辆车在战斗，随着 5G 通信网络的普及，车联网将丰富自动驾驶的技术内涵和生态，并放大其作用，自动驾驶的最终形式——无人驾驶将是单车智能化与车联网的完美结合。虽然自动驾驶汽车和车联网不是一个概念，但高等级的自动驾驶汽车都会联网，车联网实际上是物联网的一种，车联网是以车内网、车际网和车载移动互联网三网融合为基础，按照约定的通信协议和数据交互标准，在车—X（X：车、路、行人及互联网等，即 V2X），直接进行无线通信和信息交换的大系统网络。因此，未来相应交通基础设施在建造时就必须同步建设信息通信设施，否则交通系统将无法有效运转。

2.适应自动驾驶的交通基础设施受到彻底改造

在未来一段时间，自动驾驶汽车将和有人驾驶汽车一同在马路上行驶，但是计算机看待和理解这个世界的方式与人类不同，它们驾驶车辆的方法，也与人类相异。但是，目前我们的道路系统是依照人类驾驶人的驾驶方式和驾驶习惯建造的，有鉴于此，我们需要对其进行适度的调整，使之既能适应计算机驾驶又能适应人类驾驶两种驾驶方式的汽车。例如，为自动驾驶汽车设置专用道，使其与人类驾驶汽车相隔离；为自动驾驶汽车设置专用的信号灯或无线信标，使其通过电子信号就能获知该怎么做。未来完全实现无人驾驶后，现有的道路交通基础设施将面临彻底的改造，相当比例的立交桥、信号灯、停车场等将不必存在。

3.电动汽车成为重要的能源互联网基础设施

风力发电、光伏发电是可再生能源应用的重要途径，但它们都是间歇式能源，间歇式能源总量超过电力总量一定比例时，必须将传统电网升级为智能电网，同时必须拥有相当的电能储存能力。我国由于这两个条件都不具备，因此出现了大量弃风、弃光现象，这就需要储能设施的参与。电动汽车是分布式储能设施，按照2030年全国电动汽车保有量达到8000万辆的预测，电动汽车每年理论存储容量达到55亿千瓦时，完全可以满足2030年风电、光伏发电的储存，成为重要的储能基础设施。同时，由于处于停止状态的电动汽车还可接入电网，在保证电动汽车用户下次行驶需求的前提下，就可以将其视为可控的分布式移动储能，通过有序充放电来影响电网的不同调度需求，参与电网调峰调频，保障电网运行的安全性可靠性。

（二）交通运输运行效率的显著提升

1.实现全方位的综合交通运输服务

现阶段，由于信息的不对称，交通运输服务的体验感不好，旅客出行的便捷性不高、货主运货的效率不够。近期出现的一系列互联网新业态，如网约车、共享单车、实时公交、货车帮等，实际上就是瞄准了信息不对称的行业痛点，通过供需信息的实时对接，促进优质运输服务的实现。未来，信息通信技术的高度发达，各类交通信息充分开放共享，行业壁垒不复存在，使得各行业各领域各运输方式都高度互连互通，打破信息不对称、精准对接供需、高效配置资源，交通运输服务也将全面进入信息时代。在旅客出行领域，旅客可以通过移动互联终端（手机、智能汽车等）及时获取交通动态信息，掌上完成导航、票务和支付等客运全程"一站式"服务，甚至能够形成旅客出行与公务商务、购物消费、休闲娱乐相互渗透的"交通移动空间"。

2. 交通运输运行和管理效率大幅提高

随着铁路、民航、城市轨道交通等领域逐步实现自动化运行，交通运输的运行效率、安全性和可靠性都将得到显著提高。特别是在道路运输领域，每年道路交通安全事故伤亡人数近 30 万人，人为操作失误是交通事故的主要因素。自动驾驶能够最大限度消除由于人的疲劳和随意性，以及复杂道路环境等因素导致的交通事故，显著提升车辆驾驶的安全性。同时，有关研究表明，自动驾驶可提高道路通行效率 10% 左右，有利于减少交通拥堵；还可以提高燃油经济性 20%—30%，节能减排效果显著。综观铁路、公路、民航、水运等交通运输领域，自动驾驶汽车是未来一段时期可以预期的变革性最大、影响面最广的领域。在车联网、船等技术的支撑下，在路网上运行的车辆、船舶以及列车、民航飞机等全方位实时运行状况将会在管理中心的平台上一览无余。互联网平台的数据和交通运输管理部门的数据互连互通，将会使交通管理者更便于发现交通系统运行过程中的问题，并能够更有效地针对交通参与者个体进行行为管控，交通运输整体的运行效率和组织效率将得到极大提高。

3. 交通运输决策过程更加科学

以往的交通运输决策过程，由于信息的闭塞，相关管理部门无法精准获知交通运输的实际运行状况和需求，决策过程难免方法手段单一、较为封闭，有时甚至"拍脑袋"决策，科学性、及时性、精准性都不强。随着信息技术的发展，互联网、大数据、云计算等为交通运输决策提供了更加科学的技术支撑。相关政府管理部门可以充分利用政府、企业、科研机构、社会组织等数据资源，挖掘分析人口迁徙、公众出行、枢纽客货流、车辆船舶行驶等特征和规律，加强对交通规划建设、运营管理和政策制定等决策的支撑。信息的实时性还有助于提高交通运输应急管理的针对性和时效性，将系统安全风险控制在最小范围内。同时，信息技术还对改善交通运输行政管理方式，构建便民的交通运输行政管理系统具有重要作用，网上办理、一键办理、联合办理等将极大方便行政相对人。

（三）成为经济社会高质量发展的重要推动力

1. 支撑我国制造业换道超车

自动驾驶和新能源汽车为推动我国产业结构实现质量变革提供了重大机遇。由于起步较晚，我国在燃油汽车的研发和制造上落后发达国家很多年，美、日、德等发达国家在多数核心技术上已基本确立了垄断地位，我国传统汽车产业很难在短时间内取得突破。而自动驾驶汽车和新能源汽车是传统汽车的升级，各国在相关技术上均缺乏积累，如果能把握好当前我国在互联网、通信技术等方面的优势，加强自动驾驶汽车和新能源汽车技术的研发和商用推广，就有可能实现汽车产业的换道超车。特别是自动驾驶汽车产业链较传统汽车产业链更长，不仅涉及传统的汽车、机械、电子、能源等，还与人工智能、大数据、高精地图、高精感知、下一代通信等领域密切相关。加大对自动驾驶汽车的研发，能够促进全产业链条系统性的转型升级，推动我国产业结构迈向中高端，有力支撑制造强国、科技强国、网络强国、交通强国、数字中国建设。

2. 为实现我国经济社会发展的动力变革提供了重要支撑

自动驾驶汽车的出现，使汽车由单纯的交通工具逐渐转变为出行与公务商务、购物消费、休闲娱乐相互渗透的"交通移动空间"，从而推动"不求所有、但求所用"的共享出行等生产生活新模式的不断涌现，对交通出行乃至城市发展布局、社会秩序等产生重大影响，未来的城镇体系格局、城市规划设计、法律法规、社会秩序与行为规范等，都将基于新的生产生活模式而被重新定义。自动驾驶汽车还将同其他领域的人工智能应用一道，将人类从简单重复劳动中解放出来，进一步增强人类的创造力，新模式、新业态、新增长点将不断推陈出新，成为经济社会发展的不竭动力。而由于交通运行效率的提高，交通物流成本的下降，也将进一步激发经济社会的发展活力，实现经济社会全要素生产率的大幅提升。

3. 助力实现人民对美好生活的向往

交通出行是人们工作生活的重要组成部分，人们对美好的出行体验一直怀有很高的追求。在现阶段，由于道路资源的有限、现有交通运输方式的局限，无法满足每个人都追求个性化出行方式的意愿。伴随着超级高铁、超音速客机、个人飞行器乃至一体化交通工具的研发，各国众多创新创业企业已经走在时代的前列，正在研究和突破人类想象的边界，这些新型交通工具的研发，将直接创造产生新的交通运输方式，从时空上彻底改变现有交通运输的形态和面貌，使得每个人的个性化需求有可能得到最大满足。例如，超级高铁使得人们不必居住在拥挤的城市，生活在环境优美的乡村不再是梦；个人飞行器的出现极大拓展了城市交通运输的空间资源，未来人们也许不必挤公交，人人开车、飞行出行将成为可能。

五、科技创新推动交通运输变革的主要思路和任务

（一）主要思路

推动交通运输科技创新，要以旅客便捷出行、货物高效运输为导向，全面推进交通与互联网、大数据、云计算、人工智能等技术创新更加广泛、更深层次的融合，加快交通信息化、智能化进程，创新体制机制，优化营商环境，充分发挥企业市场主体作用，增加有效供给，提升效率效益，推动交通供给侧结构性改革，为我国交通发展现代化提供有力支撑。

1. 创新发展，支撑引领

充分利用互联网、大数据、云计算等信息技术手段，优化运输组织方

式，提供多元化产品，更好满足多样化需求。以智能交通发展为引领，增强行业创新能力，培育发展新业态和新模式。

2.市场运作，提质增效

充分发挥传统运输企业和互联网企业的积极性，鼓励通过资本运作、技术合作、管理协作等形式开展全方位合作。发挥技术和市场优势，以客户为中心，提升综合交通运输体系整体运行效率和服务质量。

3.政府引导，安全有序

调整完善扶持政策和监管方式，通过积极灵活的制度设计，促进新型服务业态规范发展，防范恶性竞争和市场垄断，推动有序发展。把握好融合开放与规范安全的关系，切实保障运输安全和网络安全。

4.包容平等，开放共享

以满足运输出行需求，提高交通资源配置效率为出发点，鼓励和包容新业态、新模式发展，推动不同市场主体公平参与竞争，加大政府部门间的协调协同，推进交通设施、运营等数据信息资源互通共享，最大限度向社会开放。

（二）重点任务

1.构建协调推进工作机制和发展战略

一是建立国家层面发展协调推进工作机制。2017 年 5 月 23 日，国家发展改革委、交通运输部签署《全面推进智能交通发展战略合作协议》，提出建立国家智能交通发展协调推进工作机制。下一步，要在此基础上，将公安部、中央网信办、科学技术部、工业和信息化部、财政部、商务部、住房城乡建设部、工商总局、国家标准委、铁路总公司、国家铁路局、国家民航局等相关部门纳入工作机制，明确工作机制主要协调职能，负责交通运输科技创新发展的统筹管理、协调推进。地方层面，实现各级交通主管部门与公安、安监、气象、国土资源等相关部门的信息共享和业务协同。

二是制定完善交通运输科技创新发展战略、技术标准和政策法规。要进一步细化、完善交通运输科技创新体系的顶层设计，明确国家推进交通运输科技创新的总体思路和战略重点；要尽快完善与制定交通运输科技创新系统相关规范与详细技术标准，如智能交通系统规划技术规范或技术指南、系统设计规范或指南、交通运输行业基础性数据共享相关标准，推进制定中国智能汽车标准体系、统一内河电子航道图标准、交通支付系统和设备标准、物流信息平台标准等；要围绕交通运输科技创新发展中遇到的市场应用、基础条件、技术支撑、政策环境、产业化等难点焦点问题，研究出台有针对性的政策法规，更好推动智能交通的技术研发与应用推广等。

2.完善智能运输服务系统

一是打造"畅行中国"信息服务。加强政企合作，支持互联网企业和交通运输企业完善各类交通信息平台，形成涵盖运输、停车、租赁、修理、救援、衍生服务等领域的综合出行信息服务平台，实现全程、实时、多样化的信息查询、发布与反馈。增强国家交通运输物流公共信息平台服务功能，建设行业数据交换节点，开发交通运输物流运行分析服务产品。充分利用新型媒介方式，建设多元化、全方位的综合交通枢纽、城市及进出城交通、城市停车、充电设施等信息引导系统。提高交通动态信息板等可视化智能引导标识布设密度。完善交通广播等传统媒介功能，扩大高速公路交通广播覆盖范围。

二是实现"一站式"票务支付。稳步推进全国道路客运联网售票系统建设，推动实名制长途汽车客运、重点区域水路客运电子客票试点应用，旅客凭身份证件、电子凭证可实现自助购（取）票、检票、进出站。推动机票、道路客运售票系统等向互联网企业开放接入，积极研究铁路客票系统开放接入条件，鼓励互联网企业整合集成，为旅客提供全方位、联程客票服务，形成面向全国的"一站式"票务系统。稳步推进交通一卡通跨区（市）域、跨运输方式互连互通；加快移动支付方式在交通领域应用。

三是推动运输企业与互联网企业融合发展。充分发挥运输企业和互联网企业各自优势，鼓励线上线下资源整合，为公众提供多元化、高品质服务。发掘和满足旅客潜在需求，依托线下资源向线上拓展，延伸服务链条，创新商业模式。发挥互联网面向个性化需求、响应及时、组织高效等特点，积极整合线下资源，通过定制承运、网络预约出租汽车、分时租赁等方式，在城市交通、道路客运、货运物流、停车、汽车维修等领域，发展"互联网+"交通新业态，并逐步实现规模化、网络化、品牌化，推进大众创业、万众创新。鼓励运输企业和互联网企业进行战略合作，实现信息资源、资本、技术和业务等方面深度融合，以及与上下游产业链有机结合。

3. 构建智能运行管理系统

一是完善交通管理控制系统。全面提升铁路调度指挥和运输管理智能化水平。推进新一代国家交通控制网、智慧公路建设，增强道路网运行控制管理能力。建设智慧港口，提高港口管理水平与服务效率；建设智慧航道，提升内河高等级航道运行状态在线监测能力；建设智慧海事，基于国家北斗地基增强系统和星基船舶自动识别系统，建设重点船舶全程跟踪和协同监管平台；推动"E航海"示范工程建设，为船舶提供辅助导航服务。完善现代空管系统，加强航空公司运行控制体系建设。推广应用城市轨道交通基于无线通信的列车控制系统。优化城市交通需求管理，完善集指挥调度、信号控制、交通监控、交通执法、车辆管理、信息发布于一体的城市智能交通管理系统。推进部门间、运输方式间的交通管理联网联控。

二是提升装备和载运工具自动化水平。提升铁路计算机联锁、编组站系统自动化程度，建设无人化集装箱码头系统，有序推动无人机自动物流配送，稳步推进城市轨道交通自动驾驶。推广应用集成短程通信、电子标识、高精度定位、主动控制等功能的智能车载设施；建设智能路侧设施，提供网络接入、行驶引导和安全告警等服务；加强车路协同技术应用，推动汽车自动驾驶。推进自主感知全自动驾驶车辆研发，根据技术成熟程度逐步推动应用。鼓励研发定制化智能交通工具。

三是推进旅客联程联运和货物多式联运。推进各运输方式间智能协同调度，实现信息对接、运力匹配、时刻衔接。推动旅客客票向"一票制"、货物运单向"一单制"发展。依托移动互联网促进客运、物流信息整合，鼓励发展客货无车承运，实现一体衔接。加强多式联运、交通枢纽物流园区、城市配送、危险品运输、跨境电子商务等专业化经营平台信息互连互通，提升大宗物资、集装箱、快递包裹等重点货物运输效率。积极推动长江及长三角地区江海联运与多式联运信息服务平台建设。鼓励中国铁路95306综合物流网络平台开发物流配送手持应用等服务。引导相关企业完善甩挂运输管理信息系统，进一步完善民航领域离港系统、航空物流信息平台。

4. 健全智能决策支持系统

一是建设安全监管应急救援系统。建立集监测、监控和管理于一体的铁路网络智能安全监管平台。依托国家安全生产监管平台，建设交通运输安全生产监管信息化工程。完善运行监测与应急指挥系统，加快省级和中心城市系统建设，加强对重点营运车辆和重点运输船舶的监管。提升民航飞机在线定位跟踪能力，建设民用无人机安全飞行智能监管平台。提升城市轨道交通运营安全监管能力。加快推进"绿盾工程"建设，完善邮政快递安全监管平台。充分利用互联网技术，建立跨部门联防联控体系，加强交通、公安、安监、气象、国土等部门间的信息共享和协调联动，完善突发事件应急救援指挥系统。

二是完善决策管理支持系统。加强交通规划、投资、建设、价格等领域信息化综合支撑能力，完善综合交通统计信息决策支撑体系。充分利用政府、企业、科研机构、社会组织等数据资源，挖掘分析人口迁徙、公众出行、枢纽客货流、车辆船舶行驶等特征和规律，加强对交通规划建设、运营管理和政策制定等决策的支撑。推动交通运输网上行政许可"一站式"服务，推进许可证件（书）数字化，促进行政许可、服务监督的信息化和互连互通。加快推动交通运输行政执法案件电子化，实现行政执法案件信息异地交换共享和联防联控；推进非现场执法系统试点建设，实现综合巡检和自动甄别。推动汽车电子健康档案系统和汽车维修配件追溯体系建设。

5. 加强智能交通基础设施支撑

一是建设先进感知监测系统。以提升运行效率和保障交通安全为目的，加强交通基础设施网络基本状态、交通工具运行、运输组织调度的信息采集，形成动态感知、全面覆盖、泛在互联的交通运输运行监控体系。基本形成覆盖全国的铁路设施设备运行状况监控网络。推动国家公路网建设和运行的监测、管理和服务平台构建，完善监测网点布设，深化公路、水运工程基础设施质量安全状态感知监测及大数据应用。加快推进内河高等级航道数字化建设，大力推广应用电子航道图。加强城市地面交通、轨道交通、枢纽场站等运行状况信息采集能力。建设交通节能减排监测网点，加强分析预警。

二是构建下一代交通信息基础网络。加快车联网、船联网建设，在民航、高铁等载运工具及重要交通线路、客运枢纽站点提供高速无线接入互联网的公共服务，扩大网络覆盖面。进一步完善全国高速公路信息通信系统等骨干网络，提升接入服务能力。探索应用交通运行控制、运营管理和信息服务的通信网络新技术，建设铁路下一代移动通信系统，布局基于下一代互联网和专用短程通信（DSRC）的道路无线通信网。研究规划分配智能交通频谱。

6. 全面强化技术研发支撑

积极研发和应用智能交通先进技术。把握现代信息技术发展趋势，适应智能交通发展市场需求，在以下领域提升自主创新能力，突破交通关键核心技术，做好试点示范推广和产业化应用，着力解决交通运输领域存在的关键共性技术和短板瓶颈等问题。

一是铁路和城市轨道交通自动运行技术。从优化运行系统结构、提高行车密度、强化车地信息交互及控制功能等方面，积极发展列车自动控制系统。开展全自动运行系统关键技术攻关，在车载设备休眠和自动唤醒、故障情况下应急控制、车载设备小型化等方面实现突破。研发城市轨道交通智能检测维修系统，实现设备故障预警和隐患排查。支持研发轨道交通全自动运行和智能维修的整套装备和软件。

二是车联网和自动驾驶技术。加大对基于下一代移动通信及下一代移动互联网的交通应用技术研发支持力度，攻克面向交通安全和自动驾驶的人车路协同通信技术，基于交通专用短程通信技术和现有电子不停车收费技术实现车路信息交互；研发并利用具有自主知识产权的 LTE 开展智能汽车示范应用。示范推广车路协同技术，鼓励乘用车后装和整车厂主动安装具有电子标识、通信和主动安全功能的车载设施。推动高精度的地图、定位导航、感知系统，以及智能决策和控制等关键技术研发。开展自动驾驶核心零部件技术自主攻关。充分利用大数据和云计算，实现智能共享和自适应学习，提高驾驶自动化水平。推广交通事故预防预警应急处理、运输工具主动与被动安全等技术。

三是智能港航和船舶技术。在航海领域推广应用北斗卫星导航系统，提高船舶定位精度。在国际"E航海"战略规划下，研发下一代星基、陆基甚高频数据交换系统（VDES）和新型海上安全信息数字广播系统（NAVDAT），开发应用具有自主知识产权的基于S100标准和应用需求的电子海图和电子航道图应用船载终端，建设航海公共服务平台，提高中远海船舶保障能力。出台技术标准，加快船舶交通管理系统的国产化进程，促进船舶交通管理系统的区域和全国互联，实现海上智能交通管理。

四是新一代空中交通管理技术。发展新一代空中交通管理系统，实现通信、导航、监视、信息管理和航空电子设备全面演进。重点发展地空数据链技术和地面IP网络技术等通信新技术。完善陆基导航的设施和布局，满足仪表运行和基于性能的导航运行需求，逐步推动从陆基导航向星基导航过渡。开展多静态一次监视雷达、多功用监视雷达、低空监视技术等新监视技术的研究工作。研究并推进广域信息管理技术应用。发展空中导航、空中防撞、机场地图和交通信息显示等先进航电技术。

五是智能城市交通管理技术。加强大范围交通流信息采集、交通管理大数据处理、交通组织和管控优化、个性化信息服务等技术研发。进一步提升自主研发交通信号控制系统等在设备精确度、稳定性方面的技术水平，并大规模推广使用。

六是大力推动智能交通产业化。加快建立技术、市场和资本共同引领的智能交通产业发展模式。发挥企业主体作用，鼓励交通运输行业科技创新和新技术应用。推动智能交通基础设施规模化、网络化、平台化和标准化，营造开放的智能交通技术开发应用环境。

六、科技创新推动交通运输变革的政策建议

（一）制定完善标准规范

制定交通运输行业基础性数据共享相关标准，拟定政府公开数据集规范。结合技术攻关和试验应用情况，推进制定人车路协同（V2X）国家通信标准和设施设备接口规范，开展专用无线频段分配工作。以共性基础标准为重点，构建与国际接轨的中国智能汽车标准体系。统一内河电子航道图标准，制定内河船舶射频识别标准。推动交通支付系统和设备标准化。制定物流信息平台相关技术标准。加快国家智能交通技术标准国际化。推动核心关键技术研发应用和技术标准制定推广。

（二）推动信用信息共享开放

为避免"信息孤岛"现象，智能交通项目建设涉及的众多职能部门和各交通运输企业，要在规划设计环节进行充分的分析论证，可以共享的信息要充分共享。要建立集成多部门、多业务、跨平台的开放的信息系统，促进交通领域信息资源高度集成共享和综合开发利用。按政务公开的有关规定，政府交通信息资源要分级分类向社会开放，并且鼓励基础电信企业和互联网企业向小微企业和创业团队开放资源。推动公共信用信息开放，支持市场主体依法获取承运人守法信用、银行信用以及"信用中国"网站相关公共信用信息，加快共享交通发展。将覆盖各类市场主体的承运人信用记录纳入全国信用信息共享平台。

（三）创新政策法规

结合交通新业态发展特点，抓紧制订相关法律法规，规范引导行业发展。明确车辆、驾驶员等生产要素的市场准入标准，制定交通互联网服务标准。健全与行业发展相适应的税收制度。明确交通互联网服务企业及相关方在交通运输安全、信息安全、纠纷处置等方面的权利、责任和义务。

研究制订智能汽车相关法规。

（四）加强行业监管

各地应建立和健全部门联动协同监管机制，实行事前事中事后监管，依法规范网络预约出租汽车等新业态发展。不断提高行业监管水平和透明度。密切跟踪大规模市场兼并重组行为，加大力度甄别并处罚垄断及不正当竞争行为。

第三章 都市圈轨道交通高质量发展体制机制问题研究

推动都市圈轨道交通高质量发展的主要目标是构建科学合理的都市圈轨道交通网络结构，提升都市圈轨道交通网络服务品质和效率，优化都市圈轨道交通网络的经济社会效益。相比于都市圈不同空间圈层出行对轨道交通的需求，审视目前我国都市圈轨道交通的供给侧发展情况，主要存在结构不完善、效率不高、效益不佳等突出问题。本书审视了东京都市圈轨道交通发展历程和特点，发现以经济效益为中心的市场体制和以竞争为核心的市场机制是推动日本国铁改革转型服务都市圈和实现市郊铁路可持续发展的根本原因。我国都市圈轨道交通发展面临的困境和难题，归根结底，是高度市场化的都市圈发展规律与高度行政化的城市和轨道交通管理体制之间的不适应。当前，我国仍处于城镇化快速发展的战略机遇期，应以科学规划为统领，以体制机制创新为动力，以完善的标准规范为保障，通过创新规划建设体制机制、破除国铁体制障碍、实施市场化的土地供应政策、构建持续发展机制，重点抓好都市圈市域（郊）铁路规划建设，推动都市圈轨道交通多网融合和高质量发展。

一、目标认知：推动都市圈轨道交通高质量发展的意义目标

都市圈是一个国家经济最发达，人口、产业聚集程度最高的城镇化区域，在有限的国土空间范围内涵盖超大特大城市及不同等级、类型的中小城市和城镇，集中了中长途运输、城际交通、市域通勤和中心城区日常出行等多层次交通出行需求，是轨道交通基础设施网络布局的密集区域。2019年2月，国家发展改革委《关于培育发展现代化都市圈的指导意见》（发改

规划〔2019〕328号）（以下简称《指导意见》）明确要求打造轨道上的都市圈，提出在有条件地区编制都市圈轨道交通规划，推动"四网融合"。

（一）推动都市圈轨道交通高质量发展的意义

随着现代化都市圈的积极培育和快速发展，推动都市圈轨道交通高质量发展，推进都市圈轨道交通系统"多网融合"的必要性和紧迫性日益凸显。

1.实现资源集约节约利用的客观要求

随着我国大城市向都市圈空间范围拓展，各种出行需求在时空尺度上聚集和分散效应并存。一方面，在一些需求比较集中的区域，单一功能的轨道交通无法满足沿线多种不同层次的交通出行需求，而通道、土地等空间资源紧张又难以支撑不同功能层次轨道交通的单独规划布设，迫切需要轨道交通资源共享和互连互通。另一方面，在一些需求较为分散的区域，也可能无法支撑仅满足单一运输功能的轨道交通项目财务可持续。因此，编制都市圈轨道交通规划，促进不同功能层次轨道交通线网的一体融合发展，才能更好满足不同空间圈层多层次差异性出行需求，集约节约利用资源，优化供需匹配，避免资源浪费。

2.打造1小时通勤圈的必然选择

都市圈是一日生活圈，对日常通勤的快速化、便捷化要求高。国内外大量实践表明，1小时是人们日常通勤单程"门到门"出行能够接受的上限时间，超出这个时间将严重影响居民的生活质量。反过来，1小时交通圈能够覆盖多大范围，也就决定了都市圈培育发展的广度能有多大。当前，我国都市圈不同轨道交通系统相对独立规划建设，管理条块分割严重，网络之间换乘界面不友好，都市圈30~70公里范围内的出行已经成为限制我国交通发展的突出短板，耗时远超过1小时，适应性不强的市域轨道交通无法支撑周边中小城市和城镇与中心城区的一体融合发展。通过编制都市圈轨道交通规划，推动都市圈轨道交通"多网融合"发展，才能更好发挥各级轨道网络技术优势，提高都市圈综合交通的整体供给质量和效率，满足都市圈高质量发展需要。

3. 推进都市圈空间结构优化的重要途径

当前，我国大多数都市圈呈现中心城区"摊大饼式"蔓延，大城市病问题突出。统筹编制都市圈轨道交通规划，推进轨道交通规划与都市圈国土空间规划的良性互动发展，将为都市圈在一定空间范围内合理布局提供重要支撑。宏观层面，多功能层次的轨道交通网络规模能够最终决定都市圈的发展规模；中观层面，满足多层次出行需求功能的复合通道将成为都市圈空间发展的主要轴线，进一步推动超大特大城市非核心功能沿轴线分散疏解；微观层面，多层次轨道交通的换乘界面，也具备打造成为都市圈核心产业聚集区、城市主要功能区的优越条件，有利于增强中心城市核心竞争力和辐射带动能力。

（二）都市圈轨道交通高质量发展的总体目标

基于我国经济高质量发展和交通运输高质量发展的相关内涵特征，都市圈轨道交通高质量发展的内涵特征应主要体现为以下三个方面。

1. 网络结构要合理

在城镇化快速发展的进程中，我国超大特大城市基本已经历了铁路和城市轨道交通快速发展的阶段，现已基本建成对外运输通道和城市轨道交通主骨架。但是，在中心城市向都市圈空间范围发展的过程中，出行需求逐步呈现多元化、圈层性的特点。相比于过去更加注重轨道网络的规模不同，应更加注重轨道交通供给与需求的匹配对接，通过充分利用既有资源、合理安排新建项目等，形成多层次的轨道交通网络结构，满足都市圈不同圈层的出行需求。

2. 服务品质和效率要优

都市圈是一日生活圈，对日常通勤的便捷、快速和经济性要求高。当前，我国大多数都市圈30~70公里范围内的出行已经成为突出短板，由于技术标准低、换乘衔接不便等原因，出行耗时远超过1小时。这就要求都市圈轨道交通系统充分发挥不同功能层次轨道网络的技术优势，以最适合的技术标准、最便捷的衔接换乘，提高都市圈综合交通的整体供给质量效率，满足都市圈高质量发展需要。此外，对都市圈轨道交通的建设要讲求经济性，不能盲目追求高标准。

3. 经济社会效益要好

从支撑都市圈发展的宏观层面看，必须发挥轨道交通大运量、绿色环保的特点，打造形成都市圈主要客流走廊。在发展过程中，轨道交通需要与都市圈国土空间格局的塑造紧密结合，形成以轨道交通为导向的都市圈空间开发方式，引导都市圈经济产业沿轨道交通轴线集聚，同时注重发展均衡性，包括以轨道站点为中心的组团内部的职住平衡与基本公共服务均衡发展，进一步支撑形成密疏结合、产城协调、生态宜居的都市圈空间形态。资源集约节约利用层面，都市圈是轨道交通布设的密集地带，在铁路和城市轨道交通基本成网的发展阶段后，新建轨道交通必然面临土地资源紧缺，以及生态环保等压力的约束。因此，都市圈轨道交通发展应坚持集约节约的原则，注重通过网络、通道资源整合，统筹不同层级新建轨道交通和既有线路提升改造，相互衔接补充，争取效益最大化。从轨道交通自身财务可持续方面看，轨道交通项目投资巨大、回报周期长，必须充分发挥轨道交通的功能优势，实现客流的稳步增长，促进轨道交通项目的可持续健康发展。

（三）都市圈轨道交通发展的具体目标

1. 都市圈范围界定

《指导意见》对都市圈有一个基本概念的界定，即都市圈是城市群内部以超大特大城市或辐射带动功能强的大城市为中心、以1小时通勤圈为基本范围的城镇化空间形态。这个概念体现了都市圈空间范围的两个基本特征，即要有大城市为中心和通勤联系的实际需要。

（1）以超大特大城市或辐射带动功能强的大城市为中心

这个特征表明，具备一定的人口集聚规模基础，是发展成为都市圈的必要条件。根据住建部发布的《2022年城市建设统计年鉴》，我国目前共有超大城市6个（城区常住人口1000万人以上），特大城市7个（城区常住

人口 500 万人以上 1000 万人以下），I 型大城市 12 个（城区常住人口 300
万人以上 500 万人以下）。考虑到我国都市圈尚处于培育发展阶段，可适当
放宽对于中心城市人口规模的要求，城区常住人口 250 万人以上的大城市
（共 4 个）一定程度上可能具备发展成为 I 型大城市的潜力，部分具有条件
的城市可以作为培育发展都市圈的潜在对象。

因此，从总体上看，我国已经发展成为都市圈的超大特大城市数量应
在 6~13 个之间，未来能够发展成为都市圈的中心城市数量不超过 30 个。
对于一般大中城市，考虑到中心城市人口集聚规模仍有较大空间，再加上
前一段时间全国范围内的土地城镇化已经为一般大中城市提供了大量库存，
暂时没有必要也不具备向都市圈发展的客观条件。

当前，地方之所以规划较多、范围较大的都市圈，有出于平衡地方发
展的需要，但是如果不能遵循客观规律制定发展策略，最后的效果也不会
理想。以广东省为例，广东省明确提出了科学制定广州、深圳、珠江口西
岸、汕潮揭、湛茂五个都市圈的发展规划。其中，广州、深圳作为我国主
要的超特大城市，培育发展都市圈完全符合经济规律。对于珠江口西岸和
汕潮揭两个区域，也存在珠海、汕头两个大城市，但需要进一步考虑的是
各自的辐射影响范围问题。而湛江和茂名，就难以称之为都市圈，一方面，
两个城市城区人口均不足百万，且相距 70~80 公里，难以形成通勤联系。

表 3-1　我国具备发展成为都市圈的中心城市城区常住人口情况

城市类型	城市名称	城区人口（万人）
超大城市	上海市	2475.89
	北京市	1912.80
	深圳市	1766.18
	重庆市	1289.27
	天津市	1160.07
	东莞市	1082.44
特大城市	成都市	842.61
	广州市	756.91

续表

城市类型	城市名称	城区人口（万人）
特大城市	武汉市	713.90
	杭州市	709.00
	西安市	699.75
	南京市	657.31
	长沙市	520.51
I 型大城市	沈阳市	475.00
	济南市	471.94
	昆明市	466.45
	青岛市	456.10
	郑州市	449.55
	哈尔滨市	399.89
	大连市	361.60
	长春市	357.53
	石家庄市	349.41
	合肥市	318.68
	太原市	315.20
	苏州市	310.66
具备发展潜力的 II 型大城市	南昌市	291.97
	南宁市	265.80
	厦门市	257.30
	福州市	250.70

资料来源：《2022 年城市建设统计年鉴》。

（2）该中心与周边地区要有通勤联系需求

通勤联系是反映城镇化地区城市（镇）间经济社会联系的重要参考，发达国家都市圈均将有无通勤作为确定都市圈空间范围的核心指标。

日本总务省统计局将日本的都市圈定义为由一个或多个中心城市及其周边相关联的市町村构成的区域。其中，中心城市必须为政令指定市（Designated City）或其他人口超过 50 万人的城市，周边市町村只有满足超过 1.5% 的 15 岁以上人口在中心城市就学或工作才能被纳入都市圈的范围。

日本国土交通省则将附加额外条件的 5% 通勤通学圈划分为都市圈。在该定义中，都市圈由核都市和周边市町村组成。其中周边市町村为对核都市的通勤通学者比例达到全部通勤通学者的 5% 以上的市町村。

美国对都市圈主要是从统计意义上进行界定，由美国行政管理和预算局（U.S. Office of Management and Budget）提出的"基于核心区识别的统计区"（Core-Based Statistical Area，CBSA）概念，意为具有一定人口规模的中心城市及与其具有较强经济社会联系毗邻地区共同构成的区域。2010 年，美国行政管理和预算局发布了对 CBSA 进行界定的新标准，即如果毗邻县城的就业人口中有 25% 在中心城市工作，以及该毗邻县城 25% 的就业岗位为中心城市的居民，则该毗邻县城与中心城市属于同一个都市统计区。如果两个相邻的大都市统计区或小都市统计区之间也有着较强的经济社会联系（双向就业比例之和达到 15%），这两个区域就可以合并为一个联合统计区（Combined Statistical Area，CSA）。

法国国家统计局将城市发展的通勤范围定义为都市区（法语为 aire urbaine）。如果一个市镇（commune）拥有超过 2000 位居民且具有密度较高的中心地区（建筑之间距离不超过 200 米），符合相同标准的毗邻市镇可以合并成为一个城市单元（unité urbaine）；如果该城市单元提供超过 1 万个就业岗位，且其经济发展足够吸引周边市镇 40% 的人口来就业，该城市单位就成为一个城市极点（pôle urbain），相应的周边市镇就成为该城市极点的外围区域（couronne）。都市区即由城市极点及其外围区域组成，也就是由中心城市及受其经济影响辐射的周边市镇构成。如果一个都市区超过了 50 万人口，且提供了超过 2 万个"都市区就业岗位"，该都市区就成了大都市区（aires métropolitaines）。

我国都市圈在划定时，也应充分考虑城市间有无通勤的现实或预期。目前，各地在划定都市圈范围时行政色彩较浓，习惯于采用行政"一刀切"的办法，较少考虑实际通勤情况，可能造成都市圈范围与实际通勤联系区域不匹配。例如，广东省确定的都市圈范围中，广州都市圈包括广州、佛山全域和肇庆、清远、云浮、韶关四市的都市区部分，总面积 3.66 万平方公里。深圳都市圈包括深圳、东莞、惠州、河源、汕尾五市，总面积 3.63 万平方公里。事实上，东莞市距离广州和深圳均约 60 公里，东莞北部的麻涌镇、中堂镇等城镇距离广州市中心仅 40 公里，实际上存在较大通勤需求，而东莞与深圳通勤较为密切的城镇主要集中在南部。距离广州 120 公里的云浮都被划入广州都市圈范围，东莞市的部分区域也应当划入广州都市圈。

　　建议根据实际通勤需求的情况确定都市圈范围。考虑到我国都市圈还处于培育阶段，都市圈范围也不能完全按照现状通勤的情况确定，都市圈规划范围可以按潜在通勤范围确定。根据发达国家相关经验和 1 小时通勤圈的实际情况，都市圈通勤半径不宜过大，超大特大城市都市圈半径不应超过 50~70 公里，大城市都市圈半径一般不应超过 30~50 公里。同时，建议参考当前管控疫情的办法，将都市圈范围的划定精确到区县最好是县镇街道层面，以更精准地反映实际情况。

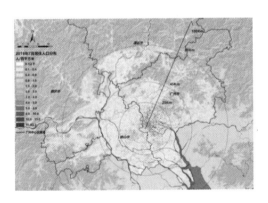
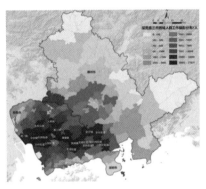

图 3-1　广州都市圈人口分布图　　　图 3-2　深莞惠三市跨城人群
　　　　　　　　　　　　　　　　　　　　　　　工作镇分布

图片来源：百度地图慧眼。

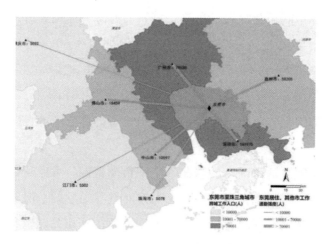

图 3-3　东莞居住 – 珠三角城市工作分布图

图片来源：百度地图慧眼。

2. 都市圈空间圈层划分及对轨道交通的需求

都市圈不同圈层出行需求不同，要制定有针对性的轨道交通发展方案，必须将轨道交通的发展同都市圈的圈层结构紧密结合起来。从现状发展来看，一般仅区分都市圈中心城市和周边城镇。例如，《指导意见》中关于都市圈空间层次，提到的名称有：中心城市、周边城市（镇）、新城新区、中小城市。具体内容包括："以促进中心城市与周边城市（镇）同城化发展为方向""探索都市圈中心城市轨道交通适当向周边城市（镇）延伸""推动中心城市、周边城市（镇）、新城新区等轨道交通有效衔接，加快实现便捷换乘""增强中心城市核心竞争力和辐射带动能力，推动超大特大城市非核心功能向周边城市（镇）疏解，推动中小城市依托多层次基础设施网络增强吸纳中心城市产业转移承接能力，构建大中小城市和小城镇特色鲜明、优势互补的发展格局"等。

但是，对于都市圈轨道交通而言，由于都市圈空间范围较大，仅仅区分中心和外围两个层次，很难实现轨道交通发展策略的精准化。

以杭州都市圈为例，《杭州都市圈发展规划（2020—2035 年）》明确以杭州市区为中心，湖州、嘉兴、绍兴、衢州、黄山为副中心，杭州市域 5

县市及德清、安吉、海宁、桐乡、歙县等杭州相邻 7 县市为紧密层,规划的区域总面积 53239 平方公里,面积约占长三角区域的三分之一。

与此同时,现行《杭州市城市总体规划(2001—2020 年)(2016 年修订)》规划区范围为杭州市区(不含富阳区)3334 平方公里,包括上城、下城、江干、拱墅、西湖、滨江、萧山、余杭八区。提出"一主三副六组团"的空间结构,即主城和江南城、临平城、下沙城三个副城,余杭、良渚、瓶窑、义蓬、瓜沥、临浦六大组团。

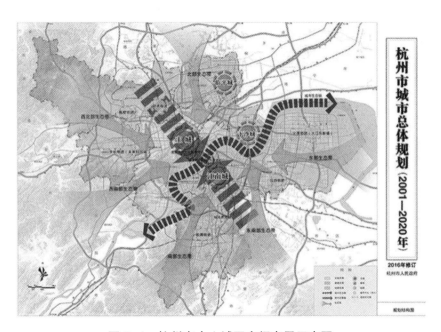

图 3-4　杭州市中心城区空间布局示意图

图片来源:《杭州市城市总体规划(2001—2020 年)(2016 年修订)》。

从都市圈空间格局和杭州城市空间格局规划两个层面看,整个杭州都市圈可以进一步细分为"两区两圈"四个空间层次,即将传统城市规划中的中心城区进一步细分为核心功能区和近郊组团区,将都市圈规划中的周边城市(镇)、新城新区、中小城市等进一步细分为远郊城镇圈和辐射影响圈。

（1）空间圈层一：核心功能区

为传统城市规划中心城区范围内的核心区，是经济产业特别是金融、商业、政务服务等聚集性功能的集中布局地区，是整个都市圈的核心动力区和支撑服务区，与整个都市圈的经济产业都有较强互动。在杭州都市圈中体现为一个主城区，并应进一步细分为不同的功能中心，如西湖中心、钱江新城中心、火车东站中心等，各个功能中心之间的距离一般为5~10公里，核心功能区半径通常为10~15公里。对轨道交通的需求：核心功能区各个功能中心之间轨道交通实现直连直通。

（2）空间圈层二：近郊组团区

为环绕都市圈核心功能区的城市组团区域，是传统城市规划中位于中心城区边缘的副中心、新城新区、卫星城。现实中已有部分组团发展成为居住功能强大的"卧城"，与核心功能区保持强烈通勤联系，但也有部分组团职住较为平衡。这些近郊组团是目前我国都市圈通勤的主要范围，在杭州都市圈中体现为三个副城和六个城市组团，半径通常为15~30公里。对轨道交通的需求：这部分近郊组团一般已建成或在建城市轨道交通，但是由于城市轨道交通技术标准的原因，这部分组团实际通勤时间已经达到1小时左右甚至更长。下一步主要是提高这些组团与核心功能区连接的便利性和时效性。

（3）空间圈层三：远郊城镇圈

为环绕都市圈中心城区的远郊区县、城镇，部分已跨市域行政范围，这部分城镇现状发育往往较为滞后，经济产业单一，与中心城市联系不紧密，是交通发展最为滞后的区域，也是都市圈发展需要重点培育的区域。部分在都市圈中心城市通勤半径范围内的周边中小城市主城区也可属于该圈层。在杭州都市圈体现为富阳、德清、海宁以及绍兴主城区等，半径一般为30~50公里，部分发达都市圈半径可达50~70公里。对轨道交通的需求：由于远郊城镇是都市圈发展的重点区域，为实现与都市圈核心功能区的1小时"门到门"通达，从技术标准上要求采取比地铁设计速度更快、站间距更大的市域轨道交通，从通达性上也要求市域轨道交通直接连通都市圈核心功能区，并尽可能能够实现直达核心功能区的功能中心。

（4）空间圈层四：辐射影响圈

一般为环绕都市圈中心城市、距离已超过最大通勤半径（50~70 公里）的中小城市，这些城市与中心城市不大可能出现十分紧密的通勤联系，主要体现为经济产业间的深度分工与合作关系，也需要较为便捷的交通支撑，但更趋近于城市群中城市与城市之间的关系，因此此圈层不是本研究讨论的重点。辐射影响圈在杭州都市圈体现为湖州、嘉兴、黄山、衢州等城市，半径一般较大，可达 70~80 公里，甚至更大。对轨道交通的需求：这部分中小城市一般已经处于干线铁路通道或城市群城际主通道上，主要依靠高铁或城际铁路，实现与中心城市的快速连通。

因此，基于对都市圈空间圈层的精细化划分，以及各个圈层对轨道交通的不同要求，可以得出都市圈轨道交通发展的目标方向。对于核心功能区中的各功能中心，要实现城市轨道交通的直连直通，并且各功能中心应具备连通市域轨道交通的良好条件，有条件的还应实现市域轨道交通线路之间的互连互通。对于近郊组团区，新建市域轨道交通要尽量兼顾这些组团的出行需求，改善其与核心功能区各功能中心联系的便捷性。对于远郊城镇圈，主要通过新建市域轨道交通满足、引导通勤交通需求，在城镇发育初期，有条件的可以利用城际铁路、既有铁路开行市郊列车等方式提供市域通勤出行服务。对于辐射影响圈，主要通过高铁、城际铁路实现快速通达。

二、供给现状：结构不完善、效率不高、效益不佳

相比于都市圈不同空间圈层出行对轨道交通的需求，审视目前我国都市圈轨道交通的供给侧发展情况，主要存在结构不完善、效率不高、效益不佳等突出问题。

（一）都市圈轨道交通网络结构

1.不同功能层次轨道交通发展现状

都市圈轨道交通，广义上应指在都市圈范围内的所有轨道交通方式，包括高速铁路、普通干线铁路、城际铁路、市域（郊）铁路和城市轨道交通等，从狭义上主要指承担都市圈通勤功能的市域轨道交通方式，一般为市域（郊）铁路、市域快轨、市域快线、市域铁路等。但是实际上，高速铁路、普通干线铁路特别是城际铁路和城市轨道交通等轨道交通方式在一定条件下均能承担一定的市域轨道交通运输功能。例如，高铁干线和城际铁路，在都市圈范围内可承担一定的市域（郊）运输功能；目前许多城市采用地铁延伸至郊区的模式，实际上是城市轨道交通承担了市域（郊）运输功能。因此，研究都市圈轨道交通的发展问题，必须全面审视都市圈范围内所有能用于承担市域运输功能的轨道交通方式。

从高速铁路发展上看，我国超大特大城市已基本建成较为完善的高速铁路干线网，能够为都市圈中心城市与辐射影响圈中的其他主要城市之间提供快捷的交通服务。但早期建设的高速铁路设站间隔里程较长，较少考虑服务于都市圈核心功能区与近郊组团、远郊城镇两个圈层之间的运输功能。如京沪高铁，平均站间距超过50公里。近期建设的高速铁路，一般都充分考虑了对近郊组团、远郊城镇两个圈层的覆盖。如2019年开通的京张高铁，北京境内设有北京北、清河、沙河站、昌平、八达岭长城等5座车站，2021年开通的京沈高铁，在北京境内设有北京朝阳、顺义西、怀柔南、密云等5座车站，在设计层面均较好地考虑了兼顾都市圈范围的市域运输功能。

从普通干线铁路发展上看，由于建设发展较早，现已占据我国城镇化地区的核心通道资源，紧靠人口密集区，通达都市圈中心城市和周边城镇。事实上，在新中国成立初期，长途旅客运输和市郊旅客运输均为我国普通干线铁路旅客运输的重要组成。1978年，全国铁路市郊客运量占全路发送旅客总数的23.5%，每日平均完成市郊客运量45万人次。进入20世纪90

年代后，为配合铁路大提速需要，大城市周边中小站点陆续撤并、关闭，铁路市场定位也转向主要服务长途客、货运输，铁路市郊运输逐渐淡出。面向未来，随着我国"八纵八横"高铁网的逐步建成，超大特大城市中长途普速客运业务将逐步萎缩，而铁路货运功能可以通过改造外迁，释放运输能力，实现既有铁路通道对都市圈通勤的服务是比较可观的前景。

从城际铁路发展上看，在一些高铁干线比较繁忙的区段，通过修建城际铁路，保障城市群范围内城市与城市之间的紧密联系需要，如北京至天津间修建了京津城际铁路，上海与南京间修建了沪宁城际铁路，广州与深圳间修建了广深城际铁路（广深铁路三四线）等。除此之外，一些地方规划建设的城际铁路定位也存在不清晰的问题，实际发挥干线运输功能或都市圈市域功能的项目不在少数。据有关研究统计，我国目前正在实施的城际铁路建设项目中，按高速铁路标准（设计速度为 250km/h 及以上）、城际铁路标准（设计速度为 160~200km/h）、市域（郊）铁路或城市轨道交通标准（设计速度为 140km/h 及以下）设计的项目各占三分之一左右。因此，对于都市圈内的城际铁路，需要结合具体设计标准具体分析确定其主要服务对应的都市圈圈层。

从市域（郊）铁路发展上看，截至 2019 年 9 月，全国已运营市域（郊）铁路线路共计 20 条，运营总里程约 1162.3 公里，总投资额为 1269 亿元，日均客运量 39.2 万人次，主要分布在北京、上海、天津、浙江、广东、四川、江苏、辽宁、海南、内蒙古等 10 个省市。其中，利用既有铁路线路 12 条、运营里程 732 公里，新建线路 8 条、运营里程 430 公里。

从城市轨道交通发展上看，截至 2018 年底，我国城市轨道交通开通运营线路里程达 5761.4 公里，开通城市轨道交通运营城市 35 个。上海、北京两市运营里程突破 700 公里，广州、武汉和成都紧随其后，运营里程突破 300 公里，线网建设不断完善。全国在建线路总长 6374 公里，北京、广州两市建设规模超过 400 公里，成都、武汉、杭州 3 市建设规模超过 300 公里。步入或基本步入网络化城市共有 17 个，共有 63 个城市的城市轨道交通线网获得国家发展和改革委员会或地方政府批复，待全部建成后，将有超过 30 个城市迈入网络化运营阶段。制式上，城轨交通运营线路共有 7 种制式，其中，地铁 4354.3 公里，占比 75.6%；市域快轨 656.5 公里，占比 11.4%；轻轨、单轨、现代有轨电车等其他制式占比 13.0%。

2. 主要承担市域功能的轨道交通发展情况

对北京、上海、广州、深圳、天津、重庆、成都、武汉、南京、杭州十大都市圈的主要运营和在建轨道交通线路情况进行了系统梳理，并按照每条轨道交通线路实际承担的主要功能，划分为高铁、普通干线铁路、城际铁路、市域（郊）铁路、城市轨道交通（含市域线和主城区线）等不同功能层次。其中，城市轨道交通主要划分为主城区线和市域线两个层次，主城区线服务于都市圈核心功能区，服务半径不超过 15 公里，市域线主要服务于都市圈近郊组团区（少数已延伸至远郊城镇圈）与核心功能区的联系，服务半径一般达到 15~50 公里。表 3-2 总结了十大都市圈现状主要服务于市域功能的轨道交通情况，多为地铁制式的城市轨道交通，同时也包括了利用既有铁路开行市郊列车或新建市域（郊）铁路的线路情况。从表中可以看出，目前十大都市圈运营和在建的都市圈轨道交通总里程达到 6931.3 公里，北京、上海两大都市圈轨道交通超过 1000 公里。

表 3-2　十大都市圈实际承担市域功能的运营和在建轨道交通里程（公里）

都市圈	城市轨道交通（市域线）	城市轨道交通（主城区线）	新建市域（郊）铁路	利用既有铁路开行市郊列车	合计
北京	456.0	475.8		391.0	1322.8
上海	527.6	582.8		56.4	1166.8
广州	417.5	365.4			782.9
深圳	245.9	375.1		36.0	657.0
天津	193.5	333.5		113.0	640.0
重庆	205.1	237.8	267.8		710.7
成都	297.4	396.2	193.2		886.8
武汉	225.2	371.9			597.1
南京	292.5	320.5			613.0

续表

都市圈	城市轨道交通（市域线）	城市轨道交通（主城区线）	新建市域（郊）铁路	利用既有铁路开行市郊列车	合计
杭州	298.8	312.8			611.6
合计	3159.5	3771.8			6931.3

资料来源：作者整理。

3. 都市圈轨道交通网络结构不完善的主要方面

系统梳理都市圈不同功能层次轨道交通发展现状和主要承担市域功能的轨道交通发展情况，可以得出以下结论。

首先，都市圈核心功能区内部轨道交通网络主骨架已基本建立。都市圈核心功能区内部轨道交通主要为地铁方式，目前我国十大都市圈核心功能区的轨道交通（即主城区线）基本已达 300 公里以上，北京、上海超过 400 公里，规模已与东京（304 公里）、纽约（380 公里）、伦敦（402 公里）等发达国家都市圈中心城市地铁线路里程相当，总体规模发展已经较为完善。

其次，都市圈近郊组团区与核心功能区之间已基本实现市域轨道交通覆盖。我国都市圈普遍采取将中心城市主城区地铁延伸至中心城区边缘的做法，使得目前都市圈近郊组团与都市圈核心功能区之间已经或者将要具备连通轨道交通的条件。虽然我国城市轨道交通制式比较单一，但从功能划分上看，十大都市圈共有城市轨道交通市域线 3159.5 公里，市域线与主城区线比重基本相当。

再次，都市圈辐射影响圈与核心功能区之间一般已有高速铁路联通，部分繁忙区段还建有城际铁路，已能够实现城市与城市之间较为密切的联系需要。

最后，都市圈远郊城镇圈与核心功能区之间缺乏轨道交通联通，是都市圈轨道交通网络结构最为薄弱的区域，也是完善结构最需加强的区域。虽然部分城市正在规划建设连接中心城区与都市圈远郊城镇圈的轨道交通线路，但总体上看，我国都市圈大多数远郊城镇与都市圈核心功能区之间缺乏市域轨道交通联通。

（二）都市圈轨道交通网络效率

1. 时效性问题

一是市域轨道交通技术等级较低。我国都市圈普遍采取将中心城区地铁延伸至近郊组团的做法，但由于地铁的旅行速度一般为 20~30km/h，而近郊组团区半径已经达到 30 公里，这也就意味着即使不考虑换乘，乘客在轨道交通上的时间已经接近甚至超过 1 小时。例如，北京市近十几年建设了大兴线、房山线、昌平线、顺义线（15 号线）等通往郊区的轨道交通线路，但由于采取的是与主城区地铁相同的技术标准，全程通勤时间过长，也使得北京都市圈的空间一直局限在 30 公里范围（六环路），无法支撑都市圈在更广范围内的空间拓展。

二是城市主导新建的市域快轨多接入中心城区外围，整体旅行时间仍然过长。部分城市建设的市域快轨，如南京地铁 S8 号线、杭州地铁 16 号线，技术标准较高，设计时速达 120km/h，站间距近 3 公里，但由于都市圈主城区新建轨道成本较高等原因，这些市域轨道交通线路往往仅接入主城区或中心城区边缘，常常为地点较为偏远的地铁末端站，不能直达都市圈核心功能区，造成整体旅行时间过长，远超过 1 小时。以杭州都市圈为例，虽然谋划的市域轨道交通能够实现杭州市区与周边城镇的直接连接，但由于这些市域轨道交通均接入市区边缘，因此难以真正实现 1 小时的交通圈。2020 年 4 月刚通车的杭州地铁 16 号线全长 35 公里，全程旅行时间只有 35 分钟，但换乘地铁前往杭州主城区仍需 1 小时左右。

此外，部分都市圈核心功能区内的功能中心之间缺乏直连直通的轨道交通方式。从轨道交通的联通水平上看，部分都市圈核心功能区内的功能中心之间缺乏直连直通的轨道交通线路，如北京都市圈核心功能区中的中关村、国贸中央商务区、金融街、望京、三里河行政中心等功能中心之间一般都需要通过至少换乘一次地铁才能到达，造成大量客流在地铁线路换乘站换乘。

2. 网络衔接问题

一是轨道交通线网衔接融合不足。一方面，不同功能层次轨道交通方式的重复建设，会造成对通道资源的过多占用，且相互挤占客源也不利于线路的运营。特别是在客流强度不密集的情况下，本可以通过一条轨道的建设来兼顾多种运输需求。例如，合肥至六安通道中规划有合肥至武汉高速铁路、合肥至安康高速铁路、合肥至六安城际铁路和合肥至六安市郊铁路，合肥城市轨道交通也规划了延伸至新桥机场的线路。这些轨道之间缺乏必要的功能衔接协调，导致相互之间功能定位不清晰，也会为将来的运营带来诸多问题。鉴于此，安徽省发改委在回应有关社会关切时指出，在合肥至六安通道内，需要统筹相关项目规划建设情况，进一步论证研究相关铁路的建设方案和时序。

图 3-5　合肥至六安市郊铁路线路示意图

图片来源：合肥市环保局网站。

另一方面，铁路和城市轨道交通制式不统一，区域轨道交通难以实现互连互通。例如，穗莞深城际铁路将广州、东莞客流接入深圳机场，但由于无法实现与深圳地铁 11 号线的贯通运营，致使广州、东莞至深圳主城区的旅客出行不便，均需下车换乘。实际上，深圳地铁 11 号线和穗莞深城际铁路在技术标准上较为相似，设计速度均为 120~140km/h，站间距均为 3~5 公里，完全可以通过互连互通提供网络联通效率。由于无法联通，穗莞深城际铁路又规划南延至深圳前海、福田等核心区，线路走向与地铁 11 号线几乎相同，项目预计新增里程 35 公里，投资 244 亿元。

近些年，又出现了铁路之间难以互连互通的问题。以粤港澳大湾区城际铁路为例，已经投入运营的莞惠城际铁路与广深城际铁路在东莞市常平镇相交，如果衔接顺畅，本来能够实现东莞南部区域与深圳主城区的直达联系，是十分便利的。但实际上两条线路完全没有衔接，不能实现互通运营，两条线路在常平镇分别设置的常平站和常平东站相距 5 公里，旅客甚至连下车换乘也不现实。

图 3-6 深圳地铁 11 号线和穗莞深城际铁路线路走向示意图

图片来源：作者制作。

图 3-7　莞惠城际铁路和广深城际铁路线路交会示意图

图片来源：作者制作。

二是轨道交通之间的换乘衔接不便利。轨道交通之间主要通过交通枢纽进行换乘衔接，但特别是涉及以国铁集团主导建设的铁路枢纽，城际铁路、市域（郊）铁路、城市轨道交通均难以与其形成一体衔接。当前，对外火车站是多数都市圈不同功能层次轨道交通的主要换乘界面，例如北京西站、上海南站等，在主要服务于中长途旅客运输的同时，也是北京市郊铁路城市副中心线、上海市郊铁路金山线等都市圈通勤线路的始发终到站点，市域通勤旅客均需通过火车站换乘城区轨道交通线路前往目的地。但既有的以火车站为主体的综合枢纽，均不同程度地存在集疏运网络不完善、枢纽间换乘可靠性差、枢纽场站平面换乘不便、换乘效率低等问题。

以粤港澳大湾区轨道交通的换乘衔接为例，位于东莞市虎门镇的广深高铁虎门站，是该区域对外交通的主要交通枢纽。同时，该站衔接穗莞深城际铁路虎门北站和东莞地铁虎门火车站站，构成了城市交通、市域（郊）和城际交通、对外交通的综合枢纽。但是，高铁站、城际站和城市轨道站平面布设，虽然各自管理界面清晰，但没有实现紧密的一体衔接，不熟悉的乘客甚至很难想明白，虎门北站和虎门站实际上同属于一个枢纽，直线距离不过只有两三百米。

此外，轨道交通方式之间缺乏高效的运输组织协同，枢纽信息化、智能化程度不高，信息共享度不足，难以实现旅客运输"一个时刻表、一次付费、一票到底"，乘客全程出行体验感差。

图 3-8　高铁虎门站（左）、城际铁路虎门北站（中）
和地铁虎门火车站站（右）布局图

图片来源：作者拍摄。

3. 能力与需求匹配性问题

一方面，一些地方探索利用既有铁路开行市域（郊）列车，但受制于既有铁路主要服务于朝发夕至长途普速客运列车和货运功能，早晚高峰运能尤其不足。以北京市郊铁路城市副中心线为例，城市副中心线全长 63.7 公里，共设良乡站、北京西、北京、北京东、通州、乔庄东等 6 座车站。目前每日开行 6 对列车，其中良乡站至乔庄东（通州）站 2 对 / 日，北京西站至乔庄东（通州）站 4 对 / 日。截至 2020 年 11 月 16 日，2020 年共发送乘客 367930 人，日均发送 1146 人，平均每列车发送乘客不足百人。

良乡 → 乔庄东					
车次	良乡	北京西	北京	北京东	通州	乔庄东
S101	—	7:00	7:14/7:15	通过不停车	7:33/7:34	7:43
S103	6:50	7:15/7:18	7:32/7:33	通过不停车	7:52	—
S105	7:11	7:38/7:48	8:02/8:03	通过不停车	通过不停车	8:27
S111	—	13:10	13:25/13:26	通过不停车	13:45/14:02	14:11
S107	—	18:27	18:41/18:42	通过不停车	19:01/19:02	19:10
S109	—	19:44	19:58/19:59	20:07/20:08	20:21/20:22	20:30

乔庄东 → 良乡					
车次	乔庄东	通州	北京东	北京	北京西	良乡
S110	5:51	6:00/6:10	通过不停车	6:31/6:32	6:45	—
S102	7:07	7:16/7:18	7:31/7:32	7:43/7:44	7:58	—
S112	11:55	12:04/12:06	12:20/12:22	12:33/12:35	12:50	—
S104	17:58	通过不停车	通过不停车	18:22/18:24	18:38/18:42	19:07
S106	18:29	通过不停车	18:47/18:48	18:58/18:59	19:13/19:16	19:41
S108	—	18:55	通过不停车	19:14/19:15	19:29	—

图 3-9　市郊铁路城市副中心线列车时刻表

图片来源：北京市政府网站。

　　另一方面，国内一些城市探索运营城市轨道快线效果不尽理想。为了缩短远郊乘客通勤时间，一些城市开始规划建设城市轨道快线，并探索在实际运营过程中的快慢线运营，以提高列车平均旅行速度。应该说，这些探索为乘客提供了更加多元化的轨道交通服务，一定程度上便利了出行，为解决传统地铁出行站站停、小间距的旅行速度无法提升的问题提供了经验借鉴，值得肯定。但是，同时也要看到，目前国内的一些尝试，也遇到了能力与需求不能很好匹配的问题。以下举三个典型案例，说明目前国内城市探索快线运营的相关情况和问题。

　　（1）上海地铁 16 号线：快慢车 + 大站距

　　上海地铁 16 号线西北起自浦东新区龙阳路站，东南至浦东新区滴水湖站，线路全程位于上海市浦东新区境内，北连浦东中心区域，南接南汇新城，串联周浦、康桥、航头、新场以及惠南城区。目前开行普通车、大站车、直达车，通过这样的设置让远郊乘客能够迅速进城。然而由于难以满足沿线日益增长的客流需求，因此大站车和直达车每日每向不足 10 车次，且只在非高峰时段开行，更多的还是站站停，实际上无法便利早（晚）高峰想要进

（出）城的乘客。此外，16 号线完全是远郊线，止步于龙阳路，对于有到上海主城区需求的乘客还需要换乘其他地铁线路，无法实现直达核心区。

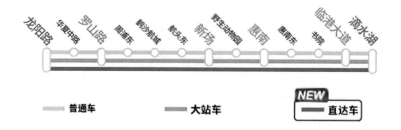

图 3-10　上海地铁 16 号线普通车、大站车和直达车线路示意图

图片来源：上海地铁网站。

16号线大站车及直达车时刻表（周一～周五）										
往滴水湖方向	1	2	3	4	5	6	7	8	9	10
滴水湖站	07:46(到达)	08:04(到达)	10:46(到达)	11:46(到达)	12:46(到达)	13:04(到达)	13:46(到达)	14:46(到达)	15:46(到达)	16:46(到达)
临港大道站	07:43	—	10:43	11:43	12:43	—	13:43	14:43	15:43	16:43
惠南站	07:26	—	10:26	11:26	12:26	—	13:26	14:26	15:26	16:26
新场站	07:18	—	10:18	11:18	12:18	—	13:18	14:18	15:18	16:18
罗山路站	07:06	—	10:06	11:06	12:06	—	13:06	14:06	15:06	16:06
龙阳路站	07:00	07:30	10:00	11:00	12:00	12:30	13:00	14:00	15:00	16:00

往龙阳路方向	1	2	3	4	5	6	7	8	9
滴水湖站	10:00	11:00	12:00	13:00	14:00	15:00	16:00	17:00	17:20
临港大道站	10:03	11:03	—	13:03	14:03	15:03	16:03	17:03	—
惠南站	10:21	11:21	—	13:21	14:21	15:21	16:21	17:21	
新场站	10:29	11:29	—	13:29	14:29	15:29	16:29	17:29	
罗山路站	10:41	11:41	—	13:41	14:41	15:41	16:41	17:41	
龙阳路站	10:46(到达)	11:46(到达)	12:34(到达)	13:46(到达)	14:46(到达)	15:46(到达)	16:46(到达)	17:46(到达)	17:54(到达)

图 3-11　上海地铁 16 号线大站车、直达车运营时刻表

图片来源：上海地铁网站。

（2）重庆轨道交通环线 +4 号线：大站快车 + 跨线运行

实行轨道交通的互连互通，可以使得不同线路的列车通过联络线直接

运行到其他线路，乘客不用下车换乘，减少了换乘等待时间，从而满足多样化的出行需求。

2020 年 9 月 18 日起，重庆轨道交通环线、4 号线互连互通载客试运营。直快列车发车间隔为 30 分钟，停靠环线重庆图书馆站、沙坪坝站、冉家坝站、环线与 4 号线换乘站民安大道站以及 4 号线重庆北站北广场站、头塘站、唐家沱站共 7 个车站。直快列车从环线重庆图书馆站直接开行至 4 号线唐家沱站仅需 35 分钟，比普通班次列车节省约 11 分钟。

图 3-12　重庆轨道交通线网图

图片来源：重庆轨道交通网站。

（3）成都地铁 1 号线和 18 号线：站站停 + 大站快线并行

成都地铁 1 号线是成都市第一条建成运营的地铁线路，也是最为繁忙的中心城区地铁线路之一，最高单日线路客运量超过 100 万人次。

成都地铁 18 号线是服务于成都市区和成都天府国际机场之间的快线，其在设计上不仅能满足机场客流出行需要，而且也是满足天府大道廊道通勤客流需求，缓解城市南北发展轴交通拥挤情况，增强中心城区和天府新区联系，密切主城区与简阳市联系的主动脉。从天府机场到成都南站（远期规划穿城直达成都北站）采用大站距设置，列车最高运营速度达 160km/h。在成都市区范围内走向基本与 1 号线一致，能够发挥 1 号线的并行快线功能。

但是，这种模式的代价也是巨大的。成都地铁 18 号线工程以 PPP 建设模式实施，预估初始投资总额约人民币 347 亿元，成为目前全国城市轨道交通领域投资额最大的 PPP 项目。且 18 号线单线运行的模式，对于成都市主城区其他区域之间实现快速联系，无法发挥有效作用。需要继续推进各方向市域快线的建设，成本十分高昂。

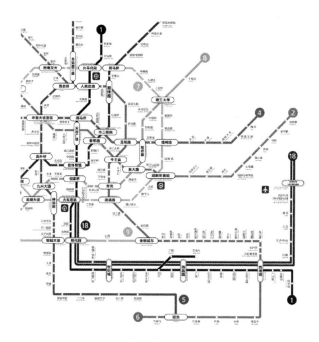

图 3-13　成都地铁 1 号线和 18 号线线路示意图

图片来源：成都地铁网站。

（三）都市圈轨道交通网络效益

1. 轨道交通与都市圈空间联动效应较弱

一是轨道交通线网与都市圈空间格局关联性不强。各层次轨道交通规划在选线时重点关注了规划对象的物理属性（如规模、布局、运行水平等），重视建设条件，导致选线较偏，轨道站场多为城市未开发区域，与居民区、办公区均相隔较远，交通联系不便利，难以吸引周边客流。这是当前都市圈轨道交通特别是城际铁路、市域（郊）铁路效益不好的主要原因。

出于节约投资成本和引导城市开发等原因考虑，当前规划新建的多数城际铁路、市域（郊）铁路在规划设计时均偏向选择在离城市中心较远的待开发区域设站，初衷是引导城市开发，但由于铁路建设与城市空间规划相脱节，当初的设想往往落空，既没有实现周边土地的开发，也导致该站点客流量很少。例如，成都市域铁路成灌线在规划初期未充分考虑与城市功能及用地的互动关系，都江堰段沿成灌高速公路敷设，导致线路与城市功能存在割裂；郫都区段沿老成灌路敷设，线路沿城市组团边缘经过，偏离城市发展中心，导致车站 500 米范围内新增用地仅占郫都区总新增用地的 3%（2018 年相比于 2014 年）。这些致使成灌铁路对沿线城市功能和用地开发带动作用小，交通功能与城市功能契合不足。

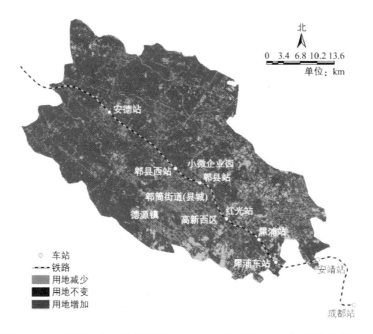

图 3-14　成灌线途经的郫都区 2018 年相对于 2014 年用地变化情况

图片来源：李星等（2020）。

二是铁路站场综合开发推进缓慢。近年来，随着《国务院关于改革铁路投融资体制加快推进铁路建设的意见》（国发〔2013〕33号）《国务院办公厅关于支持铁路建设实施土地综合开发的意见》（国办发〔2014〕37号）等政策文件的印发，各地正在积极探索围绕铁路站场及周边用地的综合开发，出现了一些优秀的综合开发案例，如成渝高铁重庆沙坪坝站、穗莞深城际铁路新塘南站等。但是，总体上看，由于对铁路综合开发和弥补建设运营亏损的认识不统一、政策落地实施机制缺失，城际铁路、市域（郊）铁路投资主体和地方政府都想利用铁路建设契机掌握土地开发的主导权，双方利益难以调和，导致铁路建设过程中地方政府配套不积极，没有形成推动建设的合力。2012年1月，广东省政府印发《关于完善珠三角城际轨道交通沿线土地综合开发机制的意见》，原则之一是"利益共享，补亏为主"，即土地综合开发的净收益按补亏责任由各有关方共享，并应首先用于弥补城际轨道交通项目建设及运营的资金缺口。尤其是在实际执行过程中，运营补亏已经成为轨道交通沿线土地综合开发的核心要义，这就很难激发地方政府的积极性。

上海市郊铁路金山线，于2012年9月正式开通运营，全长56.4公里，设9个车站，将上海市徐汇区、闵行区、松江区和金山区串联起来，设计最高时速160km/h，目前日开行市郊列车37对。这条目前我国最为成功的利用既有线开行市郊列车的线路，日均客流量也只有3万余人次。对比2005年开通运营的线路长度相似的东京筑波快线，2014年5月日均客流量已达到33万人次。

图 3-15　2009 年金山卫站（改建前）　图 3-16　2017 年金山卫站周边卫星图
　　　　　周边卫星图

图片来源：谷歌地球卫星图片。

图 3-17　金山铁路亭林站周边卫星图

图片来源：谷歌地球卫星图片。

　　三是 TOD 综合开发单点效应较为明显，缺乏宏观中观层面的协调。现有综合开发案例也表明，目前各地关注的重点仍然是围绕具体线路的微观枢纽进行综合开发，较少从宏观布局上考虑轨道交通站场综合开发与城市整体用地协调、综合开发与轨道交通运营相互促进等关系，也较少从中观层面考虑开发场站与所在城市组团片区的区域一体化设计和以慢行交通为主导的交通关系，难以支撑和真正形成以轨道交通为导向的城市发展模式。以穗莞深城际铁路新塘南站为例，该站是广东省政府确定的第一批 TOD 综合开发规划站点之一，同时新塘南站城市综合体项目也是规划中的广州东部交通枢纽核心区启动项目，是目前国内比较典型的场站综合体开发建设项目。为做好新塘南站土地综合开发工作，城际项目建设业主在车站规划设计、融合地方城市功能需求、土地集约利用及项目开发运作方面做了大量的开拓性工作，为成功实施珠三角城际轨道红线内土地 TOD 综合开发积累了一定的经验。但审视新塘南站在粤港澳大湾区的宏观区位时不难发现，该站在综合开发时没有很好地整合近在咫尺、年客运量超过 8000 万人次的广深城际铁路线路资源，使得该站在整个区域的优势地位发挥不理想，难以形成客流聚集的枢纽地位，最终也将反过来影响综合开发的效益。

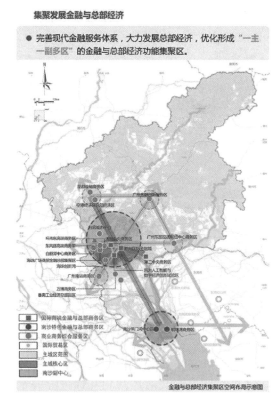

图 3-18　广州市金融与总部经济集聚区空间布局示意图

图片来源：《广州市国土空间总体规划（2018—2035 年）（草案公示）》。

图 3-19　穗莞深城际新塘南站布局示意图

图片来源：作者在百度地图基础上制作。

图 3-20　穗莞深城际新塘南站设计效果图

图片来源：广东珠三角城际轨道交通有限公司提供。

2. 既有与新建难以有效统筹

一方面，既有资源利用不足，大量核心资源未高效利用。基于普速铁路通道对既有线的扩能改造和平行建设新线，能够最大限度利用既有资源，相比完全新建模式，大幅减少征拆工作和投资成本。此外，铁路通道布局的特性也将使沿线及各车站的土地价值得到最大化的提升，有利于土地综合开发，打造形成都市圈核心增长极。但是，目前我国国铁占据都市圈中心城市的大量核心资源没有得到高效利用。以京秦线（北京站至北京东站区段）为例，该区段位于北京长安街南侧，直线距离国贸中央商务区仅2公里，短短5公里布设了两个铁路客站、北京机务段、铁路职工宿舍等，用地较为粗放，在北京主城区二环与三环之间形成了巨大的铁路用地"割裂带"。对比同样位于都市圈核心区的东京站及其沿线，实现了城市中心土地资源的集约高效利用。

图3-21　位于长安街南侧的京哈铁路线（北京站至北京东站段）
既有用地资源情况

图片来源：谷歌地球卫星图片。

图3-22　北京东站周边用地情况

图片来源：谷歌地球卫星图片。

图 3-23 位于东京都市圈核心区域的东京站周边用地情况

图片来源：谷歌地球卫星图片。

另一方面，完全新建市域快线面临进入中心难、投资成本高、难以互连互通等问题。现阶段多数市域快线仅设计接入中心城区地铁网末端，主要是由于市域快线的规划建设总体滞后于中心城区地铁成网的黄金期，市域快线向中心城区推进将面临高额拆迁成本和大量的征拆协调工作，推进十分不易。例如，北京大兴机场线原本设计有贯穿市区段的轨道快线，后因实施难度太大终止于草桥；广州地铁 14 号线二期工程南延至中心城区 11.7 公里的投资总额就高达 104 亿元，且只能单点接入广州站，实现市域快线在核心区之间的互连互通更是难上加难。

3. 财务可持续性不足

客流量是支撑都市圈轨道交通健康运营的基础条件和决定性因素，城市轨道交通市域线总体客流量较好，但多数新建的城际铁路、市域（郊）铁路和利用既有铁路开行市郊列车的线路客流量较差。例如，武汉都市圈正在运营的四条城际铁路，日均客流量均不足 2 万人次。而利用厦深铁路富余能力开行的深圳至坪山市郊列车，深圳市政府每年需要支付 6000 万元的补贴，而坪山线的日均客流量仅为 5000 人次，相当于每人次补贴 34 元，补贴标准远高于地铁和地面公交等城市公共交通。

三、经验借鉴：东京都市圈轨道交通发展历程及特点

我国都市圈人口密度大、土地资源有限，与日本国情较为相似，东京都市圈发展经验是我国都市圈发展的最佳借鉴案例。东京都市圈拥有高铁、普铁、JR 市郊铁路、民营市郊轨道、中心地区地铁等多层次轨道网，在网络和运力规模上，民营市郊轨道和 JR 市郊铁路是东京都市圈市郊铁路的主体，日均客运量均分别达 1500 万人次。了解民营市郊轨道和 JR 市郊铁路（原国铁系统）服务都市圈通勤交通的发展历程，对于我国推动都市圈轨道交通高质量发展具有重要意义。

（一）民营市郊轨道的市场化发展模式

1. 形成以大城市为中心的市郊运输经营格局

自 1906 年日本政府实行铁路国有化政策后，地方公共团体和私人的铁路运输事业只能在本地区进行。而自 20 世纪初，东京城市人口已经开始出现过密发展的趋势，受欧美田园城市规划的影响，即通过在中心城周边建设卫星城的思路，田园城市株式会社等民营城市开发和铁路建设的市场主体纷纷成立。"二战"后，由于汽车的普及，地方的中小民营铁路公司经营环境日趋严峻，甚至出现线路废止或转而经营巴士的现象。相比之下，以大城市周边为经营基础，展开通勤、通学运输经营活动的民营铁路公司情况要好得多，区域内稠密的居住人口和企业密集的经济活动，成为其维持正常经营的基本条件。20 世纪 60~70 年代，日本经济高速增长，与此同时，人口与产业向大城市集聚效应越发明显，为适应大量人口通勤、通学和出行需要，各大民营铁路公司不断增加投资，开设新的城市与郊区、中心城市与周边卫星城市之间的铁路线路，扩大经营规模。至今，民营铁路已经成为东京都市圈市郊铁路系统的重要组成部分。

2. 多元化经营与铁路发展相互促进，形成都市圈轨道交通 TOD 发展局面

民营市郊轨道公司除铁路运输外，通常还以铁路沿线为依托，进行沿线的房地产开发，这些市场化的经营主体一方面通过多元化功能的配置聚

集人流，为铁路建设筹集资金；另一方面，继续投资完善铁路，提高相关经营项目的吸引力。东急电铁、西武铁道等大型民营市郊轨道公司广泛的多元化经营涵盖商业住宅区、宾馆、购物区、餐饮区以及旅游观光、娱乐休闲等相关联产业。这些民营市郊轨道公司还通过"学园引进"等举措，积极促使大学、医院、运动场、动物园、娱乐设施等沿铁道沿线迁移，增加了交通需求的多样性，也对卫星城的职住平衡的田园城市事业起到了重要推动作用。与此同时，这些民营市郊轨道公司也承担了许多城市公共基础设施的建设，成为现代日本城市交通及综合开发建设中的重要力量。

图 3-24　涩谷区域整体鸟瞰图　　　图 3-25　涩谷区域改造工程现场

图 3-26　2027 年的涩谷站周围地区 ①　　图 3-27　涩谷区域改造计划透视图
　　　　　　　　　　　　　　　　　　　　　　（2027 年完工时）

图片来源：网络图片。

———————

① 1.涩谷之光；2.涩谷站街区；3.涩谷溪大厦；4.涩谷站樱丘口地区；5.蔚蓝塔；6.道玄坂一丁目站前地区；7.涩谷标记；8.全向十字路口。

东急电铁公司是多元化经营与铁路发展相互促进的典型案例。从 20 世纪 20 年代东横线列车通到涩谷开始，东急公司就开始对涩谷站周围进行大规模的开发。至 50 年代，短短几十年，涩谷成为"东急之街"开始迅速崛起。90 年代，涩谷再一次拉开 TOD 开发序幕，新建的城市综合体"涩谷标记"贯通了办公、酒店、娱乐设施、铁路车站、地铁车站等，构成了涩谷城市的新活力空间。2005 年，涩谷站周边被日本政府选定为特定城市更新紧急强化区，允许进一步放宽容积率限制进行更高强度的开发。2012 年，东急公司在东急文化馆原址新建起"涩谷之光"城市综合体。目前，东急公司、JR 东日本和东京地铁共同合作，正在推进涩谷站城一体化建设进一步扩展到附近的 4 个街区，计划建设 8 座高度 100 米以上的高层建筑，总建筑面积近 100 万平方米，并在地下新建东口广场，将位于高层的 JR 线、东京 Metro 银座线、京王井之头线的站台，与位于地下的东急东横线、田园都市线、东京 Metro 半藏门线、副都心线的站台连为一体。不断更新提质的城市活力中心，又为轨道运营提供了持续不断的客源。

（二）日本国铁转型服务都市圈市郊运输

20 世纪 60 年代以来，日本铁路围绕东京都市圈开展了一系列实现主要通道多复线化的重大投资建设工程，对于塑造形成"轨道上的都市圈"发挥了关键性作用，同时国铁通过自身改革也进入了转型发展的新时期。

1. 东京城市发展的背景问题

20 世纪 60 年代前后，日本东京所处的城镇化发展阶段，无论是人口集中规模、城市蔓延范围，还是交通拥堵状况，都与当前我国北京、上海等超大特大城市面临的问题相类似。

一是经济高速发展和人口大量集聚导致城市快速蔓延。"二战"后东京开始重建，工业投资快速增加，企业不断发展壮大，劳动人口大量聚集。20 世纪 50 年代前后，东京都心人口迅速恢复，各种中枢功能重新集聚。1955 年后，都心人口增长放缓并有减少趋势，10~30 公里圈层成为人口增长重心，人口向东京区部其他地区和外围蔓延。1965 年，东京都市圈人口集中地区总人口约 1565 万人，面积约 1251 平方公里。

二是轨道交通常态化超饱和运营。随着经济的持续增长和城市的不断蔓延，东京地区职住分离逐渐加剧，向心通勤交通量剧增。东京地区铁路山手环线、与核心区相连的放射状铁路以及区部的地铁、有轨电车线路通过不断压缩列车间隔时间或增加车辆数等办法强化运输能力，但高峰时段极端超员和混乱现象日益突出，大量客流集中在铁路山手环线枢纽换乘拥挤不堪，亟待构建快进快出、换乘便利、能力匹配的都市圈轨道交通系统。

三是以控制人口增长和城市扩张为重点的传统城市规划思路难以适应市场经济发展规律。为合理控制城市规模、指导区域发展，1958 年 7 月，日本政府编制了《第一次首都圈基本计划》，重点在于限制城市建成区的扩张和人口的持续增长，遏制城市的无序蔓延。但是，该规划实施效果不尽理想，在市场经济规律的主导下，东京城市持续蔓延式发展，1962 年日本政府被迫将该基本计划的人口规模控制目标由 2660 万人提升至 2820 万人。

2. 以"五方面作战"为代表的市郊铁路系列重大工程实施

面对日益增长的都市圈通勤运输需求，日本国铁把握发展契机，自 20 世纪 60 年代中期开始，实施了一系列重要的投资建设工程，成功实现了普速铁路为都市圈通勤运输服务的转型。

一是推进既有干线铁路通道多复线化，塑造都市圈主要客流走廊。鉴于单一轨道线路运能往往不足以支撑都市圈主要方向上巨大的通勤客流，1965 年，日本国铁推出预算高达 3 万亿日元、用于大幅提升营运效率的"五方面作战计划"，将五条主要放射铁路轨道（东海道本线、中央本线、东北本线、常磐线及总武本线）在都市圈范围内的区段进行双复线化或多复线化，以充分挖掘这些最重要铁路通道的运输能力。该建设工程前后实施了 15 年，于 1980 年基本完成，共修建复线 360 公里，市郊铁路在东京都市圈路网格局中的主体地位据此得以确立。

实际上，铁路多复线化的相关建设工程一直没有停止，只要某一区段成为铁路运输瓶颈之后，日本铁路均会积极行动，推动该区段铁路由复线变为双复线以至高架化或地下化的多复线。例如，2002 年，JR 东日本提出实施"东北纵贯线计划"（现为上野东京线），即利用该区间新干线的上层建造高架桥，合理利用原本就紧张的空间。线路于 2008 年 5 月开始兴建，2015 年 3 月建成运行。随着该计划的实施，宇都宫线、常磐线、高崎线均可向南延伸至东京站，可以进一步加强与东海道线之间的联系交流，也减小了京滨东北线、山手环线在该区段上的运输压力。

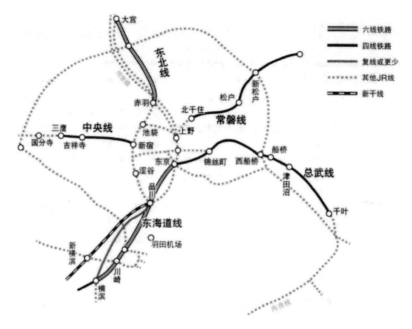

图 3-28　日本国铁的"五方面作战"示意图

图片来源：荣朝和等（2020）。

　　二是通过新建新干线高速铁路和都市圈货运铁路的方式推动实现客货分开，优先使用占据核心通道资源的既有普速铁路服务都市圈通勤。以西南方向进出东京为例，1964 年，东海道新干线建成通车，与此同时，东海道货物线（品鹤线）开始建设，并于 20 世纪 70 年代基本确立了新干线承担中长途旅客运输、品鹤线承担货运、既有东海道本线主要用于都市圈市郊通勤旅客运输的客货分流模式。后由于东海道线与横须贺线从大船站至东京站采取共线运营模式，东海道本线品川至鹤见段成为瓶颈区段，致使铁路运营班次严重饱和，日本铁路决定将两条线路进行分拆，把横须贺线列车迁移至经过客运化改造的品鹤线。1973 年至 1979 年，新的东海道货物线陆续开通，开始承担原本行驶在品鹤线上的货运列车业务。

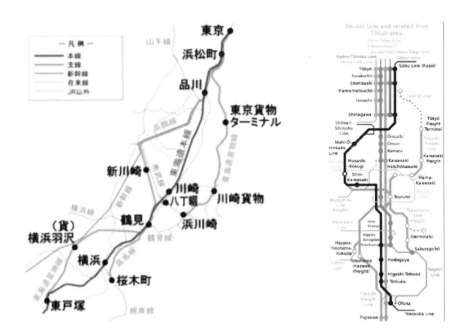

图 3-29　东海道本线和东海道货物线的线路示意图

图片来源：https://en.wikipedia.org/wiki/T%C5%8Dkaid%C5%8D_Freight_Line。

（三）东京都市圈轨道交通"多网融合"效果特点

经过多年建设发展，东京都市圈现已拥有高铁、JR 市郊铁路（即基于原国铁系统建设的市郊铁路）、民营市郊轨道、地铁等多层次轨道网，不同轨道网络充分发挥各自技术经济特点和比较优势，探索出了一条适合东京都市圈特点的"多网融合"发展之路。

表 3-3   东京都市圈主要轨道交通客运量数据（2017 年）

经营主体	日均客运量（人次）	年客运量（人次）
JR 东日本	16359962	5971386130
东京地下铁	7422095	2709064675
东急电铁	3171660	1157655900
都营地下铁	3128718	1141982070
东武铁道	2522067	920554455
小田急电铁	2069383	755324795
京王电铁	1851364	675747860
西武铁道	1804521	658650165
京滨急行电铁	1316499	480522135
京成电铁	786063	286912995
相模铁道	634899	231738135
合计	41067231	14989539315

资料来源：https://en.wikipedia.org/wiki/Transport_in_Greater_Tokyo。

1. 地铁线路之间保持独立运行

东京区部的地铁系统由东京地下铁和都营地下铁两家公司经营，现共有 13 条线，285 个地铁车站，站间距 1 公里左右，单条线路长度多在 15~30 公里，基本位于中心城区 10~15 公里范围以内。东京都市圈人口密度高，客运强度大的特点，决定了中心城区地铁运输能力的紧张，因此东京地铁线路之间始终保持独立运行，没有像纽约等一些欧美国家城市发展地铁线路之间的跨线运营，从而能够最大限度发挥线路运能，满足核心区出行需求。这也使得东京地铁以 304 公里的里程完成了近 1100 万人次的日均客运量，运输效率是我国北京、上海地铁的近两倍。

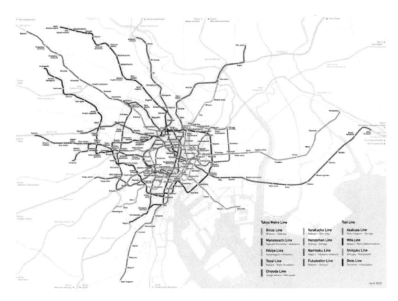

图 3-30　东京中心城区地铁线路示意图

图片来源：https://en.wikipedia.org/wiki/Tokyo_subway。

2.JR 市郊铁路实现郊区与中心的直通运输

JR 市郊铁路最显著的特点是实现郊区旅客与中心城区各主要核心区间的直通运输。"五方面作战"后，一系列铁路线均先后实现了在东京市区与山手环线共用铁路环线通道，构建起了都市圈郊区旅客直达中心城区各主要核心区的运输通道，最大限度减少了市郊与城市客流的换乘。以都市圈副中心城市横滨至东京区部的通勤运输为例，目前该区间共有 4 条市郊铁路线路连接，其中通过东海道线、横须贺线可直达品川、东京站，通过京滨东北线可直达品川、东京站、上野，通过湘南新宿线可直达新宿、涩谷、大琦等城市中心。这些线路在初期通过跨线运营，实现直达运输，最大限度便利了乘客，而当瓶颈路段严重饱和后，又通过复线建设、货运外迁等方式，进一步扩充运能，保障各条线路的高密度发车。山手铁路环形通道已成为世界上并行线路最多、列车运行密度最高、旅客运输量最大的都市圈客运走廊，部分区间并行铁路线达 8 条以上，日均列车通过量达1000~2000 列以上。

图 3-31   东京—上野间四条复线

图片来源：武剑红等（2017）。

表 3-4   东京都市圈与北京都市圈"站到站"出行时效对比

情景	都市圈	起讫点	距离（公里）	公共交通方案	换乘次数	旅行时间
主城区内出行	东京	新宿站—东京站	10	地铁大江户线或丸之内线	0	22 分钟
	北京	中关村地铁站—阜成门地铁站	10	地铁 4 号线转 2 号线	1	25 分钟
近郊通勤	东京	大宫站—新宿站	30	JR 埼京线、湘南新宿线	0	32 分钟
		大宫站—东京站	35	JR 上野东京线	0	36 分钟
	北京	长阳站—阜成门地铁站	30	地铁房山线转 9 号线转 1 号线转 2 号线	3	1 小时 4 分钟
		长阳站—中关村地铁站	35	地铁房山线转 9 号线转 4 号线	2	1 小时 1 分钟
远郊通勤	东京	熊谷站—新宿站	70	JR 湘南新宿线	0	1 小时 17 分钟
		熊谷站—东京站	80	JR 高崎线 – 上野东京线直通	0	1 小时 14 分钟

情景	都市圈	起讫点	距离（公里）	公共交通方案	换乘次数	旅行时间
远郊通勤	北京	固安站—阜成门地铁站	60	公交固安 3 路转 828 路转地铁 14 号线转地铁 4 号线大兴线转地铁 2 号线	4	2 小时 47 分钟
		固安站—中关村地铁站	75	公交固安专线转地铁 4 号线大兴线	1	3 小时 2 分钟
城际出行	东京	高崎站—新宿站	105	上越新干线转埼京线	1	1 小时 14 分钟
		高崎站—东京站	120	北陆新干线	0	50 分钟
	北京	天津站—阜成门地铁站	130	京津城际转地铁 4 号线转地铁 2 号线	2	1 小时 50 分钟
		天津站—中关村地铁站	140	京津城际转地铁 4 号线	1	2 小时 6 分钟

资料来源：作者根据谷歌地图、百度地图提供的出行方案制作。

3. 民营市郊轨道与地铁贯通运营

除利用原国铁改造建成的市郊铁路系统外，民营市郊轨道在东京都市圈轨道交通网络格局中也扮演了重要角色。由于 20 世纪初日本政府推行的干线铁道国有化政策，民营市郊轨道公司主要围绕大城市周边开展区域性经营活动，类似于我国现阶段以地方为主导建设的市域（郊）快轨。东急、东武、西武、京王、京成、小田急等民营市郊轨道公司均以市场化为导向，结合东京外围房地产开发项目建设，建设了多条都市圈放射性铁路，辐射范围多为 30~80 公里，设计速度目标值多为 100~120km/h，且均开行了多样化运营速度等级列车（一站直达、大站快车、站站停等）。20 世纪 60 年代，鉴于这些放射性铁路线路的大量客流在山手线换乘造成枢纽拥挤不堪的现实问题，日本政府决定大规模建设东京区部地铁时，即明确要求新建的地铁线路与郊外放射线路必须保持统一制式，实现贯通运营，减少换乘。

图 3-32　东京都市圈不同的轨道交通运营主体

图片来源：https://en.wikipedia.org/wiki/Transport_in_Greater_Tokyo。

（四）东京都市圈轨道交通发展的经验总结

1. 既有普速铁路资源能够在都市圈通勤运输中发挥重要作用

都市圈对日常通勤的快速化、便捷化要求高，单程通勤时间是衡量都市圈健康程度的核心指标。为最大限度减少通勤时间，除提高列车运行速度外，列车到达都市圈中心城区后的运输组织方式也对整体通勤时间有很大影响，应尽量减少大客流在中心城区的集中式换乘，最佳模式就是实现郊区旅客与中心城区各主要核心区间的直达运输。基于普速铁路通道资源对既有线进行扩能改造和平行建设新线，特别是通过建设多复线化的中心城区铁路环线，能够实现各方向列车之间的跨线直通运行，最大限度减少不必要的换乘，显著提高都市圈中心城区的运输效率。目前，东京都市圈基于原国铁的市郊铁路系统日均客运量达到 1500 万人次，都市圈的通勤范围已从"五方面作战"之前的 20~30 公里扩大到 50~80 公里，平均单程通勤时间为 68.7 分钟。

此外，市郊运输也是铁路转型发展必须抓住的重点领域，能够成为铁路企业的主要盈利领域。JR 东日本在东京都市圈的普速既有线上基本没有长途客运，运能几乎全部用于市郊通勤，以占路网总里程 40% 的线路，完成了公司 80% 左右的旅客周转量。从 JR 东日本的盈利能力上看，运输业是其收入与利润的主要来源，占比约为三分之二，而在铁路运输收入中，东京都市圈市郊铁路收入占比即达到三分之二。JR 东日本公司的市郊铁路年客运量达 50 亿人次，对比我国 2019 年国家铁路全国范围内的旅客发送量为 35.79 亿人次。

(単位:億円)	2019.3	2020.3		2020.3/2019.3	
	実績	実績	[1月計画]	増減	(%)
営業収益	30,020	29,466	[30,410]	△554	98.2
運輸事業	20,381	19,945		△436	97.9
流通・サービス事業	5,218	5,020		△198	96.2
不動産・ホテル事業	3,490	3,485		△4	99.9
その他	929	1,015		+85	109.2
営業利益	4,848	3,808	[4,590]	△1,040	78.5
運輸事業	3,419	2,505		△913	73.3
流通・サービス事業	392	343		△48	87.7
不動産・ホテル事業	814	746		△68	91.6
その他	238	238		+0	100.3
調整額	△15	△26		△10	168.5
経常利益	4,432	3,395	[4,180]	△1,037	76.6
親会社株主に帰属する当期純利益	2,952	1,984	[2,650]	△967	67.2

图 3-33　JR 东日本 2018 和 2019 财年的财务情况

图片来源：JR 东日本网站。

2. 国铁服务都市圈的战略转型较为及时

"二战"后，由于私人小汽车开始普及，东京市郊铁路一度发展较慢。但随着经济复苏和小汽车快速进入家庭，人口与产业向东京都市圈集聚效应越发明显。到 20 世纪 60 年代，东京城市中心周边 30 公里范围内人口密度超过 1 万人 / 平方公里，地面交通拥堵、轨道交通异常拥挤等城市病问题越发突出，与当前我国北京等大城市面临的问题相类似。

20 世纪 60 年代中期,日本国铁领导层发生更换,发展战略重点转变为为都市圈市郊通勤服务。1955 年被任命为日本国有铁道总裁十河信二,战略重点是发展高速铁路,筹划建成了世界上第一条高速铁路——从东京到大阪的东海道新干线,1964 年 10 月 1 日通车。因为新干线庞大的投资,日本国铁在 1964 年第一次出现了运营亏损,达到 300 亿日元。十河信二因不诚信等原因,1963 年 5 月被辞退。原副总裁石田礼助升任总裁,调整了建设重点,在东京都市圈内开始为通勤出行服务。石田礼助在《充实的 6 年 3 个月》一文中提到,"当时(十河信二执政时),我对国铁向上班对策注入巨额资金持消极意见。在国铁的投资计划中,干线重点运输成为国铁一贯的大方针,关于通勤对策只停留在比较小规模的投资上。所以,关于现在的上下班地狱,我也有很大的责任。现在就任总裁,亲眼看到新宿和池袋的拥挤,深深地感到了自己的不明。如果放任不管,就会变得很糟糕。无论如何都要马上采取措施"。在石田礼助的推动下,日本国铁战略调整,具体举措是在国铁"一环五射"铁路网基础上,启动了通勤"五方面作战"计划,即在五个放射性铁路通道内,大规模建设双复线甚至多复线的市郊铁路,以满足都市圈出行需求、缓解地面交通拥堵,同时实现了长短途分开、客货分开。

3. 充分发挥以经济效益为中心的市场体制和以竞争为核心的市场机制作用

（1）建立以经济效益为中心的市场体制

日本国铁长期垄断着全国的干线铁路运输,但自 1964 年首次出现亏损后一蹶不振,赤字年年攀升。到 1986 年,累计亏损额已高达 15.5 万亿日元,并背上 37.5 万亿日元的长期债务。国铁经营绩效不理想有多方面原因,诸如经营体制上产权不明晰,所有权和经营权无法分离制约了企业的自主决策;经营方式上单一的铁路运输事业无法实现关联经济的发展并享受其利益;企业管理上人浮于事,员工中普遍存在服务意识差、消极怠工现象等。相比之下,民营市郊轨道公司没有国家的特殊保护政策,其生存和发展完全依据市场竞争原理。因此,民营市郊轨道公司选择了铁路主业与其他经营相互依赖、相互促进的发展模式,这也增强了企业获取收益的能力,拓展了企业生存发展空间，同时也增强了公共事业投资的可持续性，是公共事业与经济发展的良性循环。

1986年，《日本国有铁路改革法案》通过。1987年，日本国铁解体，新成立的法人企、事业团体共有11个，分别为6家客运股份公司、1家货运股份公司、新干线铁路保有机构、铁路通信股份公司、铁路信息系统股份公司以及铁路综合技术研究所。国铁所属铁路运输基础设施和土地、房屋等不动产等国有资产，由新成立的法人企、事业团体继承。对外投资从原来政府严格限定在与运输业务相关的领域转变为没有任何限制。

改制后的新公司，一方面逐步出售国有股份而民营化，由原来的特殊法人经营的公共企业体转变为国家参股的股份公司；另一方面，与其他一般企业一样，确立了以利润最大化为原则的市场主体地位。各公司运用股份制企业的经营机制，将经营者、劳动者的利益与企业的经营效益挂起了钩，以增收、增益为目标，极大调动了改善运输服务进行竞争和进行土地开发等多元化经营的积极性。各公司充分、有效地利用继承资产并竭力减少成本投入，最终成功地偿还所有由国铁继承的长期债务。其中，JR东日本企业经营业绩良好并在1993年实现股票上市，2002年政府将所持有的全部股份出售。

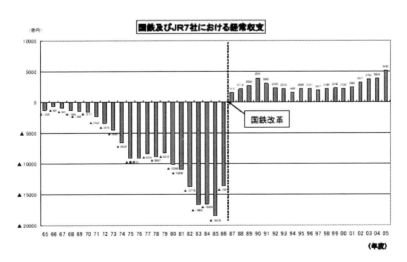

图 3-34　日本国铁财务状况变化

资料来源：日本国土交通省。

表 3-5　中国国铁集团与日本相关铁路公司的经营效益对比

	年份	净利润	资产	资产收益率	负债	负债率
中国国铁集团（百万元）	2019	2524	8314963	0.030%	5485922	66.0%
	2018	2045	8002339	0.026%	5213379	65.1%
	2017	1819	7648387	0.024%	4987850	65.2%
JR 东日本（百万日元）	2019	198488	8537059	2.325%	5363632	62.9%
	2018	297324	8359676	3.557%	5265297	63.0%
	2017	291489	8147676	3.578%	5263124	64.6%
	2016	243347	7379373	3.298%	5235761	71.0%
	2010	59434	7042899	0.844%	5208344	74.0%
	2005	157574	6821583	2.310%	5439202	79.7%
	2000	69173	7247088	0.954%	6294498	86.9%
东急电铁公司（百万日元）	2019	68760	2537196	2.710%	1727581	68.1%
	2018	81971	2412876	3.397%	1616711	67.0%
	2017	82918	2264636	3.661%	1517587	67.0%
	2016	77974	2148605	3.629%	1470223	68.4%
	2010	57119	1955077	2.922%	1538512	78.7%
	2005	85654	2021268	4.238%	1716419	84.9%

资料来源：根据三家公司年度财务报表数据整理。

（2）建立以市场竞争为中心的市场机制

实际上，日本民营轨道公司的经营成功是促进国铁转型的重要推动力量。民营市郊轨道公司经过不懈的努力与发展，已经获得了快速成长。1972 年，以东急电铁为核心，形成了包括交通、土地开发、休闲观光、流通、制造业和文化产业，计 7 个法人 66 家公司的大型企业集团。而日本国铁到 1987 年，累计债务已达到 37.5 万亿日元，国铁无力筹措足够的资金还本付息，迫使国铁不得不改革。在铁路运输主业方面，各 JR 公司增加投资，开发新技术、新车型投入运营。同时调整车辆的运行时间，增加车次，努力提高服务水平和服务质量，与大型私营铁路企业展开了激烈的竞争。其他事业方面，各公司充分利用尚未有效利用的闲置资源，通过合理配置资源，获取经济效益，商业零售、地产开发等业务逐步开始贡献公司业绩。

2017 年，JR 东日本运输收入占总收入的比重已经降至 70% 以下，而零售与服务、房地产及其他多种经营收入的比重已占到 31%，虽然与私营东京急行电铁公司占到 65% 的多种经营收入比重相比还有一定差距，但转型效果已相当显著。

表 3-6　2017 年 JR 东日本及东急电铁公司的收益比例

公　司	JR 东日本	东急电铁
运输收入	69%	35%
零售与服务收入	17%	19%
房地产收入	11%	39%
其他收入	3%	7%
合　计	100%	100%

资料来源：根据两家公司年度财务报表数据整理。

4. 政策法规支持营造良性发展格局

法规层面，1886 年，随着《私设铁路条例》的颁布，日本民营铁路事业在法律的保护下进入大发展时期。1919 年，日本颁布《地方铁道法》，1948 年颁布《日本国有铁道法》，确立了国有国营、公有公营或私有私营的铁路运输事业体制。1986 年，《铁道事业法》颁布实施，第二年，日本国铁完成民营化改制，由此将铁路事业一律置于公平竞争的市场环境之下。

在财政、金融、税制等方面，日本政府也对民营铁路的发展提供了大量支持。1953 年，颁布《地方铁轨道整备法》后，日本政府加大了对地方民营铁路的补贴扶持力度，采取了有利于促进民营铁路投资的税制，日本开发银行还加大了对大型民营铁路公司的融资。为改善都市圈的通勤、通学运输状况，1964 年，日本政府又成立日本铁道建设公团进行民铁线的建设或大改造，工程完成后再以长期低息分期付款的方式让渡给各大民营铁路公司，推进了需要巨额投入的都市圈民营市郊轨道的四线化工程、高架工程及地铁工程建设。

特别是在规划政策方面，1968 年日本政府编制的《第二次首都圈规划》，放弃了之前实施效果不佳的理想空间形态，转向大力倡导通过轨道交通引导土地开发，这一模式既能够合理平衡基础设施高额投资与土地开发收益，又能够避免城市空间无序蔓延带来的诸多问题。1982 年，中曾根康弘就任日本首相，启动了放松管制、刺激经济、促进市场发展的一系列举措，而都市再开发政策则是其政策的重点领域之一，允许私有部门参与日本都市中心区的规划和开发，并于 1988 年将此政策写入更新法。自此开始，铁路山手环线范围内增加了地块的建筑高度上限和容积率上限，并允许土地所有者将其未使用的容积率，通过开发权转移方式，出售给其他土地所有者或开发商。另外，在限建区内增加了允许建设项目类型，同时还规定限建区内如果能够提供合理的开发规划，也可以转变为建设区。在相关规划政策的引导下，相关铁路建设主体围绕山手环线主要站点建立了上野、池袋、新宿、涩谷、大崎、锦丝町等城市副中心。

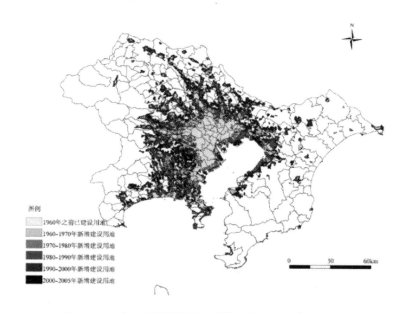

图 3-35　东京都市圈历年新增建设用地分布示意图

图片来源：张磊（2019）。

四、发展思路：推动都市圈轨道交通高质量发展

（一）国情特点：国情不同，哪些能学，哪些不能学？

要制定符合我国发展实际的都市圈轨道交通规划，既要充分借鉴国外发达国家相关都市圈轨道交通高质量发展的经验，又必须深刻认识我国国情。凌小静等（2020）在《对推进轨道交通"四网融合"发展的思考》一文中提出，我国都市圈多层次轨道交通发展的基础与国外发达国家和地区存在较大差异，主要包括发展路径差异、空间格局差异、客流需求差异、管理模式差异四个方面。本节首先讨论这些差异对我国都市圈轨道交通发展思路的影响。

1. 如何认识发展路径差异

国外发达国家城市多是先有相对完善的铁路系统再发展中心城区轨道交通，铁路建设较为超前，与郊区城市空间拓展较为同步，构建大量放射状交通走廊，且铁路车站深入城市核心区，形成可为都市圈层面服务的市郊快线系统。

评价：发达国家城镇化快速发展阶段较早，同时期公路特别是高速公路尚未成为主导交通方式，许多城镇都沿铁路车站而建，因此铁路与城镇化发展较为协调，形成了放射状的都市圈空间结构。我国城镇化起步较晚，大规模发展始于20世纪80—90年代，同时也是公路大发展的阶段，于是形成了城市沿公路"摊大饼"的形态。而城市形态一旦形成，很难在短时间内予以扭转。

因此，要打造轨道上的都市圈，形成以轨道交通为主导的都市圈空间发展模式，就必须要选择那些还有空间开发潜力的都市圈，即以超大特大城市和部分功能带动作用强的大城市为中心的都市圈，通过枢纽场站、新城新区与轨道交通的同步开发建设，逐步引导形成更加合理的都市圈空间形态。对于一般大城市和中小城市，虽然国外很多城市也形成了以铁路为骨干的都市圈（如英国的大格拉斯哥地区，面积492平方公里，人口165

万，拥有市郊铁路车站 180 个，市郊铁路年客运量 6200 万人），但我国不具备学习条件，因为现有的土地城镇化模式已经能够容纳新增人口，一般大城市和中小城市在空间上没有进一步开发的需要。

2. 如何认识空间格局差异

国外发达国家城市行政辖区面积相对较小，都市圈通常包含周边若干中小城市；而我国城市行政辖区面积较大，不少城市市域范围已相当于都市圈空间尺度。但都市圈通勤圈空间范围受出行时空限制，有其客观规律，不宜过于放大，一般不超过 50 公里半径。国外发达国家城市就业岗位通常集中在 20~50 平方公里的核心区，轨道交通线网密度高达 2~4 公里/平方公里；城市中心城区空间范围一般在 10~15 公里半径，城区地铁线网规模一般控制在 200~400 公里，线路平均长度通常不超过 30 公里。

评价：我国城市虽然市域范围较大，但市域范围内也分层级，一般分为中心城区和郊区县，而中心城区是传统城市规划的范围，可进一步细分为主城区和近郊组团。因此，总体而言，我国城市的实际空间格局和国外城市差别不大，就业岗位集中于主城区内部，主城区的空间范围一般也为 10~15 公里，如北京市五环路以内，上海外环路以内范围。但是，确实需要认识到，我国城市中心城区的空间格局和作为一级政府的城市行政辖区是不相匹配的，城市行政辖区通常还包括许多县域。因此，在规划都市圈圈层时，有必要打破以城市行政边界划分的惯性，尽可能将区域分区做小做细，最好以街道、乡镇为尺度单元，精细化都市圈的空间层次划分。

3. 如何认识客流需求差异

国外发达国家成熟都市圈多围绕中心城市更加集聚，周边城市规模较小，中长距离的城际出行需求明显低于国内，如 JR 西日本经营的 813 公里新干线日均客流约 24 万人次，而 300 公里的沪宁城际铁路 2014 年日均客流已突破 30 万人次；且铁路承担货运的比例相对较低，大量铁路资源可用于服务都市圈内出行，如日本全国铁路年运送货物仅 3094 万吨，而江苏省就达 5972 万吨。而国内特大城市周边仍有较多大、中城市，城际出行需求旺盛，铁路主要服务于中长距离出行，为都市圈服务的铁路系统较为欠缺。

国内特大城市、大城市郊区化疏散程度低于国外发达国家城市，30~50公里半径范围的人口规模少于国外同类城市，但国内特大城市20~30公里半径以内的范围通常"摊大饼"发展，人口密度较高。

评价：我国都市圈轨道交通系统现状确实呈现出"重两头、轻中间"现象，即对外长途干线和中心城区轨道建设基本完善，但都市圈中间圈层较难实现轨道交通服务的覆盖，其实这也是与我国城市呈现中心"摊大饼"的空间格局相适应的。可以说，今天我们思考都市圈轨道交通网络结构问题，更应该反思几十年来我国中心城市的空间发展思路。

从客流构成上看，事实上，以东京都市圈为典型案例的发达国家都市圈铁路客运也普遍经历了从开始的利用既有干线铁路开行市郊列车，到对既有铁路进行改扩建和建设新线，实现快慢分开、客货分开的过程。特别是对于超大城市都市圈，都市圈范围内的铁路线路基本都已改造为四线及以上铁路，以兼顾多种功能需要。同时，发达国家都市圈也致力于新建市域快轨系统，如东京在建设中心城区地铁时通过实现市郊铁路与地铁的直通运营，使得部分郊区通勤通学客流无须换乘可直达市中心。巴黎、伦敦则是在城市地铁系统建设相对完善后，通过新建市中心大深度隧道将两端原放射状市郊铁路相串联，形成贯穿都市圈核心区的区域快速轨道系统。这些经验都可以学习。

4. 如何认识管理模式差异

国外发达国家铁路运营管理部门较多参与提供城市交通服务，更多面向市场化，特别是都市圈范围的铁路系统与城市轨道交通系统互相融合，共同为都市圈范围提供多层次、一体化的轨道交通服务。

评价：事实上，国外发达国家相关铁路企业也大多经历了从国有体制到面向市场化的改革转型，特别是日本国铁的改革历程与都市圈市郊铁路的发展密切相关。正是由于长期以来铁路造成城市分割的观念影响，我国城市火车站选址都偏离中心位置，火车站周边均为发展较落后区域。在城镇化快速发展的时期，铁路建设和城市开发也没有很好地实现同步。因此，要学习发达国家经验，充分利用铁路资源于都市圈通勤运输服务，根本还是要改革铁路的管理体制，使铁路真正面向市场化。

（二）发展思路：科学规划、改革创新

轨道交通具有运量大、准时性高、绿色环保舒适等特点，相关枢纽站点也具备打造成为都市圈核心产业聚集区、城市主要功能区的优越条件，对于构建空间结构清晰、城市功能互补、要素流动有序、产业分工协调、交通往来顺畅、环境和谐宜居的现代化都市圈，将发挥关键基础支撑作用。推进都市圈轨道交通高质量发展，打造"轨道上的都市圈"，是我国新型城镇化发展对交通运输提出的重点任务，也是新时期我国交通运输深入推进供给侧结构性改革的必然要求。应以科学规划为统领，以体制机制创新为动力，以完善的标准规范为保障，重点抓好都市圈市域（郊）铁路规划建设，推进都市圈不同功能层次轨道交通协调发展，补齐都市圈交通发展短板，更好地适应都市圈发展新要求。

1. 科学规划，合理分工

统筹都市圈空间发展规划与综合交通规划，系统考虑都市圈不同圈层多元化出行需求和客货运输特征，科学规划都市圈轨道交通，坚持利用既有铁路和合理新建并重，优化确定不同功能层次轨道交通系统分工衔接和互连互通方案，发挥各级轨道网络技术优势，优化运输结构，提高都市圈轨道交通的整体供给质量和效率。

2. 改革创新，一体融合

打破行业垄断和区域分割等制约因素，创新都市圈轨道交通规划体制机制，充分发挥既有铁路服务都市圈功能作用，推动城市轨道交通市场化多元化创新发展，合理确定各类轨道交通方式功能定位和发展重点，修改完善标准规范和规章制度，推动都市圈内干线铁路（含高速铁路和普速铁路）、城际铁路、市域（郊）铁路和城市轨道交通融合发展。

3. 因地制宜，循序渐进

根据不同规模、类型、发展阶段都市圈的具体情况，系统分析需求特点，分类确定规划思路，制定差异化、有针对性和更具操作性的轨道交通规划。结合都市圈经济社会发展情况和客流变化规律，确定新建、改扩建、局部改造等分期分类建设重点，适时启动条件成熟的相关项目建设，最大限度发挥项目效益，实现可持续发展。

4. 集约节约，安全可靠

通过通道资源的统筹利用、设施层面的轨道共享、运营层面的互连互通以及枢纽界面的综合立体衔接等方式，实现对要素资源的集约节约利用。规划与设计、运营等各环节密切配合、紧密互动，在确保运营安全的前提下，为公众提供准时、便捷、多元的运输服务产品。

五、重大问题：破除体制机制障碍

（一）创新规划建设体制机制

1. 轨道交通管理体制机制不适应都市圈发展需要

从规划建设体制上看，国家铁路集团负责干线铁路的规划建设，省级政府主要负责省内城际铁路的规划建设，城市政府主要负责城市轨道交通的规划建设，不同功能层次轨道交通相对独立规划建设，轨道交通之间均缺乏有效协调。特别是对于都市圈市域轨道交通而言，长期以来建设主体不够明晰，国铁集团和都市圈中心城市政府在市域轨道交通的规划建设上均有较强话语权。其中，国铁在中心城区拥有较为密集的轨道网络，但目前国铁集团主要经营中长途干线运输，对城际、市域（郊）服务的意愿不强。而对于城市政府而言，目前多数大城市正在致力于发展城市中心城区的地铁系统，完全将市域轨道交通项目纳入城市轨道交通规划范畴，会在审批配额、资金分配等方面与中心城区地铁项目产生一定的矛盾，部分城市政府也没有完全下决心承担建设主体的责任。

从规划审核体系上看，此前国家层面对于城际铁路、城市轨道均有明确的审批要求，国家发展改革委负责审批城市群城际铁路和城市轨道交通建设规划。而对于市域轨道交通的审核，职权散落在多个主体，使得都市圈轨道交通发展的整体性不强。例如，利用既有铁路发展市域（郊）铁路的规划由省级政府会同国家铁路集团统筹研究确定；一些地方在城市轨道交通规划中加入市域快轨制式，如北京、广州、深圳；一些地方的市域轨道交通以城际铁路规划名义报批，如杭州、南京等。缺乏清晰的都市圈轨道交通规划，也使部分市域（郊）铁路的定位逐渐模糊。

2020 年 12 月，《国务院办公厅转发国家发展改革委等单位关于推动都市圈市域（郊）铁路加快发展意见的通知》（国办函〔2020〕116 号）已经明确，"都市圈所在地城市政府是发展市域（郊）铁路的责任主体""都市圈所在地城市政府依据国土空间总体规划和交通等相关规划，会同相关方面在深入研究运输需求、功能定位、规划衔接、生态环保要求等基础上，坚持利用既有线路与新建线路相结合，合理确定线网布局，科学编制市域（郊）铁路建设规划""都市圈市域（郊）铁路建设规划的报批和审核，比照城市轨道交通建设规划管理的相关规定执行"。

但是，多数都市圈的空间范围跨越了传统的行政区划，目前轨道交通的规划审核体系仍以行政区划为界，跨市域轨道交通审核的机制不够明确。特别是一些超大特大城市周边的中小型城市，由于不满足城市轨道交通建设前置条件，不能更好融入都市圈轨道网。例如，广州市正在建设的市域快轨地铁 18 号线，拟延长至中山、珠海两市，建设广州与珠江口西岸主要城市的 1 小时通勤圈，但由于中山、珠海两市不符合《国务院办公厅关于进一步加强城市轨道交通规划建设管理的意见》（国办发〔2018〕52 号）关于城市轨道交通规划建设管理审批前置条件的规定，该线路的规划建设无法顺利推进。

2. 创新都市圈轨道交通规划管理体制机制

一是统筹编制多网融合的都市圈轨道交通规划。为更好发挥不同功能层次轨道交通网络的技术优势，应统筹编制多网融合的都市圈轨道交通规划，推动干线铁路、城际铁路、市域（郊）铁路和城市轨道交通实现合理分工和资源共享，满足都市圈不同空间圈层多层次差异性出行需求。都市圈轨道交通规划应与都市圈空间发展规划、综合交通规划相协调，使轨道交通成为都市圈产业集聚和空间拓展的重要依托。

二是建立都市圈轨道交通规划编制机构。鼓励建立以都市圈中心城市政府牵头，铁路部门和周边城市政府密切协同的都市圈轨道交通规划编制机构，合理制定都市圈轨道交通线网规划。在此基础上，结合都市圈经济社会发展情况和客流变化规律，确定新建、改扩建、局部改造等分期分类建设重点，制定都市圈轨道交通分期建设规划，规划期限一般为 5~6 年。都市圈中心城市不再单独编制城市轨道交通规划。

三是完善都市圈轨道交通规划审核体系。建议都市圈轨道交通线网规划和首轮建设规划，由国家发展改革委会同自然资源部组织审核后报国务院审批，后续建设规划由国家发展改革委会同自然资源部审批、报国务院备案。省级发展改革部门会同城乡规划主管部门、住房城乡建设部门做好规划初审。规划审核应突破城市轨道交通审核制度，从都市圈区域经济视角确定更加符合发展实际需要的门槛条件，保证城市财力、负债水平、建设规模、建设方案、项目时序等相协调、相适应。

3. 传统城市规划体制不适应都市圈空间发展

从空间规划体制上看，长期以来，我国缺乏以都市圈为主要空间载体的规划形式，采取的是以行政区域划分的规划体制，城市总体规划主要范围是中心城区，市域其他区域又有相应的城镇体系规划、镇规划、乡规划和村庄规划等，这些规划本身的规划范围、规划年限、表达方法、土地分类标准不同，市域范围的规划整合就很困难，更无法实现跨行政区域都市圈的整体空间规划。党的十八大以来，为解决市县规划自成体系、内容冲突、缺乏衔接协调等突出问题，改革政府规划体制，建立统一衔接、功能互补、相互协调的空间规划体系，加快转变经济发展方式和优化空间开发模式，2014 年国家发改委等 4 部门发布《关于开展市县"多规合一"试点工作的通知》提出，推动国民经济和社会发展规划、城乡规划、土地利用规划、生态环境保护规划"多规合一"，形成一个市县一本规划、一张蓝图。党的十九届三中全会通过深化党和国家机构改革方案，又将国土空间规划作为统领指导国土空间保护与开发的顶层规划。在保护生态环境、土地高效集约利用的大背景下，实现有效的空间管控成为规划的重中之重。各类空间规划现有的管控要求成为"多规合一"研究的基础，需要依据城市总体规划的"三区四线"、土地利用总体规划的"三界四区"、国民经济和社会发展规划的"主体功能区划"、生态和环境保护规划的"生态功能区划"等研究其相互之间的空间关系，分别提出不同的"多规合一"空间管制划线分区办法。

从轨道交通规划与都市圈规划的关系上看，《通知》指出，"都市圈所在地城市政府依据国土空间总体规划和交通等相关规划，会同相关方面在深入研究运输需求、功能定位、规划衔接、生态环保要求等基础上，坚持利用既有线路与新建线路相结合，合理确定线网布局，科学编制市域（郊）铁路建设规划，明确发展目标、建设规模与时序、系统制式、敷设方式、衔接换乘、资金筹措等，同步做好沿线及站点周边土地综合开发规划方案"。实际上，《通知》也没有指出轨道交通规划与都市圈空间规划的关系问题，仍然遵循轨道交通规划、交通规划隶属于城市规划的传统规划编制思路，使轨道交通规划处于被动从属地位，较难发挥轨道的引领作用。正是由于当前城市轨道交通规划的层级不高，目前推动的 TOD 实践更多只是围绕站点综合开发。事实上，如果脱离了城市对经济产业和公共服务的 TOD 宏观布局，一个站点的综合开发乃至一个区域内多个站场的综合开发，难以构建形成以轨道交通为依托的站点区域联系，并不能真正形成以轨道交通为主轴线的城市有序发展开发模式。

从区域协调机制上看，当前各地建立的城市群交通一体化协调机制，也尚未真正实现城市之间供需的有效对接，如京津冀地区建立了交通一体化常态化沟通协调机制，但作为重要通勤地的三河市没有直接对接北京市的条件，出于行政对等的需要，由河北省交通厅与北京市交通委对接，使得地方真正的诉求无法得到有效解决。

4. 建立都市圈空间发展规划及与轨道交通规划互动机制

美国大都会规划组织（MPO）等都市圈区域空间规划的主要议程就是交通一体化规划。要打破既有轨道交通规划被动于城市和都市圈空间规划的传统规划思路，提升都市圈轨道交通规划层级，推进都市圈综合交通规划特别是轨道交通规划与土地利用规划、城市规划等国土空间规划同时进行，从以前简单满足交通需求，逐步转变成通过降低交通出行需求、调控交通出行模式的轨道交通导向的都市圈空间发展模式。

具体而言，都市圈发展规划是指导都市圈发展的行动纲领，是编制相关专项规划、布局重大项目的重要依据。《2020年新型城镇化建设和城乡融合发展重点任务》提出建立中心城市牵头的协调推进机制，支持南京、西安、福州等都市圈编制实施发展规划。应建立都市圈发展规划特别是国土空间规划与轨道交通规划互动机制，国土空间规划确定都市圈的战略规模与空间走向后，轨道交通规划应积极配合支撑；轨道交通规划确定具体轴线和站点后，也应同步编制轨道交通综合开发控制性规划，提出可实施综合开发的城市轨道交通站场及影响区域用地的综合开发功能、规模和强度等指标，将相关控制内容依程序纳入相关地块控制性详细规划。

（二）破除国铁体制障碍

1. 当前，我国国铁参与都市圈服务仍处于战略机遇期

从民营铁路公司通过铁路建设引导城市空间扩张，到日本国铁系统结合城镇化发展趋势向都市圈客运的及时转型，东京都市圈市郊铁路的发展成就关键是实现了铁路与城市化发展进程的紧密结合、同步发展。与20世纪60年代的东京城市发展阶段相类似，当前我国超大特大城市正面临中心城区人口过度聚集、周边中小城镇发育不足的问题，城镇化发展阶段正在由中心城区为主，转变为中心城区同周边中小城镇同城化发展的都市圈发展阶段。从需求侧看，建设连接中心城区和周边中小城镇的市郊铁路系统，是当前和未来一段时期城镇化发展的重点。北京、上海、广州、深圳等城市均提出了至2035年超过1000公里市郊铁路网的建设目标。从供给侧看，由于我国国铁系统发展较早，占据城市对外放射的良好核心通道资源，充分利用国有铁路线路和通道发展市郊铁路，既能节约投资，实现资源的集约节约利益，又能实现铁路和城市、都市圈的良性互动发展，更好服务铁

路沿线城镇居民的出行。在推动城市更新和都市圈发展背景下和解决城市交通拥堵的要求下，各城市迫切期望利用既有铁路线路和通道资源，我国国铁参与都市圈服务仍处于战略机遇期。如果各城市政府与国铁集团不能尽快进行合作，会自己主导推动都市圈市郊铁路系统建设，预计 10 年左右，当以地方城市为主体的市郊铁路网络体系基本建成后，其对国铁系统转型服务都市圈的迫切性和合作意愿将大幅度下降。

2. 现阶段国铁不愿意进入市郊领域的主要原因

在现有国铁管理体制下，能否利用既有铁路资源服务都市圈并盘活铁路用地资源，主要取决于国铁集团的发展战略重点。不是真正市场主体以及垄断阻碍市场竞争是当前国铁不进入市郊领域的主要体制原因。

首先，铁路部门不是真正的市场主体，尚未建立以经济效益为中心的现代企业制度。过去 20 年是我国城镇化快速发展的关键时期。2013 年之前，我国铁路运输领域长期实行"政企合一"的管理体制，铁路运输管理部门和经营部门均为铁道部，铁道部负责全国范围铁路领域的规划、投资、运营、管理，行政色彩较浓，并不是真正的市场主体。2013 年以来，铁路总公司成立，2018 年底又改为国家铁路集团，但市场化改革进程缓慢，至今仍保留了国家铁路规划、投资的职权。而各个路局以及铁路系统内绝大部分业务主体如客运站、铁路货运枢纽等，也没有形成真正的市场主体，不具备进行深层次市场化业务协作的基础。

其次，缺乏市场竞争的垄断经营使铁路企业缺乏主动开拓市场的动力。我国当前的铁路运输市场，长途客运和货运都比市郊铁路运输利润大得多。如果在完全竞争的市场格局下，存在众多的市场供给者，甚至有的运输企业专营市郊铁路运输，由此运输企业将努力改善服务质量、提高运营效率，使市郊铁路运输取得良好的经营效益而壮大自身。但在垄断的市场格局下，铁路总公司可以通过不参与市郊铁路运输，转而选择货运、长途客运等营利性业务，以最低的成本使利润最大化。在我国铁路迅速发展、规模不断壮大的同时，国铁集团的负债也不断攀升，如何处理巨额债务风险是国铁集团的当务之急。在现有体制下，国铁集团明确了以重点组织实施服务国家战略的干线项目为战略重点，对于城市群、都市圈等区域性地方性铁路项目，主要利用自身在铁路行业的垄断地位，通过压缩投入、置换剥离不良资产等方式，优化调整资产结构，改善国铁企业经营质量。而对于城市政府利用铁路开行市郊列车等合作，铁路企业也往往利用其独家运营的优势地位和不公开透明的企业成本核算机制，迫使城市政府进行高额补贴，政府资金处于被动满足运营亏损的状态，双方合作难以实现共赢。

正是由于国铁集团没有经营市郊运输的动力，虽然目前新建城际、市域（郊）铁路的主体已经逐步转移至地方政府，但国铁集团仍然把握了对这些铁路的运营权，而由于国铁集团更加注重中长途运输，也使得其在调度运输排班时往往更加强化城际、市域（郊）铁路对中长途列车的通过性服务，弱化了铁路对都市圈、城市群的服务功能，使得部分已建成铁路的定位发生偏移。例如，沪宁城际铁路规划设计的初衷是服务于长三角城市群城市、中小城镇之间的日常公商务出行需求，以中短途客运为主，还可兼顾部分市域（郊）功能，但在实际运营时和京沪高铁定位无法明显区分，同样以中长途的高铁干线运输功能为主，近年来沿线中小城镇站点的途经列车也逐步减少，位于苏州昆山的花桥站、镇江句容的宝华山站等临近上海、南京的市郊站点甚至已经关停。

3. 短期实现战略转型要明确中央政府在都市圈轨道交通发展中的作用

目前以中心城市政府为主体的都市圈轨道交通建设推进模式，只能在现状体制下谋求与国铁的商业合作，难以从根本上改变国铁对市郊运输的定位，如果一味强调加快都市圈轨道交通发展，在实际操作中必然导致投资规模的不必要扩大，且难以实现网络融合。建议从国家层面做好都市圈轨道交通发展的顶层设计，特别是要引导国铁企业深刻认识到经济产业人口向都市圈范围聚集的发展趋势，超前谋划未来运输重点，将市郊运输作为企业的主要运输服务领域之一，通过积极与城市合作，提供市郊运输服务。在规划方面，鼓励都市圈中心城市政府牵头、铁路企业协调行动，共同编制都市圈轨道交通规划，并由国家层面进行审核，审核重点关注铁路和城市轨道交通的合理分工与一体衔接，避免盲目投资和资源浪费。在投资方面，中央政府可在安排资金时加大对相关铁路建设和网络融合项目的支持力度。

4. 深化铁路改革，焕发铁路企业活力，形成都市圈市郊铁路发展持久动力

党的十九届五中全会明确提出，推进铁路行业竞争性环节市场化改革。长远来看，国铁要在都市圈市郊铁路领域发挥重要作用，必须继续深化铁路改革。在发达的市场经济国家，铁路之所以在都市圈通勤运输方面发挥重要作用，根本原因就在于都市圈通勤运输需求最大、盈利效益最好。日本国铁改革的案例也清晰表明，市郊铁路是铁路能够发挥经营效益的重要领域；并且利用好都市圈内的宝贵土地资源，会有效改善其财务状况。由于我国国铁长期承担国家拉动经济投资的职责，一定程度上出现了企业投资发展方向与追求经济效益的背离，未来应着重将铁路改革聚焦于如何盘活铁路现有资产、提高资产收益率上，使我国铁路企业发展成为真正的市场主体。建议在当前铁路政企分开改革的基础上，继续在破除垄断经营、提高效率效益、打破体制僵化等方面深化具体改革措施，使铁路运输更好适应市场发展需求。只有以利润最大化为目标，并将经营者、劳动者的利益与企业的经营效益挂钩，才能发挥和调动铁路企业各层级工作的积极性，通过和城市政府合作，打造一体融合的都市圈市郊铁路系统。

（三）实施市场化的土地供应政策

1. 城镇建设用地总量管控制度

多年来，我国一直实行城镇建设用地总量管控制度。《土地管理法》要求，"地方各级人民政府编制的土地利用总体规划中的建设用地总量不得超过上一级土地利用总体规划确定的控制指标"。2004 年出台的《国务院关于深化改革严格土地管理的决定》在第 21 条中明确了土地管理的权利和责任，规定"调控新增建设用地总量的权力和责任在中央，盘活存量建设用地的权力和利益在地方，保护和合理利用土地责任在地方各级人民政府"。实际上，国家对各地区的建设用地指标管理也能体现国家在区域协调和城镇化发展上思路的变化。一段时间以来，国家城镇化发展的思路是，严格控制

超大特大城市发展，限制大城市发展，鼓励发展中小城市，进而建设用地指标也向中西部不发达地区倾斜。然而，这与人口向优势地区和大城市、都市圈、城市群地区集聚的客观规律产生了一定的矛盾，造成土地资源的错配。

2020年3月12日，国务院印发《关于授权和委托用地审批权的决定》（国发〔2020〕4号），主要涉及两方面内容，一是将国务院可以授权的永久基本农田以外的农用地转为建设用地审批事项授权各省、自治区、直辖市人民政府批准；二是试点将永久基本农田转为建设用地和国务院批准土地征收审批事项委托部分省、自治区、直辖市人民政府批准。实际上，该决定对相关审批权下放旨在"增效"，即通过下放相关建设用地审批权，给省级地方政府更多的自主权，使其能够因地制宜、因情施策，破解项目用地"落地难"和"落地慢"问题。然而，"增效"并非"增量"，该决定并未对建设用地规模"松绑"。

2. 低效建设用地再开发机制不灵活

除建设用地规模总量管控外，存量建设用地的优化调整机制不灵活，也制约了城市低效建设用地的再开发。许多大城市普遍存在铁路作业区、工业区、棚户区等，在城市发展初期处于城市边缘地带，经过多年发展，已经居于城市核心位置，成为典型的低效城市用地。制约这些低效用地再开发的主要原因是土地政策的僵化，按照国家有关城市土地建筑的使用管理规定，土地依据分类区别对待，租期有严格界定，禁止变更土地性质。但是，随着城市发展，这些低效建设用地仍旧延续原有用途，效率效益极低。而政府在此过程中没有与土地权利人形成良性互动。一方面，为避免业主得到土地溢价收益，政府不允许业主将土地和建筑资产转型升级。另一方面，如果试图按照工业用地评估确定的收购价低价收购业主土地，会导致业主抵触，形成政府、企业区域发展多输的局面。

3. 改革都市圈土地供给政策，盘活铁路站场及周边用地

培育发展现代化都市圈，最重要的就是要尊重人口聚集的经济规律，要推动人口政策、土地政策等与之相适应。应积极推动城镇建设用地增加规模与人口增量挂钩，实现按人均分配建设用地资源。当前，随着我国城

镇化进程发展，很多大城市都进入城市更新阶段，但城市更新绝不仅仅是老旧小区和棚户区改造，应参考日本城市活力再造政策实施，积极利用城市更新和推动都市圈发展契机，盘活尚未充分开发利用的铁路站场周边、铁路通道沿线的土地资源，通过综合开发、站城一体建设，打造形成支撑引领都市圈空间形态优化重塑的新增长极或发展走廊。在土地政策方面，应加大改革，包括允许原来划拨的铁路用地进行商业开发，同时要放宽容积率等，为相关用地的综合利用开发创造条件。

4.完善支持轨道交通土地综合开发，推进"站城一体"发展的实施细则

当前要加紧落实《国务院办公厅关于支持铁路建设实施土地综合开发的意见》（国办发〔2014〕37号）的相关政策，重点围绕枢纽站场及周边联系紧密的区域，实现一体化综合开发。积极培育都市圈轨道交通站场综合开发主体，鼓励轨道企业与地产、商业企业等通过股权融合等方式成立联合开发主体，建立投资利益分担机制，从枢纽综合开发的前期就开始加强深度合作，统一规划、统一设计、同步实施、协调运营。

要更加全面客观地看待轨道交通土地综合开发与轨道交通建设运营的关系。事实上，东京都市圈市郊铁路与城市发展的案例清晰地告诉我们，铁路与城市相伴相生，铁路的健康发展与城市的有机生长相辅相成。虽然开发收益在一定时期特别是轨道建设初期，将为轨道建设提供资本金，但后期的运营表明，轨道交通事业可以与综合开发事业相互促进，轨道交通运营本身实现盈利，仍是长远上实现都市圈轨道交通可持续发展的最重要方面。因此，实施轨道交通土地综合开发，必须首先从宏观视角审视，促进铁路站场及相关设施用地布局协调、交通设施无缝衔接、地上地下空间充分利用、铁路运输功能和城市综合服务功能大幅提高，形成铁路建设和城镇及相关产业发展的良性互动机制。

（四）构建持续发展机制

1.构建完善都市圈轨道交通发展相关技术标准和规范要求体系

建议国家发展改革委作为都市圈轨道交通规划建设工作的总体协调部

门，研究出台促进都市圈轨道交通多网融合的指导性文件，就都市圈轨道交通规划编制的总体思路、基本原则、主要目标以及相关政策措施等提出指导性要求，更好指导各地建设。加强过程跟踪指导，及时总结评估实施情况，协调解决有关问题。鼓励都市圈开展轨道交通规划编制试点，推出一批示范项目，并适时拓展示范项目范围，在示范内容、实施方案、工作安排等方面进行差别化探索。国家铁路局、交通运输部等部委，根据职责分工，做好都市圈轨道交通发展保障工作。建议国家铁路局在过轨运营、设施维护、清算体系等方面出台相关标准规范，保护相关投资运营主体的合法利益，营造和维护公平有序的市场环境，共同推进相关工作落地实施。建议交通运输部在运营管理、安全保障等方面出台相关技术标准和规范要求，保障都市圈轨道交通运营安全可靠。

2.准确把握市域（郊）铁路功能定位、技术标准和建设时机

市域（郊）铁路为城市中心城区连接周边城镇组团及其城镇组团之间的通勤化、快速度、大运量的轨道交通系统，提供城市公共交通服务，是城市综合交通体系的重要组成部分。各地要合理界定市域（郊）铁路的服务范围和技术标准，使之真正成为构建都市圈核心区至周边主要区域1小时通勤圈的骨干轨道交通方式。在做好统筹规划的基础上，根据客流基础和发展趋势，准确把握建设时机，充分利用既有资源，有序推进新建线路，确保建成项目财务可持续。

充分利用既有铁路通道实现市域（郊）通勤功能。提高都市圈中心城区既有铁路和通道利用效率，综合考虑利用富余能力开行市域（郊）列车、错峰开行高密度通勤列车和普速长途列车、新建都市圈核心区轨道复线和合理实施货运铁路功能外迁等方式，确定改建、新建轨道交通具体要求，充分发挥既有铁路通道服务都市圈功能。对于近期建成或在建的高铁、城际铁路，也可考虑在早期运营阶段兼顾承担都市圈通勤出行功能。例如，新开通的京张高铁和京沈高铁，均可充分利用开通初期的铁路富余能力为都市圈通勤交通服务。

新建市域（郊）铁路注重与都市圈轨道交通网络的互连互通。实现

都市圈内干线铁路、城际铁路、市域（郊）铁路和城市轨道交通线网的一体融合发展，才能更好满足不同空间圈层多层次差异性出行需求。为尽快改变我国都市圈不同轨道交通系统相对独立建设状态，可以充分借鉴东京等国外都市圈发展经验，利用新建市域（郊）铁路契机，在新建初期即明确与城际铁路、城市轨道快线的互连互通技术要求，使得市域（郊）铁路建设成为都市圈"四网融合"的关键环节和突破口。例如，明确新建市域（郊）铁路应尽可能将市郊通勤功能与市区快线功能结合起来，通过直达甚至贯穿都市圈核心区，提高郊区旅客出行的便捷性，同时提升、加密核心区轨道密度和服务水平。对于衔接节点在市区外围的线路，在规划设计时就必须确保新建线路与市区轨道技术标准的统一，为后期开展直通运营做好准备。

推行灵活多样的运营组织方式和服务方式。探索实行直通运营、快慢混跑、可变编组等灵活运营组织模式，实现供需高效对接，提高都市圈轨道交通运营效率和效益。推动都市圈多层次轨道交通的综合立体衔接，更加强调市域（郊）铁路与城市轨道、地面公交在运营调度、票制票价、信息共享甚至运营主体等方面的一体，各方式各环节密切配合、紧密互动，为公众提供准时、便捷、多元的运输服务产品。推动轨道交通运营信息实时共享开放，向公众提供全方式、全过程的实时、个性化出行信息服务。

3.优化市场化建设运营协作机制

培育都市圈轨道建设运营主体。当前重点应消除有关市场主体参与不同层次轨道运营的制度性壁垒，拓宽都市圈轨道交通建设运营主体选择空间，支持铁路企业、城市轨道交通企业、城市开发企业等参与都市圈轨道交通的建设和运营。对现有不同区域、不同运输方式的多家运营企业，鼓励通过委托运营、资产合作、信息共享等方式开展合作，实现都市圈轨道交通运营服务的一体化和有效衔接。支持运营企业之间就直通运营组织、基础设施维护、票款清算等关键问题相互签订协议，共同协商解决，并确保实现服务内容和收费标准公开透明。

合力营造良好政策发展环境。加强政策引导，中央政府在安排资金时加大对市域（郊）铁路、都市圈"四网融合"建设项目的支持力度，积极支持通过地方政府债券、企业债券、公司债券、非金融企业债务融资工具等方式融资。涉及铁路建设的不同利益主体之间，应建立投资利益分担机制，不同城市按照受益大小原则确定支出责任。城市政府与铁路企业之间要创新合作方式，可以通过政府购买服务等方式，利用既有铁路开行市域（郊）列车，实现互利共赢，调动各方面的积极性、主动性。对市域（郊）铁路实行低票价、减免票等造成的政策性亏损和铁路企业在技术改造、经营冷僻线路等方面投入，各城市在加强成本规制的基础上，可给予相应补贴补偿。初期可通过加大补贴力度引导和支持市域（郊）铁路顺利开行，后期要根据综合开发收益给予适当运营补贴支持，或通过政府购买服务等方式，实现可持续运营。

建立各地各部门协调机制。我国都市圈主要围绕超大特大城市或辐射带动功能强的大城市为中心进行培育，是既有城市功能在空间上的拓展，也是城镇化发展的高级形态，地方政府应当承担起责任主体的作用。建议充分发挥中央、地方、企业各方积极性，建立多层次合作协商机制，共同努力推进市域（郊）铁路发展。国家层面，由国家发展改革委牵头建立各部门常态化的联席会议制度，就都市圈轨道交通发展重大事项和相关政策定期协商推进解决；都市圈层面建立以都市圈中心城市政府牵头，各城市政府协同联动的紧密对接机制，成立相关管理机构或明确现有机构承担相关协调职能。

综上，我国都市圈轨道交通发展面临的困境和难题，归根结底，是高度市场化的都市圈发展规律与高度行政化的城市和轨道交通管理体制之间的不适应。当前，我国仍处于城镇化快速发展的战略机遇期，必须通过改革创新，破除不适应的体制机制障碍，充分发挥市场在资源配置中的决定性作用，更好发挥政府作用，以强烈的紧迫性和责任感，推动都市圈轨道交通高质量发展。

第四章　城市公交管理体制机制改革研究

随着城市出行供给与需求等条件变化，城市公交可持续发展面临严峻挑战。当前我国城市公交大多采取政府主导的经营模式，难以适应细分市场的多层次差异化需求，在公交管理体制机制上，也存在中央政府指导方式和管理手段有限、政府补贴资金来源不稳定、缺乏竞争导致补贴效率低下、公平竞争市场环境仍不完善等问题。建议借鉴国外中央政府扶持城市公交和伦敦、香港等国内外城市公交改革和市场化运作的有关经验，合理确定政府对城市公交的保障标准，通过循序渐进引入市场竞争机制、强化绩效管理提升政府补贴效能、切实保障民营企业合法权益、统筹鼓励公交优先发展政策等措施优化政府管理方式，并积极发挥中央政府资金的支持引导作用。

一、城市公交发展面临的形势背景

优先发展城市公共交通是党中央国务院做出的一项重大战略决策。近年来，我国城市公交快速发展，但随着城市出行供给与需求等条件变化，城市公交发展面临新的挑战。本节以地面公交（或称公共汽电车、常规公交）为重点，剖析当前城市公交发展面临的形势、现状和主要问题，在借鉴国内外城市公交管理体制机制经验的基础上，提出有关建议。

（一）城市公交运营成本与收入倒挂

受城市轨道交通网络逐步完善、小汽车和自行车出行比例提升等因素影响，加之城市公交行业整体吸引力竞争力不足，在城市交通出行中的地位越来越被弱化。近年城市公共汽电车客运量下降趋势明显，全国总量自

2014 年最高峰 781.9 亿人次持续下降到 2019 年的 691.8 亿人次，五年下降 11.5%；到 2022 年下降至 353.37 亿人次，减少一半以上。此外，城市公交票价长期受到严格管制，缺乏票价调整触发机制，随着公交运营成本的上升，各地公交企业的财务可持续性不断恶化。例如，从 2006 年起，广州市公交成本与票价开始出现倒挂，导致公交企业对财政补贴依赖度极高，企业抗风险基础十分薄弱。截至 2022 年末，广州市中心区公交行业平均资产负债率高达 106%，个别企业已接近 130%。随着各地城市公交企业收入大幅减少、运营维护成本大幅上升，许多企业亏损严重、负债率高，开始减少发车班次，部分城市公交经营困难。近一两年，广东阳江、黑龙江漠河、河南商丘、河北保定、甘肃兰州、山东泰安等地乃至直辖市天津，相继发生公交停运风波或欠薪事件。

（二）政府财政补贴保障不足

当前，城市政府是保障城市公交可持续运营的责任主体。但受各地土地出让金收入大幅下降和经济下行压力的影响，我国地方财政总体形势不容乐观，地方财政出现收入增速放缓，刚性支出增加，收支矛盾有所加大。部分地方出于财政可持续性、控制财政风险等方面的考虑，在短期内减少财政支出，以尽量缩减财政收支缺口。例如，2023 年前三季度，云南省一般公共财政收支缺口高达 3526 亿元。多数中小城市捉襟见肘的地方财政"吃饭财政"属性更加凸显，部分县城甚至已经出现公务员欠薪的问题。而对于城市公交而言，由于多数地方尚未将公交补贴纳入一般公共财政支出，地方政府对公交补贴的落实难度明显加大，基本难以做到足额及时到位。

（三）城市公交管理体制机制制约公交竞争力

我国城市公交大多采取政府主导的经营模式，但政府财政支出有限，不能进行大规模投资，加之传统"成本加成"的价格管制体制极大地影响了公共交通企业不断降低成本、提高效率的积极性。政府主导模式在服务宗旨、经营体制、运力配置及组织方式等关键要素上均愈来愈难以适应细分市场的多层次差异化需求,服务吸引力每况愈下。各地政府因经济发展水平不同、政策执行力度不一,对城市公交补贴政策各不相同,部分城市未按要求将城市公共交通的发展纳入本级公共财政年度预算体系,未建立城市公共交通成本规制考核补贴补偿机制,对公交企业以"一事一议"模式给予补助。很多城市想通过单纯的成本规制来控制公交企业运营的成本水平,但并不能很好地形成长效机制,对发挥企业主观能动性以及调整优化公交的供给作用有限。

因此,当前迫切需要从开源和节流两方面着手,基于城市公交的公益属性强化各级政府的财政保障职能,与此同时,通过引入市场竞争和服务质量考核机制等市场化机制,控制补贴规模、提升服务质量,促进城市公交的可持续和有竞争力的运营,推动城市公交行业高质量发展。

二、城市公交的定位属性及政府作用

(一)准公共产品

根据公共经济学理论,社会产品可根据消费的特征划分为公共产品、准公共产品和私人产品,其划分依据主要为消费的竞争性和排他性。具有消费的非竞争性与非排他性的即为公共产品;具有消费的竞争性和排他性的即为私人产品;介于两者之间的即为准公共产品。公共产品应该由各级政府提供,准公共产品应采取政府和市场共同分担的原则,而私人产品则应该通过市场机制来提供。

城市公交服务可以通过设置收费轻易地排除不付费的消费者,而在运能以内增加一个消费者的边际成本几乎为零,显然城市公交具有排他性和非竞争性,应视作准公共产品。但城市公交服务会因消费人数的增加而变得拥挤,进而降低使用效率。当乘客较少时,增加乘客数量不会影响原来乘客的出行成本,不存在竞争性;当乘客数量达到最大值时,新增乘客会增加原有乘客负担，且边际成本递增、个人效用降低，出现竞争性和排他性。就此而言，城市公交基本都属于准公共产品及私人产品，应该按照市场化原则或政府与市场共同分担的原则提供。

表 4-1　城市交通的经济学属性

分类	主要特征	城市交通领域	资源配置方式
公共产品	消费的非竞争性与非排他性	不拥挤的免费道路	政府提供
准公共产品	消费的非竞争性与排他性	拥挤的城市道路、公共客运系统、公共停车设施等	政府和市场共同分担
私人产品	消费的竞争性与排他性	拥有专属物权的社区道路、私家车停车位等	市场化原则配置

资料来源：全永燊等（2017）。

（二）基本公共服务

基本公共服务是建立在一定社会共识基础上，由政府主导提供的，与经济社会发展水平和阶段相适应，旨在保障全体公民生存和发展基本需求的公共服务。享有基本公共服务属于公民的权利，提供基本公共服务是政府的职责。城市公交是满足城市居民通勤、就医、日常生活等必要出行的最基础出行方式，是居民基本出行权的保障，提供基础性、保障性、普惠性的城市公交服务应当是政府的职责。随着经济的发展和人民生活水平的提高，一个社会基本公共服务的范围应逐步扩展，水平也会逐步提高。具体应由政府根据发展阶段、财政能力等水平确定实施标准。

专栏 4-1：目前城市公交未纳入国家基本公共服务标准

2012 年，国务院印发《国家基本公共服务体系"十二五"规划》提出的基本公共服务范围，一般包括保障基本民生需求的教育、就业、社会保障、医疗卫生、计划生育、住房保障、文化体育等领域的公共服务，广义上还包括与人民生活环境紧密关联的交通、通信、公用设施、环境保护等领域的公共服务，以及保障安全需要的公共安全、消费安全和国防安全等领域的公共服务。"十二五"规划纲要还明确了基础设施、环境保护两个领域的基本公共服务重点任务（其中包括城市建成区公共交通全覆盖），这些内容纳入综合交通运输等相关"十二五"专项规划中，不在该规划中予以阐述。《国家基本公共服务标准（2021年版）》首次出台国家基本公共服务标准，从幼有所育、学有所教、劳有所得、病有所医、老有所养、住有所居、弱有所扶以及优军服务保障、文体服务保障等9个方面明确了国家基本公共服务具体保障范围和质量要求。《国家基本公共服务标准（2023年版）》是国家基本公共服务标准制度建立以来发布实施的第二版标准，在保持总体结构与旧版国家标准一致的基础上，对部分服务项目进行了调整。由于城市公共交通属于综合交通专项规划内容，在最新的国家基本公共服务标准中均未得到体现。

资料来源：作者整理。

（三）正外部性

外部性指一个经济主体在进行自身的内部活动时促进其他经济主体利益或成本的增加，一般分为正外部性和负外部性。城市公交的正外部性是为企业和乘客之外的整体社会带来的效益，但这种效益无法在运营中反映，即公共交通行业无法通过市场获得这种效益的补偿。城市公交是大运量、集约化的出行方式，正外部性主要表现在三个方面：一是改变交通结构，减少小汽车使用从而缓解交通拥堵，节省因交通拥堵产生的时间成本、交通事故成本、噪声成本等；二是节约能耗，减少尾气排放，降低交通污染成本，改善城市人居生态环境；三是吸引人流聚集，促进沿线商业繁荣，促进城市经济发展。

（四）政府与市场作用

提供准公共产品、保障基本出行权和鼓励正外部性，是政府支持和鼓励城市公交的政策基点，政府是城市公交服务的供给主体。但公交企业必须根据自身的资源状况和市场竞争环境，对企业的发展进行规划和部署、制定企业的目标和任务，体现经营特性。如果一家企业完全不具有经营性、没有盈利，就没有发展的动力，带来的后果就是政府配置资源中存在的市场价格扭曲、配置效率较低、公共服务供给不足等突出问题。因此，在城市公交的供给机制上，需要大幅度减少政府对资源的直接配置，创新配置方式，更多引入市场机制和市场化手段，提高资源配置的效率和效益。

城市公共交通服务可进一步细分为基本公共交通服务和多元化公共交通服务。其中，基本公共交通服务为保障城市居民基本出行权的部分，从绿色正外部性和提供基本公共服务两个方面，政府都需要予以支持，并为运营服务进行一定补贴。基本公共交通服务属于不完全适宜由市场化配置的公共资源，政府承担财政保障（包括低效益线路的兜底保障和为鼓励集约化出行采取的票价优惠政策补贴），但要注重引入竞争规则，充分体现政府配置资源的引导作用，实现政府与市场作用有效结合。多元化公共交通服务是适宜由市场化配置的公共资源，要充分发挥市场机制作用，切实遵循价值规律，建立市场竞争优胜劣汰机制，实现资源配置效益最大化和效率最优化。鉴于多元化公共交通服务也属于正外部性较强的出行方式，政府亦可通过购买服务等市场合作机制，对相关经营服务方式予以支持鼓励。

三、城市公交的管理现状及问题分析

（一）经营模式和服务主体

我国城市公交服务治理模式的选择表现为政府经营模式与市场主导模式间的摇摆。在计划经济体制下，公交服务完全是依赖政府供给，政府通过补贴以国有企业形式供给公交服务，但结果是服务效率低下。自20世纪80年代后的20年，主要是强调市场化的提供机制，民营企业开始大量参与公交服务的供给，但由于实行低票价政策，往往会拒绝公交企业增加收费或调整服务的要求，政府对民营企业的补贴又不到位，企业开始收入不足，出现亏损，反过来导致服务水平降低。当前，为了解决市场化改革中公交服务质量出现的各种问题，很多城市又简单地重新回到政府经营模式下的国有企业供给公交服务机制，民营企业逐渐退出。

表 4-2　我国城市公共交通经营规制改革的主要政策

年份	文件政策	改革要点
1985	《国务院批转城乡建设环境保护部关于改革城市公共交通工作报告的通知》（国发〔1985〕59号）	市场准入：以国营为主，发展集体和个体经营； 票制票价与财政补贴：价格可以根据季节不同在一定范围内浮动，改革月票制度； 经营权：在国有企业实行经营承包责任制。
1990	《城市公共交通当前产业政策实施办法》（建城〔1990〕700号）	市场准入：优先发展公共汽（电）车，适当发展小公共汽车； 票制票价与财政补贴：按运营生产成本增长率分步骤、分时期调整公共交通票价； 经营权：完善承包经营责任制。
1993	《城市公共客运交通经营权有偿出让和转让的若干规定》（建城〔1993〕386号）	经营权：实行经营权有偿出让和转让制度。
1993	《全民所有制城市公共交通企业转换经营机制实施办法》（建城〔1993〕671号）	市场准入：建立平等竞争的市场； 票制票价与财政补贴：公共交通企业享有生产经营决策权，运价、产品、劳务定价权； 经营权：完善各种形式的承包经营责任制，可以实行租赁制，有条件的企业也可以试行股份制。
1994	《建设部关于对城市公共汽车、电车实行专营权管理的意见》（建城〔1994〕329号）	市场准入：引进竞争机制，动员地方、部门和集体经济力量以及个人进入公共交通市场； 经营权：由政府授予现有公共交通企业实施部分线路的专营权和城市一定区域范围的专营权。
1995	《市政公用企业建立现代企业制度试点指导意见》（建法〔1995〕599号）	市场准入：实行资质审查或特许经营管理； 票制票价与财政补贴：大公交要建立价格与财政补贴双向调节机制，小公交在政府监审下，企业自主定价。
2002	《关于加快市政公用行业市场化进程的意见》（建城〔2002〕272号）	市场准入：建立特许经营制度，通过市场竞争机制选择市政公用事业经营者； 票制票价与财政补贴：城市公共交通等市政公用产品和服务价格标准应兼顾行业平均成本和企业合理利润，并由政府审定和监管。
2004	《市政公用事业特许经营管理办法》（建设部令〔2004〕126号）	

续表

年份	文件政策	改革要点
2005	《国务院办公厅转发建设部等部门关于优先发展城市公共交通意见的通知》（国办发〔2005〕46号）	市场准入：鼓励社会资本包括境外资本以合资、合作或委托经营等方式参与公共交通市场，形成国有主导、多方参与、规模经营、有序竞争的格局；
2006	《关于优先发展城市公共交通若干经济政策的意见》（建城〔2006〕288号）	票制票价与财政补贴：保持低票价和低成本优势，对公共交通行业进行财政补贴。
2012	《国务院关于城市优先发展公共交通的指导意见》（国发〔2012〕64号）	市场准入：同等对待各类投资主体；票制票价与财政补贴：根据服务质量、运输距离以及各种公共交通换乘方式等因素，建立多层次、差别化的价格体系，合理界定补贴补偿范围。
2013	《交通运输部关于贯彻落实国务院关于城市优先发展公共交通的指导意见的实施意见》（交运发〔2013〕368号）	

资料来源：周华庆等（2017）。

1. 从政府主导供给到市场化发展探索

改革开放前，我国实行计划经济体制，当时公共交通企业收入归国家所有，亏损由国家财政承担。该阶段由于国家经济发展水平限制，呈现居民出行需求低、供给能力不足、服务水平不高的情况。

改革开放后，我国的经济体制逐步由计划经济向社会主义市场经济转变。《国务院批转城乡建设环境保护部关于改革城市公共交通工作报告的通知》（国发〔1985〕59号）等政策文件明确了公共交通的市场化道路。《关于加快市政公用行业市场化进程的意见》（建城〔2002〕272号）提出加快推进公共交通行业市场化进程，引入竞争机制，建立政府特许经营制度，尽快形成与社会主义市场经济体制相适应的行业市场体系。具体措施包括：（1）开放市政公用行业市场，鼓励社会资金、外国资本采取独资、合资、合作等多种形式，参与市政公用设施的建设，形成多元化的投资结构；（2）实施特许经营制度，采取公开向社会招标的形式选择公共交通等市政公用企业的经营单位；（3）转变政府管理方式，行业主管部门要进一步转变管理方式，从直接管理转变为宏观管理，从管行业转变为管市场，从对企业负责转变为对公众负责、对社会负责。行业主管部门的主要职责是制定行业发展政策、规划和建设计划；制定市政公用行业的市场规则，创造公开、公平的市场竞争环境；加强市场监管，规范市场行为；对进入市政公用行业的企业资格和市场行为、产品和服务质量、企业履行合同的情况进行监督；对市场行为不规范、产品和服务质量不达标和违反特许经营合同规定的企业进行处罚。该阶段，民营资本大量进入，服务质量也有转好趋势。

2. 从市场化到国有化的回潮

在推行公交市场化改革的过程中，各地政府想把公交服务彻底推向市场，但市场价格又受到政府严格管制，加上政府的市场监管职责缺失，导致这一时期公交服务市场秩序混乱，运营企业政策性亏损严重。2005 年至今，公共交通定位回归公益性。国务院及公共交通行业主管部门提出了建立规范的成本费用评价制度和政策性亏损评估制度，对公共交通企业的成本和费用进行年度审计与评价，合理界定和计算政策性亏损并给予适当补贴。2006 年建设部等 4 部门发布的《关于优先发展城市公共交通若干经济政策的意见》，在国家层面首次提出"城市公共交通是与人民群众生产生活息息相关的重要基础设施，是关系国计民生的社会公益事业"，要求在兼顾城市公共交通企业经济效益和社会效益的同时，充分考虑企业经营成本和居民承受能力，科学核定城市公共交通票价。该阶段在经历一段时间的市场整顿和规范后，基本形成以国有企业为主导、民营企业为补充的公共交通服务主体。

2010 年，全国公共汽电车客运营主体共有 3275 户，其中国有和国有控股企业 987 户，占比 30.1%，私营企业 1875 户，占比 57.3%；2021 年全国公共汽电车客运营主体达到 4188 户，其中国有和国有控股企业 1771 户，占比 42.3%，私营企业 2127 户，占比 50.8%；个体 86 户，占比 2.1%。尽管私营企业占比较高，但绝大部分城市的城区公交服务均由国有企业提供，从市场占有率看国有企业占主导地位。

从研究调研地区的公交运营主体情况看，目前多数大城市中心城区的公交运营企业都完成了国有化收购和整合，以国有、独家为主，如成都市中心城区和城市新区已全面实现国有化经营，成都公交集团目前资产总额138.02亿元，经营公交线路854条，拥有公共汽车13628辆，员工21229人（截至2022年5月），常州、苏州、杭州市中心城区城市公交均由当地国有公交集团运营。部分中小城市公交仍由民营企业经营，如内江市公交集团是内江市辖区唯一获得城市公交特许经营的民营公交企业，集团始建于1958年3月，2000年企业改制后，公司在抓好公交主业发展的同时，通过兼并、收购等形式实现了企业经营规模和经营项目的扩张。目前，集团成为以城市公交为主业，涵盖道路运输、车辆维修、车辆检测、驾驶员培训、旅游、广告、物业管理、宾馆等业务的集团化企业。2012年10月，温岭城市公交开始实行民营化经营、政府购买服务的方式，目前温岭全市共有3家公交公司，分别由城市公交公司、民安公交公司和巴士公司3家民营企业经营，从事20余条城市公交线路的运营，覆盖全市太平、城北、城西、城东和横峰5个街道。

专栏4-2：深圳市公共交通经营规制沿革

（1）延续计划经济时期的国有国营模式

改革开放以后，深圳市的常住人口由1979年的30多万人增至1988年的120多万人，人口快速增长带来公共交通出行需求快速增长。虽然同时期深圳市公共汽车公司在车辆购置和线路开通方面增加了投入，但1985年以前包括中巴在内深圳市每万人拥有公共汽车还不足2台，至1988年末也不到3台，难以满足快速增长的出行需求，造成严重的乘车难问题。另外，从1975年公司成立到1985年，在国有国营模式下公共汽车票价几乎未作调整，月票价格长期低于成本的30%～70%，票价过低造成企业负担过重，企业没有足够的资金购买车辆和开通线路，进一步加剧了乘车难问题。

（2）引入竞争机制，开启市场化改革

为了解决日益严重的公共交通服务供给不足和乘车难等问题，深圳市成立了新的公共交通企业，引进新的公共交通服务供给方式，开启了公共交通市场化改革进程。在大巴方面，1989年组建宝安县公共汽车公司，结束了深圳市只有一家大巴企业的历史。1991年，宝安县公共汽车公司实行定线路、定站点、定趟数、定油耗、定利润的风险抵押承包责任制，客运量和营业利润分别比 1990 年增长 40% 和 58.6%，实现盈利 95 万元。在小巴方面，1989 年深圳市借鉴香港公共交通的发展经验，在特区内首次开放中小巴市场，实行小巴线路竞投制度。中小巴作为大巴的有效补充，为解决市民乘车难和出行难问题提供了方便。这一时期的小巴市场仅限在特区内开放，线路运营范围也只在特区内，至 1992 年末，全市公共交通企业达到 6 家，开通 66 条公共汽车线路，全年完成客运量 3 亿多人次。

（3）区域专营与线路专营

1992 年 12 月，深圳市出台《深圳经济特区城市公共大巴专营管理规定》，在中国率先推行区域专营，授予深圳市公共汽车公司专营特区内大巴的权利。相对于国有国营模式，区域专营在一定程度上弱化了政府参与企业经营的程度，采用委托代理机制，政府与专营企业签订专营合同向企业购买公共汽车服务，专营合同内容包括专营区域、专营期限、专营权利和义务、违约责任等。1998 年 5 月，深圳市修订《深圳经济特区城市公共大巴专营管理规定》，将先前实行的区域专营变为线路专营，实行线路招标、线路服务指标量化等，降低企业准入门槛，引入竞争机制。同年 7 月，深圳市一次性授权深圳市公共汽车有限公司经营特区内 46 条线路，深展巴士有限公司经营 5 条线路。在授权的同时，政府还对 106 路专营公共汽车线路实行了竞争性招标。

从政府经营到区域专营再到线路专营，公共汽车企业逐步转变经营理念，建立了现代企业治理模式，增强了企业自我造血功能和盈利机制。2000 年 9 月，深圳市继续推行公共汽车线路专营政策，但不再对公共汽车企业进行经营性补贴，企业成为自主经营、自负盈亏、自我发展的经营单位。2004 年，深圳市公共交通（集团）有限公司通过股权多元化改造，引入国际战略投资者香港九巴集团，成立深圳巴士集团股份有限公司，改制为中外合资的股份制公司。在区域专营和线路专营时期，深圳特区内大巴的线路数和运营车辆数增加了一倍多，并且在线路专营时期的增加速度快于区域专营时期，不享受财政补贴时期的增加速度快于享受政府财政补贴时期。在公共交通市场化改革下，深圳市公共汽车快速发展，截至 2007 年 4 月，深圳市共有 38 家公共汽车企业，414 条公共汽车线路和 9906 辆公共汽车。

（4）公共交通优先战略下的国有化回潮

2007 年 8 月，深圳市颁布《深圳市公交行业特许经营改革工作方案》，实行区域专营制度，成立东部公共交通有限公司和西部公共交通有限公司两家国有控股的公共汽车公司整合特区外的公共汽车资源；深圳巴士集团股份有限公司整合特区内的公共汽车资源。三家公司清退了公共汽车市场上大部分分散的社会资本。深圳市政府授权三家公共汽车公司分区经营深圳市公共汽车市场，特许经营年限为 20 年。在特许经营改革的同时，深圳市政府还进行了大巴降价和财政补贴改革，公共汽车企业符合规制标准范围的成本投入都可以得到政府的财政补贴，并且还可以获得标准成本利润率为 6% 的财政补贴。公共汽车降低票价和财政补贴方案的实施使公共汽车企业的成本补偿和投资收益由原来主要通过票价收入实现转向了依赖政府的财政补贴。

> 　　从特许改革的目标和路径来看，2007年深圳市公共汽车行业进行了一次与以往30年改革方向几乎完全不同的转变。首先，成立国有控股的公共汽车公司，政府重新参与公共汽车公司的经营活动，改变了市场化改革的方向，公共汽车市场出现国有资本回归的趋势；其次，推行经营期限为20年的区域专营制度。区域专营实际上使企业在其经营区域形成垄断经营，消除了公共汽车市场的竞争机制，缺少竞争刺激，专营企业一般不会有竞争企业那样强烈提高效率、减少成本的压力；最后，降低公共汽车票价，推行成本规制财政补贴，在监管体系不完善或监管力度不足的情况下，政府通过财政补贴调节企业经营的行为不仅降低了企业自我经营、自主盈利的能力，还会逐年加大政府的财政负担。

资料来源：周华庆等（2017）。

（二）补贴方式和补贴效率

目前各地主要采取基于公交成本规制的财政补贴模式（以下简称成本规制模式）和传统的"一事一议"专项财政补贴模式（以下简称"一事一议"模式）以应对低票价政策下公交运营产生的政策性亏损，少数城市政府采取了基于服务质量考核的购买公交服务模式。目前，全国36个中心城市中，11个城市采用了具备基本要素的政府购买公交服务模式，12个城市采用了成本规制模式，其余城市还在采用"一事一议"模式。"十三五"时期地级城市的公交政策性亏损补贴政策制定与实施取得较大进展，有大约10%的城市出台了公交财政补贴政策，但一般采用"一事一议"或成本规制模式，只有极少数采用了购买服务模式。

1. "一事一议"模式

目前多数城市采取"一事一议"模式，具体补贴数额根据当年城市政府财政状况和公交企业的运营亏损情况通过在政府和企业之间商议的方式确定，但由于没有形成相应制度，这种补贴模式不稳定性、随意性较强，很多情况下由相对更为强势的一方决定。对于企业经营而言，没有长期经营的安全感。而对于一些独家垄断的运营主体，也容易通过采取等、靠、要等方式"绑架"政府，缺乏通过改善自身运营提高企业收入的积极性。对于政府而言，由于公交企业与政府之间信息的不对等，政府难以判断政府给公交企业的补贴是否足够用于满足公交服务于公益性需求的运营开支，往往把企业由于经营不善导致的经营性亏损也混淆一体，这种补贴模式也可能导致补贴金额使用效率较低，造成财政资金的浪费。

2. 成本规制模式

一些城市认为，通过对城市公交进行成本规制，能够使得城市公交行业成本信息透明化，有效解决成本信息不对称的问题，进而准确地进行成本核算并且提供相应规制措施，做到对城市公交的精细化成本管理。对城市公交进行成本规制需要城市政府的有关部门建立城市公交运输成本标准，并且参照该标准来对城市公交的各项运营和成本进行确认，将实际成本和确认的成本相比较后，由政府来给予城市公交运营主体相应的财政补贴或者政策优惠。但单纯通过成本规制来控制公交企业运营的成本水平，效果并不理想。一方面，政府对公交运营企业的具体开销合理性缺乏判断能力，难以真正有效规制相应成本，使得成本规制的效果大打折扣；另一方面，绝大部分的成本规制是基于当前公交运力投入水平下进行的成本控制，并不能调动企业经营的积极性，特别是难以实现线网和运力投入的持续优化。由于各个地方情况的差异、运力投入和运营任务前置条件的不成熟，目前公交企业成本规制的制定与实施并不能很好地形成长效机制，对发挥企业主观能动性以及调整优化公交的供给作用有限。

3. 定额补贴模式

定额补贴模式，即政府按固定额度对公交企业按年发放补贴。此补贴方式多亏不补、少亏不退款，对于企业发挥自身能动性，积极增收减支有着一定的作用，同时减轻了政府的负担。近几年，一些城市考虑到财政收支矛盾较为严重，结合公交运营补贴规模应与公交客流量相匹配等因素，为切实减轻财政负担，提高财政资金使用效益，开始对公交企业实施定额补贴政策。例如，广州市由于采取亏损兜底补贴政策，2011—2014 年历年补贴分别为 10.1 亿元、15.8 亿元、19.6 亿元、27.9 亿元，补贴数据年均增长超过 50%。自 2015 年起，采取三轮定额包干的补贴方式，2019—2022 年补贴额均控制在 45 亿元。深圳市从 2013 年起也放弃了之前成本规制的补贴方式，开始定额补贴。但是，这种补贴方式也存在弊端，补贴额度的核算难以与公交企业实际盈亏情况相结合，缺乏公平性和合理性。例如，常州市自 2010 年起建立的政府财政保障公交购车资金和低票价政策亏损的补贴机制，至今经历了"成本规制—定额补贴—成本规制"的补贴模式循环。

4. 竞争性模式探索

一些城市针对政府对公交的补贴快速增长、补贴效力逐年下降的情况，认为传统的政府"大包大揽"的补贴模式不可持续，开始探索精细化的补贴模式。例如，深圳市正全力推动第四轮公交行业财政补贴政策研究，按照差异化的思路，将公交运营线路分为政府主导类、企业自主类、定制化个性化类三类，其中政府主导类为政府确定必须保障的基本出行服务范围，按运营里程予以补贴保障；企业自主类为企业根据市场需求自主经营的线路，按实际客流予以补贴；定制化个性化类为多元化经营服务，放开市场化票价，退出政府补贴。深圳市争取 2023 年实现政府对公交的财政补贴总额下降，同时提高补贴的精准性和针对性。

专栏 4-3：深圳市第四轮公交行业财政补贴实施方案研究

通过分析深圳市公交现状，研判未来行业发展趋势，从管理体制、补贴模式、考核机制三方面提出具体政策和措施，促进行业精细化管理，实现市民、企业、政府"三赢"的目标。

一是提出"平台管理+线路专营"模式，通过"大公交"管理平台公司的建立，促进公共交通系统治理体系和治理能力现代化。引进"净成本合约"线路招标模式，由区域特许经营向"区域特许经营+线路专营"转变。推进"车运分离"、深化"场运分离"，由"政府持有+企业自持"向政府主导转变。提出由国资委统筹成立平台管理公司，构建决策、管理、服务三层组织架构，由政府直接监管向"政府+平台"管理转变。提出数据中心、清分中心、线路规划中心、运营中心、调度中心等五大关键载体，实现数字公交管理。

二是制定差异化的管理及补贴模式，针对三类公交线路实行精细化管理，实现公交服务供给和市民出行需求的动态平衡。政府主导类服务主要保障公交公益属性，防止热门走廊过度竞争，保障冷僻偏远地区基本服务。服务标准由市交通局确定，企业严格执行，以载客里程为单位核算补贴。企业自主类服务旨在激发企业市场活力，服务标准由公交企业在满足基本服务要求的前提下，根据实际客流需求自主确定，以客运量为单位核算补贴。市场化服务类是指企业利用富余运力提供高品质、个性化、市场化票价的公交服务，原则上不对此类线路进行补贴。

资料来源：深圳市城市交通规划设计研究中心（2023）。

　　佛山市针对采用市场化主导的公共汽车服务暴露出的无序竞争和缺少统筹等问题，2008年、2010年和2016年佛山市禅城区、顺德区、三水区相继实施TC管理模式，由政府、第三方管理方（TC公司）、运营商共同组成公共汽车服务共同体。TC公司作为政府和公共汽车企业之间的管理平台，政府通过TC公司向运营企业购买公共汽车服务，TC公司负责对企业的服务质量进行监督管理，类似于竞争性招标中的总成本合约模式。在TC管理模式下，政府通过TC公司搭建票运分离的政府购买服务平台，实现对公共汽车服务的统筹扶持；通过统筹规划管理以及统一的服务监管标准，实现对公共汽车线路服务的整体结构优化；通过在服务招标阶段的竞争性招标，促进公共汽车企业之间良性竞争以及提供优质的服务。

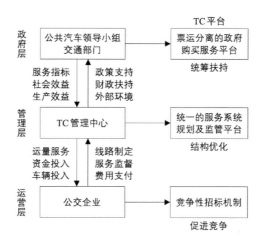

图4-1　佛山市TC管理模式组织架构

图片来源：苏跃江等（2019）。

专栏4-4：总成本合约——佛山市TC管理模式实施成效

（1）实施流程

　　实施分为五个步骤：一是确定主体数量。根据市场容量、企业规模与成本关系分析，按照适度竞争的要求并结合政府监管资源和能力情况，综合分析确定市场合理的公共汽车运营商数量和规模。二是确定分包方案。参照尊重历史、既有线路和场站性质相关性对现状线路和新增线路进行组合划分，确定分包方案并推出招标。三是制定市场准入条件并招标。对参与投标的企业制定市场准入条件（包括企业所在地、规模及资质要求等），目的是保障后续的公共汽车服务质量。四是签订服务合同。TC 管理模式本质是一种契约性的管理，合同的制定和签订至关重要，可邀请公共交通专家、法律顾问对合同细则逐条进行研究讨论，使合同内容既有利政府购买服务又符合国家相关法律法规。合同中应明确公共汽车服务标准、服务考核标准、服务费用结算方式与标准、合同变更及终止等条款。五是明确企业退出机制。既有中标企业退出有以下几种情形：企业经营期限届满，未能获得续约（重新参加竞标未中）；企业考核不合格，部分或全部线路特许经营权被撤销；企业财务出现困难，经营难以持续；其他意外情况企业中途强行退出。

（2）服务标准

在经营服务合同中，应明确公共汽车企业的运营服务标准，包括线路运营服务、营运车辆技术等级和司乘人员等内容，要求企业按照相关标准执行。依托 TC 公司服务监管考核部门，对公共汽车服务质量和合同履行进行考核，考核指标主要包括企业经营管理、线路运营管理、运营车辆、司乘人员等，并依照相关服务质量评分标准进行评价。服务质量监控考核采取线路抽查（每月进行 1～2 次）、电子监控（每天进行数据记录）、市民投诉等方式进行综合考核。TC 管理中心服务监督部将利用 GPS 监控中心对车辆的运营情况进行监督，工作人员定期对线路进行跟车检查，对其进行评分和奖惩，并利用公众满意度问卷调查的形式进行考核，以达到全面考核目的。

（3）主要成效

实施改革后，顺德区、三水区公共汽车线路数及客运量均得到显著提升，公共汽车出行分担率、车站覆盖率以及乘客满意度和投诉率等指标都有不同程度的提升。

资料来源：苏跃江等（2019）。

（三）主要问题分析

1. 中央政府指导方式和管理手段有限

现阶段，城市政府是发展城市公共交通的责任主体。近年来，中央政府及各部门印发了多个指导意见，以《国务院关于城市优先发展公共交通的指导意见》（国发〔2012〕64 号）（以下简称"64 号文"）为代表，成为推动我国城市公共交通发展的重要政策导向。但同时也要看到，国家提出的部分指导意见在实际中落实效果不尽理想，主要是缺乏调动城市政府积极主动作为的激励和考核机制。如 64 号文提出"城市人民政府要将公共交通发展资金纳入公共财政体系"，但目前大多数地级市和绝大多数县级市未建立成体系的公交运营补贴制度。又如"吸引和鼓励社会资金参与公共交通基础设施建设和运营，在市场准入标准和优惠扶持政策方面，对各类投资主体同等对待"，但各地政府出于地方国有垄断企业便于管理的懒政思维，对推动公交市场化运营改革没有意愿。

从我国实践情况看，交通运输部 2012 年开始的"公交都市"建设示范工程，对创建城市给予一定的资金支持，并且通过创建申报、年度检查、示范城市验收和验收后动态评估等举措，在一定程度上有效激发了地方政府的积极性，成为贯彻落实 64 号文的有力抓手。我国"十三五"期间实施的新能源公交车购置和运营补贴政策，也极大加速了城市公交电动化进程。如果中央政府能为城市公共交通设立较为稳定的资金支持，并通过完善资金发放、统计和考核等相关机制，能够更好引导地方政府按照中央的政策导向落实有关政策措施。

2. 政府补贴资金来源不稳定

在国家层面，根据财政部等部门《关于完善城市公交车成品油价格补助政策加快新能源汽车推广应用的通知》（财建〔2015〕159 号），"十三五"期间国家实施城市公交行业燃油补助和新能源公交车运营补助政策，补贴规模约为每年 300 亿元，这部分资金有力保障了大部分中小城市公交的可持续运营。"十四五"期间，根据《关于调整农村客运、出租车油价补贴政策的通知》（财建〔2022〕1 号），取消城市公交行业油补资金和新能源公交车运营补助资金，从 2021 年起仅每年城市交通发展奖励资金涨价补贴中的70%，可统筹用于支持城市交通领域新能源汽车运营，年补助资金每辆车减少 6 万元左右，减少幅度达 80% 左右，同步国家对购置新能源车的补贴也减少。自此，国家针对城市公交运营的补贴出现断崖式减少。

在地方层面，各地政府因经济发展水平不同、政策执行力度不一，对城市公交补贴政策各不相同，部分城市未按要求将城市公共交通的发展纳入本级公共财政年度预算体系，未建立城市公共交通成本规制考核补贴补偿机制，对公交企业以"一事一议"模式给予补助。近两年随着地方财政压力的增大，城市公共交通资金来源不稳定、资金投入不足、补贴不规范等现象普遍存在，特别是大多数地级市和绝大多数县级市未建立成体系的公交运营补贴制度，如山西全省 148 家公交企业中，仍有 41 家不享受财政补贴，占比高达 27.7%。2019 年国家新能源公交车运营补助政策到期后，地方政府由于未建立实施有效的地方财政补贴制度，公交企业亏损缺口进一步增大，如湖南 2022 年全省城市公交从国家获得补贴资金约 3.5 亿元，缩减至 2019 年 22 亿元的六分之一；河南省 2019 年获得国家城市公交车成品油价格补助、新能源公交车运营补助共 20.78 亿元，但近两年每年可用于拨付公交企业的资金总额约 2 亿元，仅为 2019 年国省补贴总额的 10%。

3. 缺乏竞争导致补贴效率低下

当前，多数城市对公交运营企业主要实行"一事一议"或成本规制管理，地方政府财政根据公交企业的实际运营成本进行核算并给予运营亏损的补贴，这就导致公交企业没有降低成本的主动性，对实际运载的客流也不关心，相关管理政策难以切实调动企业降本增效、提升服务的积极性。特别是多数大城市公交采取独家垄断经营的模式，在缺乏市场竞争的条件下，公交企业的运营成本缺乏对标，成本规制管理导致成本越来越高，补贴不断增加。虽然目前一些地方采取了服务质量考核的管理方式，但由于公交企业的垄断地位，目前的实际效果并不理想，仍存在较大的灰色空间，相关补贴机制无法做到公开透明，服务质量考核也常流于形式。我国内地一些大城市对地面公交的人均补贴已高达 5 元至 10 元，远远超出票价水平。随着补贴额逐年升高，客流量逐年降低，政府财政补贴效能越来越低，如东莞市 2022 年补贴 18.5 亿元，平均补贴 13 元 / 人次。

专栏 4-5：广州、深圳、东莞城市公交补贴占票价比重对比

广州市现有公共汽电车经营业户 28 家，既有国有全资的广州巴士集团（市场份额约占 60%），也有合资企业（20%）和民营企业（20%）参与，区域内市场竞争较为充分。广州珍宝（白马）巴士有限公司是广州规模最大的民营外资公交企业，深耕广州公交近 30 年，现有公交线路 89 条、营运车辆 1121 台，员工 3000 余人。同时，广州珍宝公司拥有一汽公司 50% 的股权（一汽公司现有公交线路 200 条、营运车辆 2164 台，员工 6200 人）。相比于东莞市公交主要由国有全资的东莞巴士有限公司经营，深圳市公交主要由深圳巴士集团、

续表

东部公共交通有限公司、西部公共汽车有限公司三家国有企业分区域经营，广州市公交经营的市场化竞争更加充分。充分的市场竞争有利于降低企业实际的运营成本，提升政府的补贴效力，广州市财政补贴为每车 30 万元，处于全国最低水平，相比之下，东莞市为每车42 万元，深圳市为每车 50 万元。

资料来源：作者整理。

如果将广州、深圳、东莞同国际上比较成熟的伦敦模式比较，在同样购买力水平的票价基础上，广州公交补贴占票价的比重为 61.60%，与伦敦的 21.3% 较为接近，而深圳、东莞比重分别高达 237.1% 和 402.3%，说明有限的市场竞争已经能够大幅缩减补贴金额，打破独家垄断模式提高补贴效率迫在眉睫。

表 4-3　伦敦、广州、深圳、东莞城市公交补贴占票价比重对比（2022 年）

城市	票价 （美元）	人月均 GDP （国际元）	人均收入 （国际元）	票价占 购买力 比重	同等票 价水平 （美元）	人均 补贴 （美元）	人均公益 性票价补 贴（美元）	除去 公益性 补贴 （美元）	补贴占 同等票 价比重
伦敦	2.0	6598	5315	0.00038	2	0.4	0	0.4	21.3%
广州	0.3	3134	1347	0.00022	0.5	0.5	0.2	0.3	61.6%
深圳	0.3	4072	1295	0.00023	0.5	1.3	0.2	1.2	237.1%
东莞	0.3	2251	1111	0.00027	0.4	1.8	0.1	1.7	402.3%

资料来源：作者根据购买力平价计算（现价国际元）整理换算。参考世界银行 https://data.worldbank.org.cn/indicator/NY.GDP.PCAP.PP.CD?name_desc=false。

4. 公平竞争市场环境仍不完善

一方面，大部分城市公交市场不开放，民营市场主体进入难，不能做到相互竞争和成本比较。而对于定制公交，一直没有放开准入管理，制约了公共交通多元化的发展。在"互联网 + 交通"发展的初期，滴滴巴士、车来了等互联网巴士市场主体纷纷涌现，但多数地方政府均认为这种由市场主体自发组织的互联网巴士违反公交经营管理关于"线路实行经营许可制度""投入运营的车辆应当取得车辆运营证"等现行规定，将互联网巴士归入违法经营。这也是近年来互联网巴士发展缓慢的直接原因。现阶段，定制公交业务主要由各地公交集团组织实施，作为公交企业利用闲置资源增收的一种手段。但是，各地公交集团开行定制公交所用人员、车辆，和常规公交不区分，均受到当地政府的补贴，使得在市场竞争中处于天然优势地位，也制约了其他定制公交市场主体参与服务的积极性。

另一方面，虽然在各地政策文件中均规定，对城市公交运营企业主体一视同仁、同等对待，但在实际操作过程中，由于地方政府对公交运营的补贴缺乏公开透明的机制，地方政府在补贴时存在权力寻租、国有资产流失等顾虑，使得民营企业在城市公交行业的生存空间越来越小。内江公交集团作为全国较为典型的民营企业，调研中了解到，地方政府出于种种原因，对其公交运营的补贴不能及时、足额到位。在资金不能有效保障运营的情况下，各地公交运营国有化整合的趋势仍较明显。

专栏 4-6：成都市推进公交整合工作

成都市主城区已实现公交整合，但部分郊区市县仍存在多家公交运营主体，认为不同运营主体、不同运输业态和财政补贴情况难统筹融合，主要考虑是运营主体小、散、弱和集约经营不足等问题导致公交资源不便统筹调度和充分利用，以及部分区域、部分线路存在公交、客运混合经营状态，两种业态在政策及资金支持、票价制定、运营服务要求等方面均存在较大差异，阻碍线网统筹衔接、运营协同融合和设施共用共享，甚至出现挤占市场、引发冲突等现象。成都市提出，推动郊区新城加快属地公交市场整合工作，目前彭州已实现城区公交、农村公交、农村客运主体的国有化整合，并推进农村客运和公交统筹协同发展；邛崃、金堂、大邑、都江堰等市县已结合属地实际形成初步整合方案，推动运营资源统筹调度和应用。

资料来源：作者整理。

四、国内外城市公交管理体制机制改革的经验借鉴

（一）美国联邦政府扶持城市公共交通的有关经验

1. 20 世纪 60 年代联邦对城市公交的援助力度逐渐加大

面对城市公交的日趋衰落及其危害，从 20 世纪 60 年代开始，美国联邦政府意识到城市公交的重要性。从 1964 年第一个标志性的联邦公交法案《城市公共交通法》到 1978 年的《地面交通援助法》，在这十余年间，联邦政府通过了一系列授权法案，不断加大对公交行业的援助。其中，1964年 7 月生效的《城市公共交通法》是联邦政府援助公共交通的第一个主要立法，标志着联邦公交政策的正式形成。该法授权联邦政府对公共交通建设进行资金上的援助，联邦政府可以提供公交项目的建设、改造以及兼并公交设施的净成本的三分之二或以上的资金。1970 年国会通过了《城市公共交通援助法》，该法使联邦基金对公共交通的长期援助第一次以法律形式确定下来，并在第一款中为公共交通提供了一个为期 12 年的至少 100 亿美元的援助基金。在该法的授权之下，公交行业获得了联邦长期的、大规模的资金援助。1973 年，联邦基金在城市公交投资项目中的份额从原来的三分之二上升到 80%。国会于 1974 年通过了《全国公共交通援助法》，该法第一次授权联邦基金可以用于公交行业的运营补贴，总共授予公交行业为期 6 年 118 亿美元的联邦援助基金。直到 2021 年通过的《基础设施投资和就业法案》，授权 390 亿美元用于公共交通系统的现代化升级，成为美国有史以来对公共交通最大的联邦投资，主要改善老年人和残疾人的出行状况，维修约 24000 辆公共汽车、5000 辆轨道车和数千英里的火车轨道。

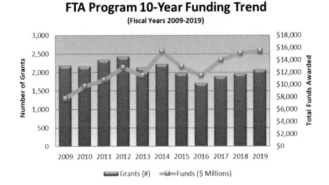

图 4-2　美国联邦政府近年对城市公交的补助资金变化

图片来源：美国交通部网站。

2. 20 世纪 80 年代联邦援助基金确立引入私营部门导向

自 20 世纪六七十年代联邦政府开始大规模干预公交行业以后，美国的公交行业掀起了大规模的公有化浪潮，特别是 1964 年《城市大众交通法》规定，只有公共事业单位才能申请联邦的补助金。为了获得联邦援助，很多市县政府纷纷购买或者接管当地的轨道交通和公共汽车公司。到 70 年代末，美国城市的公交行业基本上完成了公有化。

面对公交行业快速上升的运营成本和日益严重的亏损，时任总统里根除了削减联邦的公交开支外，还和一些国会议员主张通过竞标的方式，将一部分公交业务转让给私人公司经营，认为私人企业能够以更低的成本提供更好的服务。1982 年的《地面交通援助法》则明确要求，获得联邦援助的公交公司在发展公交业务时，需要与私营部门共同磋商决定。为了有效地落实这项政策，美国城市公交管理局于 1984 年出台了具体的指导方针，主要包括三个方面：一是通过向外承包的方式来提供服务，主要以巴士线路的外包为主；二是拨款对公交私营化的可行性进行研究；三是进行共同开发，对于私人地产开发商来说，如果他们能够在其地产开发区内提供公交服务设施，他们将获准超越分区制的限制，获得更多的建筑奖励。20 世纪 80 年代兴起的公交私营化，对于降低公交行业的运营成本、建立反应灵敏的交通系统发挥了积极作用。城市公交管理局的一份报告指出，80 年代由私人公司提供的公交服务大约占到了全美公交服务的 10%，而这些由私营公司承担的业务却在成本上节省了 25%—30%。到 2001 年，美国超过三分之一的公共交通服务由私营部门承担。

3. 联邦政府援助的管理制度清晰

1991 年《地面交通联运效益法》将城市公共交通管理局（UMTA）重新命名为联邦公共交通管理局（Federal Transit Administration，FTA），这一变化也体现了该机构将承担更广泛的职责。1998 年的《21 世纪交通平衡法》继续增加对兴建和扩建的公交系统的资金援助，对这些项目增加了审核和评定的程序并划分为优先推荐、推荐和不推荐三个类别，目的在于鼓励竞争，使各类获得联邦基金的公交系统能够提供最好的公交服务。

目前，联邦公共交通基金项目分为公平性（Formula）和竞争性（Competitive）两类，基金规模各占一半左右。公平性基金一般根据人口等公平性指标分配给各州或都市规划委员会（MPO），资金主要分发给地方政府或公交运营商，用于维护或改善现有的公共交通系统。竞争性基金基于竞争过程，各州或其他直接受益人可以单独或合作的方式申请补助金，联邦政府根据导向确定最终入选的资助名单。

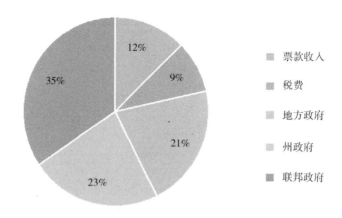

图 4-3　美国城市公交资金来源情况

资料来源：美国交通部网站 https://www.transit.dot.gov/ntd/ntd-data。

在美国，人口超过 5 万人的地区必须建立区域规划机构——都市规划委员会（MPO），由当地和州政府官员、专业公共管理人员、市民和私有部门代表组成。都市规划委员会必须制定长期多交通方式都市交通规划和 3 年优先项目计划等文件。申请联邦援助的项目必须得到区域规划机构的审批。联邦公路和公共交通项目的计划和优先次序设置由最终的受赠方——各州、地区和当地机构负责。从本质上说，联邦政府并不批准单个项目，只负责批准项目确定、优先排序和准备程序。

4. 注重政府能力建设

联邦政府会发布一些指令性文件，以便使联邦政府的政策与想法贯彻到规划和计划中，例如拥堵、空气污染、残疾人群的出行需求、非机动交通、交通安全等。反映当前国家政策的指令发布后，美国交通部会开展相关的国家研究和能力建设项目，邀请美国交通部、科研院所、研究人员和从业者等参加。为了更好地达成国家目标并考虑到全国范围内的相似性，绝大部分的研究和能力建设活动由中央政府来完成。根据联邦法律要求，各州必须从中央政府的资金支持中抽取一定比例（0.5%~2%），用于规划、研究、教育培训等内容。

（二）伦敦地面公交改革历程及特点

大伦敦地区（Greater London，以下简称伦敦）面积 1572 平方公里，人口约 900 万人，与我国超大城市中心城区规模相近，拥有近 9000 辆公交车、400 公里地铁、1000 公里市郊铁路等多样化的公共交通服务体系（2019 年）。伦敦地面公交拥有线路 600 余条，其中高频线路占 82%，乘客平均等候时间为 6.2 分钟，公交车到站准点率达 83.3%，100 余条线路全天 24 小时运营。较高的服务水平，使得伦敦地面公交日均客流量达 600 万人次，超过地铁和市郊铁路（均为 480 万人次左右），是伦敦公共交通体系中规模最大的服务系统。

1. 20 世纪 30 年代实行公共交通国有化政策

20 世纪 30 年代以前，英国国内的国有企业规模很小，伦敦公交市场同样没有实行政府规制，完全由私人主导，出现了公交服务不稳定和混乱的情况。1933 年，伦敦客运交通委员会成立，在其支持下，伦敦交通局整合了地面公交及轨道交通企业，公交服务覆盖了伦敦及周边邻近县。到 20 世纪 70 年代，伦敦的地面公交系统开始亏损，需要政府补贴才能维持。随后，补贴陷入恶性循环，票价大幅上涨，客流下降，收入减少，所需补贴直线上升，1982 年公交补贴已占运营成本的 35% 以上。

2. 20 世纪 80 年代开始探索引入私营企业竞争

1984 年，伦敦区域交通法案要求伦敦交通局设立子公司来运营地面公交，还规定在适当情况下，应引入竞争性招标，以确保伦敦交通局经济运行，并减少对公共财政资金的依赖。1985 年，伦敦交通局成立伦敦巴士公司来运营其地面公交服务。同年，成立公交招投标部门负责推动线路的公开竞标程序，并要求伦敦巴士公司与私营运营商竞争以获得地面公交线路的经营权。这些线路被授予能够以最具成本效益的价格提供最佳服务的运营商，大约 40% 的初始合同被授予了私营公司。与此同时，为增强自身竞争力，伦敦巴士公司按区域范围创建了 13 家子公司，这些子公司能够自主运营并相互竞争，以获得运营公交线路的合同。1994 年，这些子公司通过向大型公交运营商出售的方式相继完成私有化。1995 年，政府对每车公里的补贴投入比 1985 年时减少了 84%，对每人公里的补贴减少了 80%。

3. 从总成本合同到质量激励合同的演进

1985 年，伦敦交通局初始招标时使用总成本合同形式，运营商根据指定服务所需的总成本进行投标，包括车辆、员工和管理费用等。在这一时期，由于缺乏工作人员或可用车辆等原因，大量指定行程在实际操作中无法运行，服务质量令人不满意。为解决上述问题，伦敦交通局引入了服务考核标准，能够提前终止未能完成指定里程的运营商合同。到 20 世纪 90 年代后期，地面公交服务的可靠性成为当时的主要问题。2001 年，新成立的伦敦巴士局引入了质量激励合同，设立对运营商服务质量相关的直接财务激励，以期显著改善地面公交的服务质量。到 2015 年，伦敦地面公交客运量相比于 2000 年增长了 70%，达到 1959 年以来的最高水平。

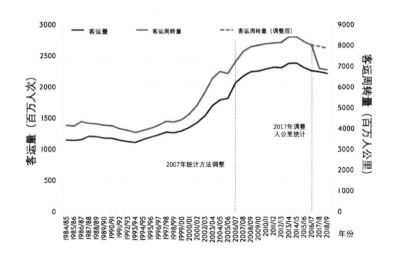

图 4-4　伦敦地面公交客运量和周转量的变化情况

图片来源：伦敦交通局网站。

4. 伦敦地面公交改革的主要特点

一是政府推动地面公交发展的职责逐渐清晰。与我国大多数城市将城市地面公交的公益性定位同政府主导经营的发展模式相混淆不同，伦敦政府对地面公交的管理更好兼顾了公益性定位和发挥市场机制作用之间的平衡。为维护市场秩序和体现公益性，伦敦政府对公交票价实行管控，票价会随着物价水平不断调整。但伦敦公交的票款收入均归政府所有，政府再根据招投标合同按额度支付给公交运营商，不足的部分由政府资金补充。鉴于伦敦政府在管理地面公交方面较为成功的实践，2017 年英国颁布《地面公交服务法》，要求除伦敦以外的地方政府和公交运营商通力合作，构建增强型合作伙伴关系。2021 年英国交通部发布《地面公交国家战略》，设立30 亿英镑的地面公交补助资金，推广增强型合作伙伴关系以及支持地方交通部门通过特许经营权为改善地面公交服务水平的做法。

二是实行公开规范的线路招投标制度。为保持地面公交运营的相对稳定，伦敦巴士局每年对 15% 至 20% 的公交线路进行招标。在招标文件中，伦敦巴士局指定了相应的服务规范，包括线路、服务频率、车型和最低绩效标准等。潜在运营商需提交完成相应服务内容的总报价，以及完成交付指定服务水平的时刻计划等具体内容。此外，运营商也可提出更多对乘客有益的替代方案。合同授予的建议由投标评估委员会讨论并批准，评标过程首要体现公平，目的是在伦敦巴士局可用的资源范围内实现最具经济优势的结果。评估主要考虑：总报价；提供优质服务的能力；招聘、培训和留住合适人才的能力；公交首末站的状态或获得合适站场的能力；车辆的类型、特性和维护水平；启动成本资源获取和合同期的财务稳定性；符合规范的服务时刻表；健康与安全管理记录等方面。

三是注重服务质量和安全的绩效管理。2001 年伦敦巴士局推出的质量激励合同以总成本合同为基础，引入包含绩效奖惩的激励条款，以及两年合同延期的选择权。线路合同的初始期限为五年，授予时包含特定的最低绩效标准，该标准通常在合同有效期内固定，并反映线路的特定特征。合同价格每年会根据通货膨胀率进行调整，调整基于人工费率、零售价格指数和燃料成本等多项指标。除了监督完成指定里程的要求外，质量激励合同中最重要的指标为地面公交运营的可靠性，即将运营商在每条线路上的年度可靠性表现与合同的最低绩效标准进行比较，以确定奖励或扣除的合同额度。质量激励合同对可靠性的考核十分细化，对于高频线路的超额等待时间每增加或减少 0.1 分钟，低频线路的准点率每增加或减少 2.0 个百分点，政府对运营商的合同付款就会分别相应增加或减少合同额的 1.5% 支付奖金或 1% 的比例扣除（奖金和扣款的上限分别为合同额的 15% 和 10%）。此外，如果运营商达到或超过招标文件中为该线路设定的可靠性"延期阈值"标准，则运营商有权自动延长两年合同。

（三）香港巴士市场化运作的经验

2023 年，香港城市居民通过公共交通的日均出行约 1189 万人次（不包括步行），其中轨道交通（含地铁、轻轨、有轨电车）出行 515 万人次，占比 43%，巴士出行约 588 万人次，占比 49%。香港巴士一直是香港城市交通的第一大出行方式，且近年来在城市出行中的地位也基本保持稳定。

香港巴士服务的主体是专营巴士，公共小巴、非专营巴士（类似于内地城市的定制公交）等提供多元化的辅助公交服务。此外，还有港铁巴士（新界西北）提供地铁沿线的免费接驳服务。

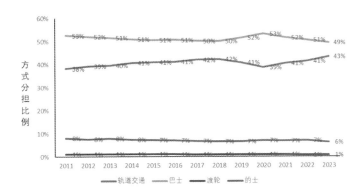

图4-5　近年香港公共交通分方式出行分担比例变化

图片来源：作者根据香港运输署网站数据绘制。

1.香港城市公共交通出行和巴士服务概况

（1）专营巴士是香港巴士服务的主体

香港《公共巴士服务条例》为特区政府有意愿开通的常规公交服务设立了专营权，规定可在公开投标后批予。香港目前有4家专营巴士公司，拥有5000多辆巴士，运营线路700余条，日载客量370万人次，占全港每日巴士载客量的63%。其中，九龙巴士有限公司（九巴）经营440条巴士线路，拥有超过3900辆巴士，平均每日载客约256万人次；城巴有限公司（城巴）经营235条巴士线路，拥有1530辆巴士，平均每日载客约94万人次；新大屿山巴士有限公司（屿巴）经营27条大屿山线路及1条新界线路，拥有132辆巴士，平均每日载客约9万人次；龙运巴士有限公司（龙运）提供北大屿山和机场的专营巴士服务，经营39条线路，拥有264辆巴士，平均每日载客约12万人次。

（2）逐步规范的公共小巴

除专营巴士外，香港还有19座车型的小型公共巴士服务，分为绿色专线小巴（3299 辆）和红色小巴（847 辆）两类，其中绿色专线小巴按固定的线路、班次和收费提供服务，目前运营 355 条线路，日均载客量约 135 万人次。红色小巴可行驶于香港各区，其服务线路、班次及收费不受规管，日均载客量约 17 万人次。

香港政府对小巴的规范管理是循序渐进的。小巴原为市场自发的非法运营个体户，在 1969 年被香港政府正式规范为小型公共巴士。起初，政府仅统一了车身外观的红色标识，而小巴的行驶线路、时间、票价、停靠和上下客等都在政府管制之外。1972 年开始，香港政府在中环市中心区和山顶设置了一条管制清晰的专营线路小巴，随后又在铜锣湾和香港仔之间设立专营线路小巴，逐步奠定了政府加强管制小巴运营行为的基础，包括行驶线路、时间、票价、停靠站等。此后，接受规范的小巴车号刷成绿色，简称绿巴。在逐步推出绿巴之后，香港政府会通过有序增加绿巴线路来吸引红巴转型，如借机会限制红巴的经营范围，包括将所有快速道、市中心区和新镇等相对有利区域都保留给绿巴，规范小巴的整体行为。但是，香港公共小巴市场始终保持进出自由，经营主体在评估市场需要之后，若参与绿巴运作有利的就会竞投有关线路，当无利可图时也可将绿巴还原为红巴。

（3）非专营巴士发挥多元辅助作用

目前，香港有 6905 辆非专营巴士，其角色主要是纾缓市民在繁忙时间的巴士服务需求，以及在一些专营巴士和专线小巴行走并不符合营运效益的地区提供服务，其功能定位与我国内地城市近年发展的定制公交类似。香港《道路交通条例》对非专营巴士发出的客运营业证授权提供以下八种服务：游览服务、酒店服务、学生服务、雇员服务、国际乘客服务、居民服务、复式类型交通服务、合约出租服务。

由于市场需求不足的原因，专营巴士不能为一些地段的居民提供公共交通服务。在市场准入相对宽松的情况下，非专营巴士是为了填补市场空缺而产生的，具有一定的服务价值。香港有多种不同形式的非专营巴士，其中屋村巴士（为郊区居民往来市中心区的通勤服务）和校车服务为最主要的方式。根据 2011 年的《主题性住户统计调查报告书》内的《使用非专营巴士服务的情况》报告，非专营巴士日均乘客人数为 70 万人次左右，其中 54% 为上班和从事经济活动的人士，28% 为学生。一般来讲，市民对非专营巴士服务的满意度超过常规公交，方便、快捷、安全、舒适和专程定点服务等都是乘客选择非专营巴士的主要原因。

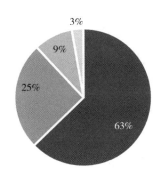

图 4-6　2023 年香港巴士服务的主要构成比例

图片来源：作者根据香港运输署网站数据绘制。

2. 市场主导的巴士服务

鉴于出行需求的多样化，只有通过市场机制提供多样化的公共交通服务才是解决问题的根本。当香港政府需要开拓新线路时，会通过招标形式吸收有意进入市场并符合标准的公司竞标，通过综合对比服务价格、水平等确定授予一定期限巴士专营权的运营商。对于一些不适合常规公交服务的线路或地段，香港政府鼓励发展非专营巴士提供接驳服务，完成换乘功能需要，而非专营巴士运营商只需获得香港运输署的客运营业证授权，并未有市场准入的限制，能够实现市场自发的优胜劣汰机制。在相对开放的巴士市场下，专营巴士、公共小巴、非专营巴士等不同公交服务模式相互竞争合作，达到了公交服务覆盖率最大化的效果，最终使全体市民受益。与此同时，香港政府对每一个公交市场都制定了一套相对完整的管理机制，参与者必须履行规定内的服务任务。

3. 打破垄断维持有效竞争

香港巴士专营权的法定期限可达 15 年，但是香港运输署一般仅批出为期 10 年的准证，服务表现良好的运营商可以获得为期 5 年的延续。在紧急状况下，政府可以接管巴士公司。1992 年，香港运输署以中华巴士服务质量欠佳为由，将原属其负责提供服务的 26 条线路重新公开招标，最后由城巴投得，打破了中华巴士在香港岛的垄断局面。1995 年，城巴又接管了中华巴士另外 14 条线路的专营权。在 1998 年中华巴士专营权期满时运输署将线路重新招标，结果由新成立的新世界第一巴士服务有限公司获得专营权。直到近期，香港行政长官会同行政会议决定向城巴批予为期十年的新专营权，涵盖过往城巴及新世界第一巴士服务有限公司专营权的两个巴士网络，并于 2023 年 7 月 1 日开始生效。

为鼓励竞争，政府亦有权将某些线路的专营权以联合运营的方式赋予超过一家专营权运营商负责。早年，中华巴士和九龙巴士的专营权属于独有经营权，前者在香港岛、后者在九龙半岛和新界包揽独家经营业务。香港政府认为，区域专营不符合市场竞争机制理念。当过海隧道通车后，香港政府将过海隧道的巴士服务专营权授予中华巴士和九龙巴士共享，打破独有经营权局面。此后的专营权都以非独有经营权的方式批出。

4. 强有力的政府监管

根据《公共巴士服务条例》，政府会为每一家专营权巴士公司制定专门的规定，在线路增减、票价调整、车辆车型、运营服务和车辆维修保养等方面有明文规定和严格监管程序。获得专营权的公司，除了获得豁免车辆牌照费用和燃油税外，还可以免费使用道路和公交场站的土地。

在具体经营方面，政府同意将线路规划的责任移交给获得专营权的巴士公司，政府只保留审核权，公司因此能更灵活经营。在这项安排下，专营公司每年必须向政府提交一项滚动式的五年巴士经营实施方案，包括详细列出经营的线路、班次及车辆配置细节，对停放和维修场站提出详细计划，以及提供为满足上述发展所需的财务计划等。实施方案经香港运输署和巴士公司磋商达成协议后，政府和巴士公司均须保证方案中的各项安排实施落地。

在票价调整方面，虽然香港政府对巴士票价调整有最终批准权，但有关权力的行使也必须充分考虑运营公司的成本负担。根据条例，巴士公司没有自行调价的权力，每次调价需要向行政长官会同行政会议提出调价申请。香港政府在是否批准票价调整的申请时会考虑以下因素：自上次调整票价以来运营成本和收益的变动、巴士公司对未来（成本、收益和回报）预测、公司需要得到的合理回报率、市民的接受程度与负担能力以及巴士的服务质量等。此外，巴士公司获得的回报如果超过专营权规定的按固定资产平均净值计算的回报率，有关额外回报须拨入发展基金，用于固定资产投入或弥补未来运营损失，不得挪用。为掌握专营公司实际经营情况，香港行政长官可委任不多于2人为公司的非取酬额外董事。该董事有权参与专营公司及专营公司董事局的会议，有权取览其他董事可得到的有关该专营公司事务的一切材料，有权要求公司提供有关事务资料。

5. 公交导向开发（TOD）策略的实施

从城市规划角度，20世纪80年代香港政府制定了土地利用与交通最优模型（Land Use and Transportation Optimizing Model，简称LUTO模型）以匡算整个城市乃至每一地块的交通容量上限，并将其作为土地开发强度的依据。其基本原则是一个区域或地块的开发受到该区域或地块的交通容量的限制。任何土地开发都不能超越交通容量的上限，这一"规划以交通先行"的概念确立了政府和开发商的共同目标，这些限制体现在区域和地块的规划法定图则中；除非得到城市规划委员会的修改批准，香港的任何土地开发项目都不能超越法定图则的规定。通过该模型的有效应用，使得城市开发与交通规划从规划层面就保持了协同。

从城市设计角度，香港采用了公交车站半径300~600米范围内以步行为主的混合式高密度土地利用发展模式。公交站附近有良好的空中步行长廊和人行天桥联系周边建筑群，所有的步行设施都将行人引向公交站点，这一设计显著提升了公交覆盖率，大大降低了人们开车的欲望。比如，九龙旺角地铁站有 11 个出口，半径 250 米范围内有超过 20 个巴士车站和三组小巴车站、一个跨境客车站和多个出租车停靠处，换乘极其方便。

从市场主体角度，在巴士服务市场化运作的情况下，经过多年的发展，香港巴士公司的产权逐步被与土地开发有关的地产商收购。目前香港最大的三家巴士集团均由房地产开发商控股，巴士线路被发展成房地产销售的重要配套设施，在市场主体层面实现了香港城市开发与公共交通建设的同步：房地产开发商努力提升巴士服务以抬高房地产的价格和利润，同时通过房地产的利润弥补巴士服务的资金回报或利润的不足。

此外，香港政府通过经济手段和减少停车位的方式，对小汽车的需求进行有效管理，香港每千人汽车拥有量约为 75 辆，远低于同等规模内地城市水平。

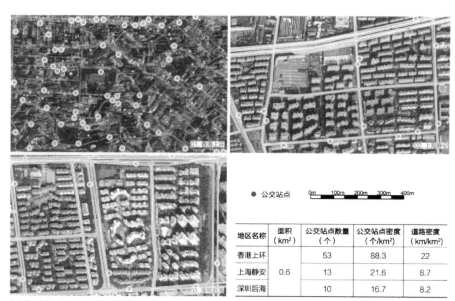

地区名称	面积 （km²）	公交站点数量 （个）	公交站点密度 （个/km²）	道路密度 （km/km²）
香港上环		53	88.3	22
上海静安	0.6	13	21.6	8.7
深圳后海		10	16.7	8.2

图 4-7　香港、上海、深圳公交站点密度比较

图片来源：刘倩等（2017）。

五、关于城市公交管理体制机制改革的建议

（一）确定政府保障标准

1. 合理确定城市公交的公益属性

从公益性角度看，城市公交是满足城市居民通勤、就医、日常生活等必要出行的最基础出行方式，是居民基本出行权的保障，提供基础性、保障性、普惠性的城市交通公共设施和公共交通服务应当是政府的职责。将城市公共交通定位为公益性，就要求政府在城市公交服务上承担更多的支出责任，而公益性程度的高低，取决于政府财力的大小。同时，由于政府在民生方面的支出领域很多，也需要综合考虑公交出行与教育、医疗、养老等其他公共服务领域的相对重要性，根据实际采取最适合的分配机制，因此，对城市公交公益属性程度的界定还取决于政府财力的分配策略。

香港将城市公共交通定位为市场化产品，巴士公司实行自负盈亏，政府基本不给予运营补贴，因此总体票价水平较高，例如目前九巴九龙和新界区各线巴士收费由2.3~52.6港元不等，过海线路的巴士车费则从10.8~43.6港元不等。香港的基本逻辑是从政府财力的综合效能角度出发，认为补贴支付给巴士公司后市民所获得的公交服务水平不一定就会提高到与补贴等值的地步。若把补贴直接支付给市民，又不能保证市民会把获得的补贴消费在公交市场上。另外，当市民不再衡量出行成本时，出行行为将不再受到约束，产生浪费。例如，我国内地城市实施的老年人免费乘公交的社会福利政策增加了高峰期公交不必要的拥挤和延误。

实际上，世界上多数城市均认为城市公交具有一定公益性，将其纳入基本公共服务范畴，政府补贴政府定价与市场定价之间的差额。美国、欧洲、日本等发达国家的中央政府均对城市公共交通基础设施建设运营提供资助资金。其中，美国联邦政府对城市公共交通建设项目的资助比例可达净成本的80%以上。如果项目涉及自行车与公共交通之间换乘的相关基础设施建设，则中央资金承担比例可达95%。近年香港政府为年长者、伤残

人士、学生等群体提供公交车车资补贴，也得到了市民的认可。

我国内地实行社会主义制度，始终坚持对城市公共交通的公益性定位。应在强调公益性的基础上，合理界定、尽快明确城市公共交通中属于国家基本公共服务的范畴，并指导各地政府在本地财政负担能力的基础上合理确定相应的政府财政保障水平。在确立政府财政保障水平的基础上，合理确立公交票价的定价水平，这样才能保障公交服务的可持续运营。

2. 纳入国家基本公共服务清单

在强调公益属性的基础上，合理界定、尽快明确城市公共交通中属于国家基本公共服务的范畴。建议从服务对象、线路设置、服务品质等方面，进一步细分城市公共交通服务领域，将城市公共交通服务供给划分为适宜政府主导提供的基本公共交通服务和适宜市场主导提供的多元化公共交通服务。其中，基本公共交通服务应当由政府主导建设和保障，为人民群众日常出行提供普惠、安全、可靠、持续的公共交通服务，应尽快将其纳入《国家基本公共服务标准》清单。

3. 明确服务保障标准

建议从发车频次、覆盖范围、服务标准、优抚对象等方面尽快明确城市公交的全国统一兜底保障要求，并据此确定支持资金需求。各城市政府结合本地居民出行需求特征，充分考虑经济社会发展水平、财政负担能力等多方面因素，在保障基本出行服务的基础上，结合实际情况确定差别化的服务标准。

4. 厘清政府和市场关系

多数城市地面公交服务具有较强的基本公共服务属性，但政府主导的粗放经营模式和过度放任市场自由发展均不可取。我国城市地面公交发展曾经历过政府经营与市场主导模式间的摆动，却难以避免"一放就乱、一管就死"的发展困境，根源在于没有很好厘清政府和市场关系，政府在不同发展阶段存在越位、缺位和错位情况。伦敦地面公交市场化改革的成功，归因于其较为平衡地把握了改革中的政府和市场关系。20 世纪 80 年代，撒切尔政府为避免伦敦出现公交服务不稳定和混乱的局面，并没有像其他行业政府完全退出实行私有化一样改革伦敦地面公交，伦敦政府仍保留了基础设施设备投资和维护、公交线路规划、票价制定和服务水平考核等政府规制的核心职能，并在此基础上，注重通过线路招投标制度引入竞争机制，有效降低运营成本，提高地面公交行业的服务水平和政府的补贴效能。

（二）优化政府管理方式

1. 市场化运作是控制补贴数额和提升服务质量的有效途径

城市公交的公益性定位与市场化运作并不矛盾，公益性的定位仅仅要求政府承担更多的支出责任，但公交服务的运行机制仍要尊重市场规律。香港政府一方面通过招投标机制，始终保持专营巴士市场主体间的有效竞争，另一方面对非专营巴士等辅助公交方式采取进出自由的管理方式，一定程度上也强化了不同公交服务模式之间的竞争。在没有政府补贴的情况下，香港通过市场竞争机制，将巴士票价控制在了市民能够接受的水平。与香港采取类似招投标制度的伦敦巴士，尽管实行了低票价的政府管制模式，但由于市场竞争机制的存在，人均政府补贴仅占票价的20%左右。

价格是市场机制的核心，只有较为充分的市场竞争，才能确定市场价格，只有明确了市场定价与政府定价之间的差额，才能将政府补贴控制在合理范围。应当引入市场竞争机制，采用特许经营、政府购买服务等竞争性招标制度，建立清晰、透明的公交服务补贴机制，对国有、民营公交企业一视同仁。在市场竞争的基础上，通过强化运营指标和服务质量考核，增强企业提升公交服务质量的动力，进而提高补贴资金使用效率。

2. 循序渐进引入市场竞争机制

在伦敦区域交通法案要求伦敦交通局引入竞争机制后，伦敦巴士公司首先按经营区域创建了13家子公司，将原有政府垄断模式过渡为区域专营模式，一定程度上弱化了政府参与企业经营的程度。但区域专营并未实质性引入市场竞争，因此，伦敦交通局后又进一步要求伦敦巴士公司与私营运营商竞争，伦敦巴士公司的13家子公司在线路竞争中也获得了较为成功的业绩。实际上，我国深圳市曾经在20世纪90年代至21世纪初创造性地进行过公共汽车区域专营改革，后进一步实行线路专营，实行线路招标、线路服务指标量化等，降低企业准入门槛，引入竞争机制，为全国地面公交行业市场化改革积累了宝贵经验。

我国城市地面公交领域的市场化改革不能一蹴而就，需要基于现有管理体制机制进行渐进性改革。建议：一是放开定制公交市场，撬动传统公交行业改革。多元化定制公交服务是在保障基本公交服务的基础上，通过整合出行起讫点、出行时间等相近出行需求，为乘客提供一人一座等高品质、个性化的公共交通服务。对于定制公交，我国内地城市一直没有放开市场准入管理，仅仅作为当地公交集团的辅助业务，制约了公共交通多元化发展。据统计，2022 年，北京、上海、广州、深圳、成都、重庆 6 个超大城市定制公交的日均客运量总计为 10 万人次左右，而香港一城定制公交（主要由 6905 辆非专营巴士承担）日均客运量达 54 万人次，占香港巴士日均客运量的 9%。可见通勤班车、校车等定制公交服务市场需求巨大，目前我国内地城市定制公交的开行数量远不能满足市场需求。定制公交市场属于适宜由市场化配置的公共资源，要降低市场准入门槛，充分发挥市场机制作用，建立市场竞争优胜劣汰机制，实现资源配置效益最大化和效率最优化。当前，我国多数城市公交由一家或少数几家企业垄断经营，在此现实背景下，应鼓励开放定制公交市场，探索引入不同公交服务模式之间的竞争，也会起到撬动传统公交改革的作用。例如，定制公交市场开放后，为保障新进入市场主体与既有主体之间的公平竞争，必须将各地公交集团的定制公交业务从主营业务中独立出来，成立相应的公司专门经营，并将这一部分成本排除在政府补贴之外。当定制公交市场主体发展壮大后，传统公交集团也会面临较大的市场竞争，采用竞争性招标制度打破垄断经营的条件和时机也将逐步成熟。

二是研究推进城市公交竞争性改革试点示范。对于目前城市公交由多家市场主体运营的，应鼓励采取竞争性招标、特许经营等政府购买服务方式，强化市场主体之间的竞争。例如，目前温岭市城市公交由三家民营企业按线路经营，是最有条件通过合理的竞争性招标制度设计，强化企业之间的竞争意识，发挥市场的调控作用。对于目前城市公交有国有独家主体经营的，应鼓励地方政府积极引导和调整企业经营范围，通过按区域、按线路经营等方式拆分单一主体，逐步引入市场竞争机制。

3. 强化绩效管理提升政府补贴效能

在公交企业的各项成本中，既有用于社会公益性服务的部分，也有用于商业性运营的部分。合理的公交补贴机制，可以有效避免公交运营企业过度依赖政府补贴，努力发挥自身主观能动性，通过提高公交车辆、公交线网的运营效率提高运营收益。同时，对于城市公交行业而言，有效的公交补贴激励机制可以刺激公交企业改善运营服务质量，吸引居民公交出行，全面体现公交的公益性，对城市公共交通可持续发展具有重大意义。

目前，我国多数城市政府对地面公交企业以"一事一议"模式给予补贴，部分城市政府通过成本规制约束公交企业的经营行为，但这些补贴方式本质上都保障了公交企业的基本利润率，补贴额年年攀升，公交企业缺乏不断降低成本、提高效率的内生动力。伦敦地面公交线路的招投标制度以经济效益和服务质量为主要评标依据，根据合同向经营者支付的费用与运营里程、服务可靠性等绩效挂钩，对中标者运营全过程进行服务质量综合监测。这样的制度设计，有效地调动了公交运营商降低成本、提高服务水平的主动性和积极性。

因此，要健全公开透明的补贴机制和有效激励的服务质量考核机制。要充分利用现代信息技术等智能化手段，细化量化相关服务质量考核内容，包括准时性、客流量、安全性、乘客满意度等，并使服务质量和补贴数额挂钩，推动政府对公交服务的有关要求真正得到落实。应建立以客流为基准的补贴制度，探索补贴从生产者转移到消费者，鼓励公交企业开拓市场，通过市场经营实现企业的增收和可持续发展。具体而言，对于冷僻线路等由政府保障的基本公共交通服务，可以按照行驶里程进行补贴；对于多数能够发挥市场效益的公交线路，政府管制价格的，由政府补贴市场定价和政策性票价之间的差额，价格定价放开的，政府不参与补贴。鼓励对公交企业多元化经营收入（定制公交、广告、开发等）要独立核算、合理分配，更好激励企业开拓市场的积极性。

4. 切实保障民营企业合法权益

要有效引入竞争，前提还是要健全公平竞争制度框架和政策实施机制，坚持对各类所有制企业一视同仁、平等对待。从调研反映的情况看，四川省内江市、自贡市、南充市三地城市规模相当，城市公交运营里程都是4000万公里左右，由于内江公交集团为民营企业，降本增效的主动性较强，年运营亏损仅约为自贡、南充两地国有公交企业的一半。若计算此次调研的7个城市的客均补贴、车均补贴，内江也是最低的，分别约为0.6元/人次、7.9万元/车。因此，城市公交行业不应单纯从容易管理的角度考虑继续走国有化整合之路，应给民营企业留下生存发展空间，并通过民营企业发挥市场竞争的"鲇鱼效应"，促进行业内国有企业降本增效、提升服务的意愿。因此，要在推动城市公交竞争性改革的基础上，建立针对不同所有制形式企业一视同仁的补贴制度和考核制度，并依据考核结果建立畅通市场进入、退出的"优胜劣汰"机制，使得服务优质的企业能够发展壮大，服务较差的企业退出市场。

5. 统筹鼓励公交优先发展政策

在香港，政府和市场各司其职、相辅相成，"交通＋土地""公交＋慢行"成为香港公共交通TOD模式成功的关键。近年来，我国内地城市在仿效该模式时，由于体制机制的不同，公交优先的实际效果并不理想。以地铁建设为例，典型的情况是，由于城市政府财政资金短缺，一般以变卖土地集资的形式启动地铁项目建设。在地铁站周边的土地卖得越是高价，地产商必然建设越高档的房地产并配以足够的停车位设施。若是公共交通企业不能控制上盖或是周边的土地和物业，就不可能从中吸取足够的利润或财务效益。也因为此，许多城市地铁建成后地铁站周边的交通仍是拥堵不堪。

因此，面向未来，我国内地城市要坚持城市公交优先发展的战略，必须从城市发展整体入手，统筹城市开发和公共交通规划、设计、建设、运营等全生命期管理，协同推进轨道交通、地面公交、慢行交通一体衔接发展，同时进一步优化限制小汽车使用的行政和经济政策措施，更好发挥政府在鼓励公交优先发展中的职能。

当前，可以时刻可靠性为重点提升吸引力竞争力。城市地面公交服务的主要痛点之一是时间的可靠性不足，对于习惯于小汽车出行的通勤客流而言，无法提前规划行程时间将造成其对通勤时间的担忧。伦敦交通局非常重视对公交时刻可靠性的考核，相关指标甚至细化至 0.1 分钟的等候时间单元。而城市地面公交的可靠性，不仅反映了公交企业的运营管理水平，也是对当地政府执政能力的检验。伦敦交通局为保障公交可靠性，除了考核公交企业强化自身运营组织管理等措施外，更重要的是政府通过推动公交专用道连续成网、路权优化、信号灯优先等措施，为地面公交运营提供更加可靠、便利的通行条件。当前，我国公交都市建设仅考核公交车首末站的准点率，对于公交车在途时刻没有约束，且未对公众公开。近期，可以提升地面公交时刻可靠性为重点，推动公交到站时刻表或等候时间的相应服务承诺向社会公开，使公众对地面公交的服务可预期，同时接受社会监督，并以此为动力倒逼地方政府和公交企业积极作为，切实提升地面公交的吸引力竞争力。

（三）更好发挥中央资金支持引导作用

1. 确定稳定的政府支持资金来源

根据调研了解的情况，目前各地城市对公交的人均补贴平均水平约为 4~5 元，按照 2022 年全国地面公交客运量 353.37 亿人初步测算，全行业需要补贴总额约为 1500 亿元。根据《2022 年全国一般公共预算支出决算表》数据，2022 年公共交通运营补助 988 亿元，资金缺口约为 500 亿元。但进一步考虑到中央资金发挥引导作用，在落实提升收入、降低成本的有关措施实施后，未来补贴规模有望得到明显缩减。

建议在中央一般公共预算表中"交通运输支出"项目中单列城市交通项目，与公路水路运输、铁路运输等项目并列，并从车购税、燃油税中确定一定的比例，加大对城市公交的财政支持力度。同时，推动省级政府落实配套资金，要求城市政府将公共交通发展资金纳入公共财政体系，确保补贴及时足额到位。此外，建议在中央预算内投资中调出一定比例，用于支持引导城市慢行交通基础设施建设发展。

2. 建立科学合理、清晰透明的资金发放机制

美国联邦公共交通基金项目分为公平性和竞争性两类，基金规模各占一半左右。公平性基金一般根据城市人口等公平性指标分配给各地；竞争性基金基于竞争过程，各州或其他直接受益人可以单独或合作的方式申请补助金，联邦政府根据导向确定最终入选的资助名单。可参考此例，中央政府建立普惠性和导向型资金发放细则，普惠性资金基于城市规模及经济发展水平确定，可向中西部和中小城市倾斜；导向型资金根据各地申报情况和政策实施效果评估等确定，鼓励推广先进经验做法。

良好的数据统计分析是有针对性地制定政策措施的重要依据，也是中央更好监督考核各地实施效果的重要手段。可利用中央资金发放机制，同时建立健全地方数据上报机制，构建国家公共交通统计数据库，建立全面、完善的数据统计体系和发展评估体系。进一步将城市公共交通发展水平纳入政绩考核指标体系，建立对地方的考核约束机制。

3. 确定重点引导方向

可在政策实施效果评估的基础上，确定地方落实效果不理想的重点领域，通过资金引导的方式强化组织实施。从政府角度，重点强化以路权保障为代表的政策措施，以提升准时性可靠性为重点，提升公共交通的吸引力。从市场角度，重点强化引入竞争机制这一提升服务质量和有效消除经营性亏损的重要手段，鼓励地方政府打破国有独家垄断或分区域垄断经营模式，建立公开透明的竞争性招标和服务质量考核补贴机制，并对国有、民营企业一视同仁。

第五章　交通运输新业态治理体系研究

我国交通发展正在由追求速度规模向更加注重质量效益转变，由各种交通方式相对独立发展向更加注重一体化融合发展转变，由依靠传统要素驱动向更加注重创新驱动转变，构建安全、便捷、高效、绿色、经济的现代化综合交通体系。交通运输新业态是指以互联网等信息技术为依托构建服务平台，通过服务模式、技术、管理上的创新，整合供需信息，从事交通运输服务的经营活动。交通运输新业态发展对于构建现代化综合交通体系，提高交通运输供给质量和效率，建设人民满意交通具有重要意义，同时也对政府治理服务体系提出了更高的要求。本研究重点关注网约车、共享单车、定制公交、"出行即服务"平台等交通运输新业态，分析行业发展现状、行业管理情况及存在问题，总结面临的发展环境，提出交通运输新业态发展的总体思路和政策建议。

一、交通运输新业态发展现状分析

（一）发展情况

1. 网约车

近年来，随着我国城市化进程加快、人们出行需求多样化以及互联网技术和新能源汽车的发展，网约车行业快速增长，为满足公众出行需求和构建城市综合交通运输体系发挥了积极作用。综合考虑市场供求、公众反映以及调研走访等实际情况，目前多数城市已不存在普遍性"打车难"问题。中国互联网络信息中心（CNNIC）发布数据显示，近年来我国网约车用户规模整体呈上升趋势，截至 2023 年 12 月，我国网约车用户规模达 5.28 亿。

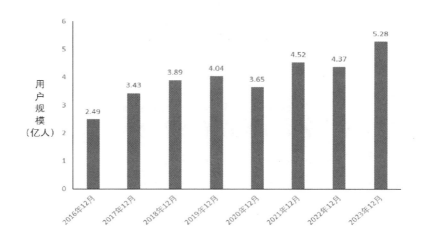

图 5-1　2016—2023 年网约车用户规模发展情况

资料来源：中国互联网络信息中心。

从市场规模来看，在经历了市场快速扩张后，随着资本逐渐理性并受新冠疫情影响，近年来网约车市场增速呈现逐渐放缓。2022 年网约车市场规模约为 3146 亿元，同比下降 1.38%。随着疫情影响逐渐减小，用户出行恢复正常，网约车订单也将迎来显著增长。

从订单量来看，受新冠疫情影响，网约车行业订单量有所下降。剔除受疫情严重影响的个别月份外，网约车行业订单量保持相对稳定，网约车月均订单量在 6~7 亿单。

从客运量来看，国家信息中心分享经济研究中心数据显示，2022 年网约车客运量占出租车总客运量的比重约为 40.5%，比上年提高 6.4 个百分点。

从市场份额来看，2017 年以来，不断有企业跨界进入网约车行业，如上汽集团旗下的享道出行，广汽集团、腾讯、广州公交集团等参与方发起的如祺出行，一汽、东风和长安联合腾讯、阿里等巨头成立 T3 出行等，网约车市场竞争日益激烈。但总体上网约车市场仍然呈现"一家独大"的市场格局，滴滴出行市场份额占比约 74%。

2. 共享单车

共享单车，又称互联网租赁自行车。自 2015 年互联网租赁自行车在我国发展以来，先后有 74 家运营企业进入市场。截至 2022 年底，互联网租赁自行车出行市场主要有哈啰单车、美团单车、青桔单车 3 家运营企业，在 460 余个城市投放车辆运营，在营车辆 1500 余万辆，注册用户数超过 5 亿人，全国日均订单量约 3300 万单。

3. 定制公交

近年来，部分城市公交企业利用互联网技术和创新运营模式，通过互联网、手机 APP 等渠道，动态掌握出行需求，精准匹配运力资源，为乘客提供快速、便捷、舒适的定制化公交出行服务。自 2013 年首条定制公交线路在青岛开通以来，目前全国已有 29 个省（自治区、直辖市）、近 50 多个城市开通了定制公交服务。截至 2022 年，36 个中心城市中，已有北京、广州、杭州等 31 个城市开通了城市定制公交服务，共运营线路 5400 余条，投入运营车辆 7600 余辆。其中，北京、上海、广州、深圳、成都、重庆等 6 个超大城市运营线路 2356 条、车辆 3073 辆，年客运量 3668.1 万人次。

根据停站情况不同，定制公交的服务模式可以分为一站直达模式和中途停站模式。一站直达模式是指起点区域出行需求集中，且出行目的地相同，定制公交只在起讫点停车上下客，中途不停站的服务模式。通常服务于大型居住区和办公集中区之间的通勤出行。中途停站模式是指起讫点出行需求不足，为提升运营效率，需在中途站点上下客的服务模式。通常用于满足起讫点间沿途相对集中的出行需求。

根据运行线路和时间是否固定，定制公交的服务模式可分为定时定线模式和需求响应模式。定时定线模式，是指具有固定的运行线路、时刻表，乘客需按时到指定站点乘车下车的服务模式。目前定制公交主要以这一类运营模式为主。需求响应模式，是指具有"实时、非定线、非定点"的特点，运营企业根据乘客发布的出发时间、期望到达时间、上下车站点等出行需求，在充分考虑乘客等候时间的基础上，优化生成实时线路以及线路时刻表的服务模式。由于该模式技术实现难度较大，目前处于探索阶段。

4. "出行即服务"

"出行即服务（MaaS）"模式主要强调实现供给侧多种运输服务实时信息、票务等功能上的集成，使需求侧的用户能够在一个数字化的"出行即服务"系统平台上完成出行全过程的规划、支付等操作，实现高效率、高品质的"门到门"出行，是优化客运组织的重要方向。

经过多年发展演进，国际上已基本统一认识，"出行即服务"模式的功能从低到高分为四个层级，依次包括交通方式间服务信息实时联通共享（L1）、交通方式间预订与支付等操作功能的"一站式"集成（L2）、类似手机套餐将不同交通方式组合打包等服务模式上的创新（L3），以及在经营管理上统筹纳入缓解拥堵、减排降碳、促进消费等社会治理目标（L4）。

总体上，"出行即服务"在我国仍然是一个比较新的概念和发展模式。当前，北京（2019 年）、广州（2022 年）、上海（2022 年）等城市已有"出行即服务"系统平台在稳定运行。

以这三座城市为例，从运营主体看，三地均是第三方平台企业负责运营。北京是在市交通委支持下由高德地图主导，广州是一家长期负责公交支付系统运行的国企，上海则是组建了一家新国企。

从服务能级看，三地中上海和广州实现了部分运输方式间的服务信息联通（L1）和预订、支付功能集成（L2），北京仍然是以信息联通（L1）层面服务为主。同时，由于三地的系统背后均有政府身影，平台运行均纳入了社会治理目标（L4），其中北京的绿色出行碳普惠激励机制引起社会较大的积极反响。

从服务范围看，目前三地均是整合了城市内的部分运输服务，上海进一步提出了建立长三角一体化出行生态圈的未来路线图。此外，深圳等城市有临时推出针对特殊时期（春运）的联程运输服务，实现了"出行即服务"模式的部分功能，但没有系统平台支持。

（1）北京 MaaS

2019 年 11 月，北京市交通委员会与高德地图共同启动了我国首个一体化出行平台应用试点——北京交通绿色出行一体化服务平台（北京 MaaS）。

依托高德地图、百度地图等社会化出行服务平台，北京 MaaS 主要为公众提供出行一体化规划、实时公交查询、公交／地铁拥挤度查询、未来用时查询等服务。2020 年 9 月，北京 MaaS 创新推出绿色出行碳普惠激励机制，市民在 MaaS 平台上注册参与"MaaS 出行 绿动全城"活动后，采用公交、轨道、步行、骑行方式出行即可获取相应的碳减排量，并可以在平台兑换公交卡、代金券，或捐赠给环保公益活动。截至 2023 年上半年，在近三年时间里，北京 MaaS 平台用户超 3000 万人，日均服务绿色出行 450 万人次；"MaaS 出行 绿动全城"碳普惠实名注册用户超 354 万人，累计碳减排量近 40 万吨。

2023 年 6 月，北京市交通委员会和北京市生态环境局联合印发《北京 MaaS2.0 工作方案》，标志着北京 MaaS 正式迈向 2.0 建设阶段。展望 MaaS2.0 阶段，北京将继续坚持"绿色、一体化"发展理念，以提供优质"门到门"绿色出行一体化服务为根本，以构建"有为政府 + 有效市场 + 碳普惠赋能"的 MaaS 体系为目标，重点围绕"服务场景功能拓展优化、互利共赢生态圈构建、无感式全场景碳赋能、全球品牌标杆打造"等四方面，开展十一项建设工作。力争到 2025 年，实现核心场景绿色出行一体化服务体验大幅提升，碳普惠覆盖范围和用户规模显著增加，MaaS 平台日均服务绿色出行人数不少于 600 万人，绿色出行服务渗透率达到 20%，绿色出行转化率达到 3%。

此外，北京 MaaS2.0 建设将持续升级城内、城际一体化出行体验。市内交通方面，进一步优化"轨道 + 公交／步行／骑行"规划导航功能，精确提示轨道等公共交通方式的到站时刻，提升共享单车供给、停放区域引导信息服务精度，减少换乘和停放的等待时间；城际出行方面，升级"航空／铁路 + 城市公共交通／定制公交／出租（网约）车"服务，拓展完善一键规划、接驳引导、一体化支付等服务功能，提供一体化出行规划导航服务功能，实现城际城内绿色出行美好体验。

（2）上海"随申行"

2021 年 6 月，《上海市综合交通发展"十四五"规划》印发，其中提出了推进一站式出行体系建设的任务部署，即"探索政企联合机制，实现实时、全景、全链交通出行信息服务共享互通，融合地图服务、公交到站、智慧停车、共享单车、出租汽车统一预约服务平台、市级充电服务平台等既有出行服务系统，推进出行即服务系统（MaaS）建设"。

2022年10月，上海"随申行"APP正式上线，成为全球范围内已知的首个由政府主导并专门组建主体负责建设运营的特大规模城市级MaaS平台。运营主体是上海随申行智慧交通科技有限公司，由上汽集团、久事集团、申通地铁集团、仪电集团、城建投资、上海信投等六大国有企业共同出资建立，旨在发挥相关企业在公共交通、出租车行业、城市建设及IT等领域的专长，合力打造上海智慧化城市交通发展和治理的新模式。整个MaaS生态圈的培育建设将分阶段推进：

第一阶段：MaaS 1.0逐步打通交通行业数据孤岛，并以"小切口"实现"深突破"。MaaS 1.0通过整合公交码、地铁码与随申码（疫情防控期间的健康码），统一出行服务入口，率先实现三码整合"一码通"在公交、轮渡的全面应用，在地铁的局部试点应用。同时，深化公共出行"一块屏"、智慧停车"一键达"、出租叫车"一入口"等"小切口"成绩，初步构建智能出行"一门户"。

第二阶段：MaaS 2.0致力于以更完整的生态、更多元的功能，满足市民的个性化出行需求。2022年底将推动三码整合在公共交通场景中全面应用，不断拓展共享单车、网约车、一键拖车等公共出行及车生活服务，并实现航空、铁路、省际客运等功能的接入，打造数字机场"一平台"等示范性应用场景。2023年底开始，将从"行"适时、逐步地延展到"衣、食、住、购、娱"以及文体、健康等生活服务各领域，构建上海特色生活服务生态圈。

第三阶段：MaaS 3.0将升级到区域级MaaS技术，逐步拓展出行服务至长三角等其他区域，推动长三角一体化出行生态圈建立。

（3）广州"穗通票"

2022年，广州公交羊城通公司在早期的"绿通票"等服务模式创新基础上，进一步整合本地城市高频出行场景，搭建并推出了基于MaaS理念的新一版"穗通票"平台。该平台围绕商旅出行、城市公共交通出行、定制出行、自驾出行四大领域，在一个小程序内整合本地城市公交、地铁、轮渡、网约车、共享单车等超过 20 种交通场景的联运出行及聚合支付，链接超过 100 个交通出行场景供应商。同时，平台基于用户出行偏好及相关大数据分析，可为用户提供全程智能规划、交通指导等出行增值服务解决方案，满足旅客联程出行需求。总的来看，平台整合了出行信息、出行规划、票务服务等功能，实现一个平台账号、一次预约支付、一票联程运输，让出行变得更简单、更省钱、更绿色。

（二）治理现状

1.网约车管理政策法规体系不断健全

2016 年 7 月，国务院办公厅印发《关于深化改革推进出租汽车行业健康发展的指导意见》、交通运输部等 7 部门联合发布《网络预约出租汽车经营服务管理暂行办法》。国家层面出台两个文件，交通运输部作为行业监管的牵头单位，积极主动作为，不断完善事前事中事后监管体系，推动出租汽车行业规范健康持续发展。

一是完善政策体系。结合交通运输新业态发展新形势新要求，会同相关部门制修订《网络预约出租汽车监管信息交互平台运行管理办法》《出租汽车服务质量信誉考核办法》等多个政策文件，健全完善监管制度体系，不断提升行业监管效能和服务水平。会同工业和信息化部等 8 部门印发《关于加强网络预约出租汽车行业事前事中事后全链条联合监管有关工作的通知》，增加事前监管措施，完善事中事后联合监管事项及流程，促进行业规范健康持续发展。针对网约车聚合平台的企业责任落实不到位、从业人员和乘客合法权益保障不到位等问题，2023 年 4 月，交通运输部等部门联合印发《关于切实做好网约车聚合平台规范管理有关工作的通知》。

二是创新监管方式。依托网约车监管信息交互平台，加强网约车行业运行监测，每月定期公开网约车行业运营、数据传输以及主要城市网约车合规化情况，持续提升数字监管能力。上线网约车合规信息公开查询服务，为行业管理部门、社会公众查询网约车合规情况提供便利，切实发挥社会监督作用。指导地方探索开展线上线下一体化执法，保持打击非法营运高压态势。

从许可情况看，截至 2023 年 6 月，全国已有 318 家网约车平台公司在部分城市获得经营许可，其中既有滴滴出行、首汽约车、神州专车、曹操专车等规模较大的全国性平台，也有阳光出行、AA 出行、星徽出行等数量众多但市场规模相对较小、运营城市较少的中小型平台。各地共发放网约车驾驶员证 579.0 万本，车辆运输证 243.4 万本，网约车日均订单量约 2300 万单。

从合规化情况看，近年来，各地交通运输主管部门大力推进网约车合规化进程，通过简化审批流程、优化审批服务、改革驾驶员考试等措施，合规网约车驾驶员和车辆数快速增加，2018 年 6 月—2023 年 6 月，合规网约车驾驶员数量增长 17.0 倍，合规网约车车辆增长 14.3 倍。2023 年 6 月，全国网约车订单量为 7.63 亿单，其中：合规车辆完成订单量为 5.62 亿单，占比 73.7%；合规驾驶员完成订单量 6.32 亿单，占比 82.8%；双合规完成订单量为 5.21 亿单，占比 68.3%。双合规完成订单率较高的省份依次是重庆、天津、福建，双合规完成订单率分别是 91.8%、88.1%、84.0%。从 36 个中心城市看，已有 18 个城市合规化率超过 80%，杭州、深圳、厦门双合规完成订单率分别是 98.8%、96.6%、95.5%，基本实现全合规，但石家庄、北京、昆明、大连等城市合规化率依然较低。

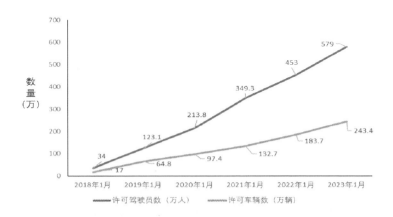

图 5-2　2018—2023 年网约车合规化情况

资料来源：交通运输部网约车监管信息交互平台。

2. 共享单车秩序管理逐步规范

国家层面，由交通运输部牵头指导全国互联网租赁自行车管理工作，负责行业发展顶层制度设计和制定相关法规政策。2017 年，交通运输部等十部门印发《关于鼓励和规范互联网租赁自行车发展的指导意见》，实施鼓励发展政策。省级层面（不含直辖市），河北、黑龙江、陕西、新疆、云南5 省份出台了实施意见（方案），黑龙江省出台《黑龙江省城镇共享单车停放秩序管理办法》，明确了共享单车停放秩序的管理要求和保障措施。浙江、辽宁、吉林、安徽、江西 5 省份发文转发了国家层面的指导意见。城市层面，有 130 余个城市印发了实施意见（方案），从基本要求、经营管理、监督考核、退出机制等多方面对企业进行规范管理。北京、上海、天津、南京、武汉、宁波、太原、嘉峪关等城市将互联网租赁自行车管理纳入当地的非机动车管理、道路交通安全管理、文明行为管理、市容和环境管理等地方性法规或政府规章，深圳出台了互联网租赁自行车专项法规文件。

目前，地级以上城市中已有 30 个城市建立了市级互联网租赁自行车行业信息化监测平台并接入企业数据，借助信息化手段对行业日常运行情况进行监管。平台数据传输方式目前分为企业上报和车载终端直接传输两种模式。大部分城市都是企业上报模式，广州、杭州采用了车载终端直接传输至平台的模式。其中，广州市在招标文件中明确要求企业投入运营的车辆能够与政府行业监管平台实现双向的直接数据交互，车辆数据由车载终端直接、实时接入政府行业监管平台，包括但不限于车辆身份信息、车辆实时位置信息、订单数据、车辆轨迹、用户信用管理信息，以及其他涉及公共利益的信息。杭州市的车辆数据先传输至管理部门平台，再从管理平台传输至企业平台，未在平台备案的车辆无法开锁使用。

在电子围栏等规范停放设施设置方面，成都、深圳、厦门、广州、北京等 13 个城市出台了关于自行车停放的相关地方规范性文件，优化自行车停车点位规划设置。运营企业已实现通过技术化手段规范车辆的定域定点停放。例如，深圳全市采用电子围栏入栏结算，已测绘 2 万多个停放框。

在用户信用共享机制建设方面，为强化运营企业和用户自律，形成有效的信用约束，各地积极利用信用手段引导互联网租赁自行车规范发展。北京编制发布了《北京市互联网租赁自行车行业信用评价标准》，重点从服务质量、安全生产、合法经营、行业自律的角度对运营企业进行信用评价，并及时将违法运营、严重失信的运营企业信息归集至北京市企业信用信息网，形成共同监督、联合整治的机制。通过行业协会会同各运营企业签署实施了《北京区域互联网租赁自行车行业规范用户停放行为联合限制性公约》，共同开展骑行人信用管理，2022 年上半年共有 482 人被纳入限制骑行名单。深圳印发了《深圳市互联网租赁自行车行业信用信息管理暂行办法》，明确了运营企业和用户信用信息采集、公示，以及对失信行为的惩戒措施等。广州市政府规章配套了信用管理，如果企业连续违规，多次不整改，纳入行业黑名单，不允许下次参与招标。广州互联网租赁站行车信用管理不与其他行业挂钩，因为与其他行业联动障碍较多。与其他部门的联合惩戒，对层级有要求，地方性法规没有这个权限。南昌市为规范用户用车行为建立了用户信用分制度。运营企业依据用车行为对用户进行信用评价，并将信用分较低的用户名单上报交管部门。交管部门将用户名单推送至全部企业，加入名单的用户在一定时间内无法使用车辆。

在服务质量评价方面，为规范运营企业经营行为，提升行业服务质量，截至 2023 年 5 月，全国已有 37 个城市出台了互联网租赁自行车服务质量考核评价办法。各地服务评价考核办法均对评价内容、考核指标、考核方式、考核程序进行了明确。各地通过服务质量考核评价结果与车辆投放配额联动机制督促企业加强线上线下服务能力和运行维护保障能力，提高运营服务水平，对于考核不达标企业，有序引导退出市场经营。

3. 定制公交运营管理初步探索

目前定制公交的运营主体主要是公交企业。近年来，常规公交客运总量逐年降低，公交运营企业普遍认为应当适应公交多样化、个性化、高品质的发展趋势，寻找新的增长点，同时公交企业在车辆配备、用地配置、安全防范和人才保障方便具有先天优势，因此参与积极性较高。

线路管理方面主要有以下两种方式：一是申报制度。广州等城市明确公交企业在线路开通或线路调整前，应向城市公共交通管理部门提出申请，明确线路开通调整时间、运营时段、车辆配置标准和数量、运营服务协议等信息。二是备案制度。深圳市近年来由于定制公交发展加快，线路调整需求较多，因此管理部门允许运营企业根据实际需求及时开通或调整线路，线路信息在投入运营前录入管理系统备案，供管理部门和社会公众查询监督；对于行驶路径有变化、途经站点没有变化的线路调整，无须备案。

票价方面，各地普遍统筹考虑社会承受能力、企业运营成本、鼓励公交出行等因素采取市场化定价模式，目前大多数城市开展定制公交服务的车辆购置和人员成本由政府和公交企业承担，票价普遍不高，在 0.4~1 元 / 公里。

补贴政策方面，由于定制公交服务的定位是盘活现有的车辆资源，在保障常规公交服务水平不降低的情况下采取错时运营，没有新增公交车辆和驾驶人员，因此未采取差别化补贴政策。

4. 多式协同基础工作探索夯实

2015 年，《国务院关于积极推进"互联网 +"行动的指导意见》提出，推动交通运输主管部门和企业将服务性数据资源向社会开放，鼓励互联网平台为社会公众提供实时交通运行状态查询、出行路线规划、网上购票、智能停车等服务，推进基于互联网平台的多种出行方式信息服务对接和一站式服务。2016 年，国家发展改革委、交通运输部印发《推进"互联网 +"便捷交通促进智能交通发展的实施方案》，提出打造畅行中国信息服务，加强政企合作，支持互联网企业和交通运输企业完善各类交通信息平台，形成涵盖运输、停车、租赁、修理、救援、衍生服务等领域的综合出行信息服务平台，实现全程、实时、多样化的信息查询、发布与反馈。同时，强调强化交通运输信息开放共享。推动跨地域、跨类型交通运输信息互连互通，依托国家及行业数据共享交换平台和政府数据开放平台，促进交通领域信息资源高度集成共享和综合开发利用，完善综合交通运输信息平台功能。按政务公开的有关规定，政府交通信息资源分级分类向社会开放，鼓励基础电信企业和互联网企业向小微企业和创业团队开放资源。2017 年，交通运输部、国家发展改革委、国家旅游局、国家铁路局、中国民用航空局、国家邮政局、中国铁路总公司《关于加快推进旅客联程运输发展的指导意见》提出，鼓励各类社会主体开展综合交通出行服务产品的创新应用，为旅客提供一站式信息服务。推进运输企业间运行班次、运行时刻、各班次客流规模及运行动态、售票状态、延伸服务、旅客中转换乘等信息的开放共享、数据交换与整合利用，为运输企业开展旅客联程运输服务组织提供支撑。

近年来，国家综合交通运输信息平台建设成效明显，随着信息系统整合共享不断深入，交通运输数据资源汇聚规模不断提升，到 2022 年底累计数据共享服务调用量已达到 8.6 亿次，综合交通运输大数据中心体系逐步建立。交通综合执法、信用信息管理、道路运输管理等业务系统联网运行规模不断扩大。交通运输行业"互联网 +"政务服务加快推广，基本实现行业政务服务事项"一网通办"。全国已有超过 500 座城市积极打造"城市大脑"，助力城市交通智慧化发展。与数字交通相关的标准体系框架加快构建，截至 2022 年底，我国现行有效的交通运输行业信息化标准接近 400 项，各项工作逐步实现"有标可依"。

以推动"出行即服务"模式发展为例，在发展初期，既存在以政府力量为主导的发展探索，例如上海新组建国有企业负责"出行即服务"系统平台的建设运营，又同时存在借助市场力量的发展探索，例如北京 MaaS 项目有高德地图深度参与，以及长春、淮安等地通过招投标积极寻找市场上合适的"出行即服务"系统平台供应商。另外，地方政府配套出台了许多政策举措，加强对公众出行的引导。例如，上海为"出行即服务"平台的用户提供 2 小时内换乘地铁与公交、公交与公交立减 1 元的票价优惠，并开展推广活动，为用户提供公共交通打折券；又如，北京为鼓励绿色出行，加强交通出行与碳交易市场、消费服务等跨领域联动，将碳减排的价值转化为对用户的经济奖励，未来还将开展绿色出行与绿色金融工具融合创新研究，打造面向绿色出行低碳金融服务体系。

5.新业态监管开始形成部门合力

近年来，国家及行业对于交通运输新业态领域的管理日益规范。2018年，经国务院同意，由交通运输部牵头，会同中央宣传部等多个部门建立了交通运输新业态协同监管部际联席会议机制，多次研究会商交通运输新业态改革发展稳定工作，联合制定出台了一系列政策文件，指导推动21个省份在省级层面建立了交通运输新业态多部门协同监管机制。交通运输部等部门发挥交通运输新业态协同监管部际联席会议制度作用，多次召开会议协商新业态监管工作，对有关企业进行联合约谈，提出规范企业行为、保障劳动者有关要求。

网络和信息安全方面，全国人大2021年度先后审议通过《数据安全法》《个人信息保护法》等法律，明确各类企业保护数据安全、个人信息安全的责任义务。2021年，中央网信办等12部门联合发布《网络安全审查办法》，并于7月进行了修订，增加掌握100万个人信息的企业赴境外上市需进行审查有关要求，对滴滴公司开展了网络安全审查。

反垄断和反不正当竞争方面，交通运输部积极推进《关于平台经济领域的反垄断指南》《关于相关市场界定的指南》《关于经营者集中申报标准的规定》等在交通运输行业的落地实施，着力构建符合交通运输新业态特点的反垄断监管规则，防范资本在交通运输新业态领域无序扩张。市场监管总局组织修订《反垄断法》，并出台《价格违法行为行政处罚规定（修订征求意见稿）》，拟对低价倾销、"大数据杀熟"、诱导欺诈等违法违规行为依法予以处罚。

权益保障方面，针对交通运输新业态运营企业责任意识不强、用户资金安全风险凸显等问题，2019年交通运输部、人民银行、国家发展改革委、公安部、市场监管总局和银保监会联合出台了《交通运输新业态用户资金管理办法（试行）》，提出用户资金具体管理措施和明确各方权利义务，有效落实相关文件要求，进一步强化用户资金管理，从源头上防范用户资金风险，切实保护用户合法权益，促进交通运输新业态健康发展。人力资源社会保障部等8部门出台《关于维护新就业形态劳动者劳动保障权益的指导意见》，规范平台企业经营行为，从多个维度补齐了平台经济劳动者权益保障的短板。2022 年 4 月 11 日，交通运输部公布《2022 年开展交通运输新业态平台企业抽成"阳光行动"工作方案》，聚焦网约车、道路货运新业态两个领域，要求平台企业向社会公开计价规则，合理设定抽成比例上限并公开发布等。

（三）治理问题分析

1. 准入管理限制竞争

各地在对待交通运输新业态经营者的市场准入时，仍然习惯利用设置行政许可、总量控制、拍卖经营权等传统方式限制新业态市场主体的进入或提高进入的门槛和成本。

（1）设立行政许可

交通运输新业态出现伊始，各级政府对新业态经营者的行为特征、商业模式、服务方式等认识不够清晰，出于保护现有行业的惯性思维，确立了较严的准入管理制度。

在网约车管理方面，《网络预约出租汽车经营服务管理暂行办法》确立了"高品质服务、差异化经营"的原则发展网约车，初衷是采取循序渐进的策略，逐步将网约车纳入规范管理，同时又给巡游车留有一定的时间，以网约车新业态撬动和"倒逼"传统巡游车改革与转型升级。多数地方出于维护社会稳定的考虑，制定了相对较高的网约车车辆准入标准，少数城市还设置了本地户籍的限制，但是网约车与巡游车服务的乘客群体相同，差异化发展的定位与实际市场需求严重脱节，致使多年来大量网约车违法运营，兼职司机基本排除在新业态模式之外。至今，网约车双合规订单占比也仅为 60%~70%。2017 年，国家发展改革委曾点名批评了泉州、兰州等城市在车辆、驾驶员、平台公司等准入条件的限制上，涉嫌滥用行政权力排除限制竞争，涉嫌违反公平竞争审查制度。截至目前，仍有部分地区虽然出台了管理规定，但网约车规范管理推进效果不理想，如辽宁省 13 市先后出台了《网络预约出租汽车经营服务管理实施细则》，但辽宁省辖区内共有巡游出租汽车 9.2 万台，网约车仅 1 万台。丹东、锦州等地至今仍无合法网约车。

在共享单车管理方面，市场准入管理的两类方式中均存在管理依据不足的问题。关于备案类准入管理，主要是采用"备案＋批文"方式的部分城市存在违法违规的风险；关于招投标类准入管理，当前，除深圳通过地方立法形式保障招投标程序的合法性，其余城市均存在违规违法的风险。这些问题主要集中在城市主管部门通过设定能给本地带来直接收益的额外条件对企业进行准入管理，具有违背市场准入负面清单制度、涉嫌滥用行政权力、限制竞争行为的风险。此外，还存在经过地方政府准入程序后，企业仍然不被允许投放运营的情况，如天津津南区、广西玉林市等，地方政府管理行为的随意性等需要规范。

而对于定制公交，一直没有放开准入管理，制约了公共交通多元化的发展。在"互联网＋"交通发展的初期，滴滴巴士、车来了等互联网巴士市场主体纷纷涌现，但多数地方政府均认为这种由市场主体自发组织的互联网巴士违反公交经营管理关于"线路实行经营许可制度""投入运营的车辆应当取得车辆运营证"等现行规定，将互联网巴士归入违法经营。这也是近年来互联网巴士发展缓慢的直接原因。

（2）总量控制

在新业态发展较为充分的领域，各地政府鉴于市场秩序、社会矛盾等方面难以管理，存在采取"一刀切"管理方式，重新回到严格管制模式。

近期，多地在网约车市场趋于饱和的情况下，仍然有大量"入场者"涌进，一些地方开始担心继续放开网约车市场可能引发一系列新问题，包括司机收入水平下降、城市交通拥堵、新老业态矛盾等。2023 年 6 月，长沙、三亚、上海等地相继宣布暂停受理网络预约出租汽车运输证相关业务，按下"暂停键"，以期避免市场过度拥挤和无序竞争。但是，暂停准入的事前监管举措实际上重回以前巡游出车数量调控的老路，更多强调使用许可、处罚、数量控制等措施，结果导致部分城市出租车数量供给不足和服务质量不高。

目前，大部分城市伴随市场准入管理对投放车辆进行总量控制。北京、上海、浙江省、浙江宁波、广东深圳等地已通过地方人大立法，为互联网租赁自行车实施总量调控提供了法律依据，广州、珠海、武汉、南昌、南宁等城市通过政府规章、相关政策等提出总量调控管理。但是，伴随着总量控制政策而来的争议主要集中在市场准入门槛以及相应的配额分配机制上，即什么条件的企业能够拿到多少数量配额。目前许多地方在准入门槛上，一般仅认可已在当地投放运营的企业，但这又对拟新进入该地市场的企业不利。至于如何在企业之间合理分配数量配额，更是地方政府"拍脑袋"决策的结果。如果在总量控制下的系列管理机制上没有好的办法，总量控制容易成为地方政府限制竞争，甚至导致权力寻租的工具。

（3）特许经营拍卖

共享单车特许经营拍卖，有违国家统一的市场准入制度。2022年5月，石家庄拍卖10万辆共享单车3年经营权，包括本地企业在内的五家企业，以10倍于起拍价的1.89亿元超高价拍得特许经营权。

《中共中央国务院关于加快建设全国统一大市场的意见》也要求严格落实"全国一张清单"管理模式，即全国统一的市场准入负面清单，各地不能设置不同的准入标准。国家发展改革委分别于2022年10月、2023年3月通报了第四批、第五批《违背市场准入负面清单制度典型案例及处理情况》，共有21个案例涉及互联网租赁自行车，案例城市通过直接与经营者签订合作协议或备忘录、公开招投标、拍卖、以政府采购名义等引进互联网租赁自行车的行为违背了市场准入负面清单制度。

2. 事中事后监管手段和能力不足

地方政府在如何对平台公司的经营行为进行有效监管，更好保障运营安全和各方合法权益、维护市场公平竞争秩序，却一直没有十分有效的手段，相关监管能力也不足。

（1）部门协同监管手段有限

虽然实施交通运输新业态日常监管和对城市政府进行业务指导的主要部门是交通运输部，但交通运输部本身的处罚职能有限，监管需要部门间形成合力。在实际工作中，各部门关注的重点各不相同，难以形成监管合力。如，交通运输主管部门对于网约车平台"一家独大"的市场结构，以及在此结构下相关市场主体滥用市场支配地位的垄断行为缺乏有效的监管手段，而市场监管部门又面临垄断行为认定难、取证难等问题。对于在一些地方反复出现的部分平台公司采取各种低价优惠、补贴等行为，是否属于价格法中关于"为了排挤竞争对手或者独占市场，以低于成本的价格倾销，扰乱正常的生产经营秩序，损害国家利益或者其他经营者的合法权益"的不正当价格行为，价格主管部门也难以认定。互联网租赁自行车国家和省级行政主管部门为交通运输部门，而城市层面，牵头管理部门有交通运输、住建（城市管理）、公安交管，国家、省级与城市行政主管部门的不统一，一定程度上影响了行业的管理效能。同时，互联网租赁自行车涉及领域和管理部门较多，虽然国家层面已经建立交通运输新业态协同监管部际联席会议制度，部分地方也建立了多部门联合工作机制，但仍存在齐抓共管意识不强、监管信息共享不畅、协调联动不足等问题。据运营企业反映，部分城市仍然存在条块分割和多头监管的问题。

（2）利用数字化监管能力不足

交通运输部网约车监管信息交互平台建立以来，接入了大量合法网约车的运营数据，但目前该平台主要用于服务于事前准入的合规化管理工作，且部、省、市相关平台间数据存在延时以及数据不完整、不准确等情况突出，行业内难以形成监管工作合力。对于运营服务的数据分析挖掘不足，如有效监管驾驶员的工作时长、车辆的行驶状态等，尚未真正发挥其在事中事后监管中的价值。

针对共享单车乱停放问题，广州、上海等地并未推广电子围栏技术。广州未采用电子围栏技术的原因是非机动车停车空间非常紧张。管理部门认为经过几年的规范发展，大部分用户在停车空间充足时，会主动停放到停车位内。当停车位不足时，即使采用电子围栏技术，用户也无法在指定区域还车。考虑到广州非机动车停车空间紧张，电子围栏技术可能造成因停车空间不足用户无法入栏停放的情况，影响市民出行体验。上海市没有大范围推广电子围栏技术的原因是管理部门认为电子围栏定位精度不准确，实施效果不明显。

（3）服务质量考核缺乏透明标准

目前，国家层面尚未具有约束效力的统一的服务标准和管理标准出台，企业在没有服务标准情况下不会主动提供高质量的服务，地方管理部门只能通过服务质量考核加强对企业服务质量的管理。从当前各地出台的考核评价管理办法来看，各地对互联网租赁自行车运营服务考核评价规则、评价内容各不相同，部分城市存在服务质量考核标准不明晰、清运工作不规范等突出问题，影响了出行服务质量，增加了企业经营难度。服务质量考核方面，据企业反映，部分城市存在考核频率过密、考核指标不合理等过度考核现象。

在当前城市普遍重视投放秩序、停放秩序管理的背景下，部分城市对车辆超额投放、乱停乱放的治理存在不规范的现象，大大增加了企业成本。最突出的问题主要表现在三个方面。一是对超额投放车辆的清理大部分城市委托第三方清运公司，第三方公司在清理作业时存在依据不足、没有工作记录等程序不规范的问题；二是被清理车辆暂扣存放场地不规范，共享单车被随意放置、抛掷、堆叠，不少原本完好的车辆因"野蛮作业"而损坏；三是被暂扣的车辆要求企业取回时能否收费、怎么收费等，没有明确标准，也缺乏公示程序。

目前，交通运输部仅出台了《城市定制公交服务规范》（JT/T 1355—2020）一项定制公交相关行业标准，但是对定制公交服务的监管依据和监管机制、运营主体资质、准入退出机制、开线流程、市场监管主体、监管方式、监管标准等方面还缺乏明确的行业指导。各地交通运输主管部门对城市定制公交服务监管的认识和监管模式区别较大，部分城市缺乏线路审批或备案的基本要求，对定制公交服务质量及运营安全缺乏监管，存在"管理盲区"。部分城市采用公交车辆套跑的方式运营定制公交服务，尽管采用市场化定价方式，仍由政府补贴，在成本和补贴的核算上并未与常规公交服务进行区别规制，亟须细化相关监管政策要求。

3. 公平竞争市场环境尚不健全

（1）新老业态之间不公平

巡游车和网约车双方都认为存在不公平对待的问题。一方面，相比于网约车已实行市场调节价，各地巡游车定价均属于政府定价目录范围。根据价格法，每一次巡游车的价格调整都需要经历价格检测、成本调查以及听证等一系列程序，整个程序效率较低。多数地方政府仍然将巡游车价格视为基本民生保障的范畴，每当需要价格调整时，地方政府主要领导总会担心引发社会问题，往往按下不动。传统的政府定价不能灵活适应不同时段、不同区域的灵活调整，难以满足行业转型发展的要求，也阻碍了巡游车与网约车平台的深入合作和利益共赢。另一方面，网约车驾驶员认为巡游车不受限号等交通管制影响，在路权、停车等方面有便利条件，甚至既可电召又可巡游等。

在共享单车兴起之前，北京、杭州等许多城市政府为了推广自行车出行方式，推出了城市公共自行车项目，并明确规定，如果公共自行车商业运作的资金不足以弥补整个运行，可以由政府公共财政进行补贴，保障公共自行车正常运行。虽然共享单车是由市场自发兴起，但其绿色交通的性质和服务商业模式与传统的公共自行车并无不同，目前在共享单车盈利水平不足的情况下，鲜有城市政府考虑将其同公共自行车一样纳入政府购买服务的范畴。

现阶段，定制公交业务主要由各地公交集团组织实施，作为公交企业利用闲置资源增收的一种手段。但是，各地公交集团开行定制公交所用人员、车辆，和常规公交不区分，均受到当地政府的补贴，使得在市场竞争中处于天然优势地位，制约了其他定制公交市场主体参与服务的积极性。滴滴等互联网平台企业在定制公交发展早期曾采取"轻资产"模式依托平台撮合客运企业和乘客两端在深圳等城市运营，但互联网平台公司无法享受城市公交企业在车辆购置、用地开发、人员保障方面的优惠政策支持，相比于公交企业运营成本劣势较大，收入无法覆盖成本，缺乏盈利空间。

（2）主要市场主体涉嫌滥用市场支配地位

目前，滴滴及旗下花小猪出行合计市场份额占比超过80%，"一家独大"的市场结构下平台公司利用优势地位要求"二选一"、未依法申报实施经营者集中等涉嫌垄断问题日益突出，平台在规则制定和利益分配方面拥有绝对的话语权，驾驶员缺乏对等议价能力，只能被动接受平台规定。包括：一是平台滥用定价主导权，随意压低运价或提高佣金、抽成比例，降低驾驶员收入水平；二是平台随意调整派单或评价规则，出现强制派单或不公平派单等现象，诱导驾驶员超时劳动、疲劳驾驶；三是平台通过协议、规则等手段，限制驾驶员与其他竞争平台合作，限定工作时间和区域，削弱驾驶员自主选择权。

（3）不正当竞争时有发生

在共享单车兴起初期，各大运营商为了迅速占领市场，不顾城市空间承载能力，在短时间内争相投放车辆，造成停放乱象，城市交通和空间秩序都受到较大影响。例如，成都市在共享单车投放高峰期共有车辆180万辆左右，远远超过城市空间的承载能力，也超过居民的实际需要。

部分平台公司采取各种低价优惠、补贴等手段扰乱市场秩序。尤其在发展初期，网约车企业普遍采用低价倾销和高额补贴等各类营销手段，打破市场格局，恶意挤占传统企业份额，严重影响了行业稳定和市场秩序。2021年3月1日，成都由于高德地图和滴滴相互之间的低价竞争，导致出现数千人的罢运事件。目前，成都网约车平台超过100家，出现了招人低门槛、管理松标准、运营盲补贴的"内卷"效应。

4.支持新业态发展的政策法规尚不完善

（1）巡网融合在法规上仍存障碍

相对于网约车的快速发展，现有法律法规明显滞后，目前出租汽车尚未纳入《道路运输条例》调整范畴，国家层面关于出租汽车的管理制度，仍然是体现分类管理的思路，主要包括《网络预约出租汽车经营服务管理暂行办法》《巡游出租汽车经营服务管理规定》《出租汽车驾驶员从业资格管理规定》等部门规章，法律层级及效力有限，在一定程度上影响了出租汽车行业管理。

特别是目前，部分巡游车企业选择与网约车平台开展合作，巡游车可以同时接巡游车和网约车两种订单，实现融合接单，即巡游车通过扬招或者电召方式承揽的订单，仍然按照传统巡游车的管理方式和定价方式完成，而通过网约车平台承揽的网约车订单，需要按照网约车的定价机制与评价管理方式完成。这种融合接单模式，可以充分利用网络预约服务方式带来的更加灵活运价形成机制与服务评价体系，提升服务质量，增加驾驶员收入。但是，这种模式变相绕开了巡游车长期以来形成的政府定价机制，在法规层面除了杭州等个别地方已经予以认可，多数地方的法规并不支持。辽宁省朝阳市等少数地方甚至要求巡游车不得使用打车软件接单。

（2）运输服务链条整合缺乏统筹协调

国家层面对"出行即服务"模式的内涵、价值和前景认识也尚不清晰、不全面，对发展目标、场景和路径均无明确要求，缺乏对地方开展相关项目建设的有效指导。"出行即服务"模式对运力、数据、票务系统的整合集成要求较高。目前来看，公共交通和其他交通方式之间、城际（尤其是铁路）和城市交通之间，实现业务合作以及实体、信息要素的衔接共享仍然面临很大障碍。特别是各方面对参加"出行即服务"模式建设缺乏相对清晰的收益预期，国内也还没有积累形成相对成熟、可供参照的商业模式样板，盈利机制、分配机制等均未成形，并且缺乏数据资源开放共享、应用服务平台接口等关键环节的标准规范。

5. 从业人员权益保障难度加大

（1）用工模式复杂

目前，各主要网约车平台公司的用工模式主要分为三种：一是平台直接与驾驶员签订合作协议或服务协议；二是平台通过第三方劳务公司雇用驾驶员提供网约车服务；三是平台与汽车租赁公司签订合作协议，在汽车租赁公司租车的驾驶员为平台提供网约车服务，而驾驶员与汽车租赁公司签订租车协议及服务协议。目前90%网约车驾驶员与平台公司签订的是合作协议或服务协议，并非劳动合同。总体上看，网约车平台公司与驾驶员之间并非传统劳动关系，同时用工模式复杂，导致双方法律地位不清晰，用工关系难以确认。

（2）社保覆盖率低

网约车平台基本不为驾驶员承担社会保险、医疗保险等费用；60%以上的驾驶员没有社保，社保参保法律意识淡薄，主动参保动力不足，小部分从业人员自己缴纳养老保险、医疗保险等社会保险等。尽管目前部分省在养老、医疗等方面已提供了新业态人员参保通道，但因个人需同时承担企业、个人双方成本，导致社保、医保覆盖率较低，驾驶员普遍面临无劳动合同、无社会保险、无劳动保障等"三无"问题。

（3）收益分配机制不透明

据调研，网约车平台对驾驶员收入的抽成比例大部分在20%以上，相比较巡游车的抽成比例（10%~16%）偏高。巡游车抽成（也称"份子钱"）中普遍包含车辆折旧、车辆保险、维修费、代扣代缴等费用；与驾驶员签订劳动承包合同的企业，还要承担驾驶员的五险费用。而网约车平台公司注册车辆普遍为驾驶员自行购买，其能耗费用、维修费用、车辆保险均由驾驶员承担，抽成几乎全部是网约车平台的收入。此外，网约车平台在调整收益分配规则时，与驾驶员的沟通协商依然存在不足。

（4）劳动强度大

根据调研，网约车驾驶员整体收入不高，想要获得较为理想的收入，基本都需要提供10小时以上的超时劳动。仅有约37%的驾驶员，月均收入在8000元以上，这部分驾驶员中，约83%的驾驶员在线时长10小时以上，超过一半的驾驶员在线时长在12个小时以上。仅有22%的驾驶员，月均流水在万元以上，这部分驾驶员中，90%以上的驾驶员在线时长在10小时以上，60%以上的驾驶员在线时长在12小时以上。约有48%的驾驶员属于"低收入群体"，月均收入在6000元以下，但这部分驾驶员中，仍有41%的驾驶员在线时间在8小时以上。扣除平台抽成以及车辆使用、租车等成本，驾驶员净收入与当地职工平均工资相比明显偏低，为提高收入超时劳动普遍。此外，目前平台抽成比例在15%~30%，相比同等测算条件下巡游车"份子钱"，部分订单抽成过高。此外，部分网约车平台通过实施积分值管理变相限制驾驶员在不同平台接单，直接影响了司机的收入水平。

针对网约车平台公司对计价规则、派单机制、抽成规则的随意调整损害驾驶员权益的行为，2022年以来，各地实施抽成比例"阳光行动"，要求平台公司降低抽成比例。但从调研了解的情况看，近期各地网约车驾驶员的平均收入并没有得到提高，相反，如果要维持与之前相同的收入水平，驾驶员需要更多的工作时长和工作强度。实际上，出租汽车行业从业人员的收入水平，从根本上看，是由行业劳动力市场的供求关系决定的。在近期经济下行压力加大和就业形势日趋严峻的大环境下，由于行业进入门槛较低，行业出现了供大于求的现象，提高了从业人员的工作强度，降低了工作收入。

二、交通运输新业态发展面临的环境

（一）建设人民满意交通要求行业转型升级

增进民生福祉是一切发展的根本目的，人民对美好出行的向往是交通运输发展的根本动力。2019年9月，中共中央、国务院印发《交通强国建设纲要》，提出建设人民满意、保障有力、世界前列的交通强国。从交通运输行业的服务属性来看，必须牢固树立以人民为中心的发展思想，满足人民对便捷出行、文明出行、绿色出行的需求。当前社会的主要矛盾已经转变为人民日益增长的美好生活需要与不平衡不充分的发展之间的矛盾，表现在交通运输行业就是人民对安全、便捷、高效、绿色出行的需要。交通运输行业本质上是一个服务性行业，必须高度重视改善群众对交通运输服务的体验，为交通运输新业态发展创造良好环境。当前，交通运输行业仍存在一些顽疾，特别是巡游车服务质量不高、地面公交运营效率低下等，迫切需要进一步转型升级，以服务标准化、品牌化、数字化、便利化为主方向，瞄准出租、公交、城市拥堵、特殊群体出行等民生领域，不断提升公共服务的基本标准和水平，增加高品质、多样化服务供给，提高服务质量和效益水平，为社会公众提供安全、便捷、舒适、经济的出行服务。

（二）出行需求的多元化要求提供多层次、差异化服务

随着互联网技术的快速发展，其影响力已渗透到生产生活的方方面面，也深刻地改变了人们的出行方式。经过近十年的发展，移动出行行业进入了新的发展阶段，尤其在双循环经济发展格局下，伴随国内消费结构升级，更便捷、更安全、更高品质、可定制化、高度个性化的出行服务正成为越来越多人的追求。以城市公交为例，政府主导的单一化公共交通服务系统与多层次、差异化的市场需求不相适应，公共交通投入巨大、边际收益持续递减。政府主导模式在服务宗旨、经营体制、运力配置及组织方式等关键要素上均愈来愈难以适应细分市场的多层次差异化需求，服务吸引力每况愈下。但与此同时，校车、班车等定制公交市场需求空间巨大，并且随着人口老龄化和无障碍环境建设，老年人、残疾人的出行需求也与日俱增。慢行交通方面，共享单车正是由于解决了居民出行最后一公里的痛点而得到迅速发展壮大。

（三）促进平台经济健康发展要求确立市场化的改革方向

党中央、国务院高度重视平台经济、民营经济发展，多次发布重要文件，强调要以市场主体需求为导向，力行简政之道，坚持依法行政，公平公正监管，持续优化服务，加快营造稳定公平透明可预期的营商环境。2019 年 8 月，国务院办公厅发布《关于促进平台经济规范健康发展的指导意见》，要求聚焦平台经济发展面临的突出问题，创新监管理念和方式，落实和完善包容审慎监管要求，推动建立健全适应平台经济发展特点的新型监管机制，着力营造公平竞争市场环境。2022 年 4 月，中共中央、国务院印发《关于加快建设全国统一大市场的意见》，要求加快建立全国统一的市场制度规则，打破地方保护和市场分割，促进商品要素资源在更大范围内畅通流动。2023 年 7 月，中共中央、国务院印发《关于促进民营经济发展

壮大的意见》，指出加快营造市场化、法治化、国际化一流营商环境，使各种所有制经济依法平等使用生产要素、公平参与市场竞争、同等受到法律保护。这些重要文件精神，为出租汽车行业进一步深化改革指明了方向。

（四）交通运输治理现代化要求切实提升行业监管能力和水平

构建系统完备、科学规范、运行有效的制度体系是实现行业治理水平提升的重要基础。2020 年 10 月，交通运输部印发《关于推进交通运输治理体系和治理能力现代化若干问题的意见》，提出完善跨领域、网络化、全流程的交通运输现代治理模式，提升系统治理、依法治理、综合治理、源头治理水平，形成全社会共建共治共享的交通运输治理格局。在完善交通运输新业态发展制度方面，提出依托交通运输新业态协同监管部际联席会议制度，完善鼓励和规范网络预约出租汽车、分时租赁、互联网租赁自行车、道路客运定制服务、智能快件箱寄递服务等交通运输新业态发展的制度机制。建立定制公交等需求响应型出行服务体系等。

从顶层设计上，需要统筹考虑城市人口数量、经济发展水平、交通拥堵状况和车辆里程利用率等因素，合理把握各种交通方式在城市综合交通运输体系中的发展定位和分担比例，研究建立与城市空间承载能力、停放设施资源、公众出行需求等相适应的市场运力投放机制、动态监测及调整机制。

在行业监管上，当前交通运输新业态发展呈现市场化、数字化、平台化等多重特征，行业监管已经涉及运营管理和安全、反垄断、网络安全、员工权益保护等诸多方面，对行业治理体系和治理能力建设提出了很高要求。特别是平台经济下出现的各种市场行为，难以依靠单一单行法律、依托单一管理部门实行有效监管。在这种情况下，迫切需要多部门协同联合，综合运用加强数字监管、信用监管、社会监督等手段，根据具体的市场状况、行为特征来灵活综合运用相关法律法规予以规范和治理。同时，面对逐渐多维的运行场景、灵活多样的商业模式及日益复杂的竞争行为，仅依赖全能政府思维下的单一主体监管难以适应行业发展趋势，有必要引入多元主体共同参与合作治理，形成治理合力。

三、交通运输新业态发展的思路与路径

（一）总体思路

完整准确全面贯彻创新、协调、绿色、开放、共享的新发展理念，以推进交通运输供给侧结构性改革为主线，以提升运输服务发展质量和效益，推进交通运输新老业态安全、高效、绿色、融合发展为根本，坚持市场化、法治化原则，充分发挥市场在资源配置中的决定性作用，更好发挥政府作用，强化竞争政策基础地位，切实维护公平竞争的市场环境，实现有效市场与有为政府的结合。

改革创新。紧紧围绕使市场在资源配置中起决定性作用和更好发挥政府作用，统筹推进交通运输新业态规范治理与深化传统行业改革，激发运输市场活力，促进生产要素自由流动，为运输市场发展提供强大的内生动力。注重为新业态的成长发展留出空间。既制定规则、当好裁判，又积极鼓励创新，培育好发展新动能，让新业态迸发出更多的社会效益和经济效益。

安全稳定。安全稳定是不可逾越的红线底线，是最广泛的社会共识。人民有了安全感，获得感才有保障，幸福感才能持久。要守住交通运输新业态发展的红线底线，保障人民群众生命财产安全，维护好社会和谐稳定大局。要强化风险管控，认真排查影响安全稳定的各类风险，对发现的矛盾风险，推动有地方、部门和企业落实化解、管控责任，遏制安全生产事故发生，防止引发不稳定事件。

多元公平。统筹推进新老业态发展，既要推进交通运输新业态的规范治理，也要注重传统业态的改造提升，通过政策调控和制度引导，处理好新老业态之间关系，营造公平的市场竞争环境。处理好不同交通方式之间的关系，构建起以绿色出行为主体、个性化交通方式为补充，一体融合、

协同高效的出行服务体系。

协同治理。必须推进政府、市场、社会三大领域改革创新，通过优化政府治理、完善市场治理、增强社会治理，形成"三位一体"相互协调的整体性治理架构。切实转变政府职能，创新行政管理方式，完善职责定位和监督协调机制；强化市场准入、事中事后监管、产权保护、价格机制等制度安排，激发市场活力；完善公众参与机制，构建新业态共建共治共享新格局。

（二）推进路径

1. 推进巡游车网约车一体融合发展

（1）分类管理是渐进式改革的需要

巡网融合的首次提法，出现在《国务院办公厅关于深化改革推进出租汽车行业健康发展的指导意见》关于坚持改革创新的基本原则中，"促进巡游出租汽车转型升级，规范网络预约出租汽车经营，推进两种业态融合发展"。在改革之初，巡游车和网约车面临的主要矛盾不同，分类管理是渐进式改革的需要：巡游车主要受制于传统政府管制，迫切需要推进以市场为导向的改革，因此主要任务是"促进巡游出租汽车转型升级"；网约车在发展初期不受任何监管，其"野蛮生长"对市场秩序和行业稳定影响较大，因此主要任务是"规范网络预约出租汽车经营"。

巡网融合是行业改革的手段。在改革推进过程中，巡游车和网约车可以相互借鉴，甚至通过兼并、重组、股权合作等方式实现运营层面的深度融合。巡游车企业可作为网约车平台公司的线下管理单位，更好发挥其在车队和驾驶员管理方面的线下优势；网约车平台公司亦可开展巡游车网约经营服务，更好发挥平台的线上优势和技术服务优势，使得巡游车和网约车均能提供同等层次的优质服务。

巡网融合是行业发展的目标。巡游车和网约车同属出租汽车，当改革初期面临的主要矛盾得以基本解决时，新老业态在服务对象、标准等方面趋于一致。未来，巡游、网约只是出租车两种揽客方式，巡网融合为出租车行业最终状态指明了方向。

（2）当前的重点是统一管理政策并按服务方式进行管理

在改革初期，巡游车企业主要通过接入互联网平台运营实现了转型升级，网约车平台公司则开始通过与线下租赁公司甚至是巡游车企业合作，强化人员和车辆的线下管理。但是，由于巡游车价格机制不灵活，网约车平台无法从中获取与其投入相匹配的利润，因而在派单时对网约车和巡游车"亲疏有别"。

在改革中期，随着越来越多的城市巡游车企业或驾驶员个人已经自愿选择与网约车平台开展合作，巡游车接网约车订单并按照网约车的定价机制与评价管理方式完成服务，以及今年以来杭州开始在立法层面突破，明确巡游车通过网络预约方式揽客的，可以按照网约车计价规则收取运费，同时网约车平台企业承担承运人责任，巡游车在线上作为网约车运力的最后障碍已逐步破除。

面向继续深化改革的目标，随着新老业态在管理政策上的统一，两种业态的服务方式也可进行融合，巡游车可以接入互联网平台实现网约，网约车若张贴标识也可进行巡游，最终巡网实现一体融合，实现以乘客为本的发展理念，共同为社会公众提供安全、便捷、舒适的个性化出行服务。

当前，改革已进入中后期，巡游车和网约车"实行错位发展和差异化经营"的定位已完成历史使命，下一步应继续积极推动出租汽车行业管理政策的统一，包括驾驶员的自由流动，车辆准入和退出标准的统一，价格和数量的市场化调节，更加灵活的劳务用工方式，经营区域范围的统一，在交通通行、临时停靠和违法处理等方面标准的统一，等等。

待时机成熟后，法律法规层面应逐步取消按车辆性质属性进行分类管理的既有模式，不再区别巡游车、网约车，而是按照具体业态类型进行管理。以运价管理为例，对于出租汽车的巡游业务，鉴于其具有信息不对称的特性，从保证市场交易双方的公平性出发，巡游业务的价格可以实行政府指导价，并且要求车辆在巡游业务时必须具有明显标识、价格公示。对于出租汽车的网约业务，相关交易应完全按照市场调节价进行。

（3）未来应逐步淡化事前准入，更加强调结果导向的监管措施

传统交通运输行业管理注重事前审批和准入，实施层级、区域、条块管理。相比之下，网约车具有网络化、跨区域、跨行业等特征，突破了层级和地域边界限制，行业治理也应逐步从传统的人、车审批管理这种传统的管理方式，转向更多依靠数据治理、法规保障、市场调节、公众监督等综合性的监管举措。面向未来，有效的政府监管必须紧紧围绕维护市场公平竞争秩序和保障乘客合法权益这一行业改革的根本目的展开，更加强调结果导向的监管措施。

一是维护市场公平竞争秩序，在促进市场充分竞争的基础上保障市场公平竞争。在各地对于出租汽车事中事后监管的手段和能力逐步提升和完善后，可以逐步弱化准入管理，这样能够有效降低网约车平台的经营成本，这对中小企业的成长更有利，也就更有利于促进竞争。促进形成充分竞争的市场格局，也是真正提升行业整体服务质量的最有效手段。过去一段时期，这种事前准入管理事实上抬高了网约车的经营成本，客观上也加剧了网约车市场向一家独大的市场主体进一步集中。实际上网约车准入越宽松的城市（如成都、杭州），市场竞争越充分，市场主体份额也相对均衡，如成都聚合平台订单量占总数的三分之一，杭州滴滴平台的订单率仅占总数的55%左右。未来，出租汽车行业应加大力度落实国家关于推进全国统一市场建设的要求，全面清理各类市场准入制度，取消不合理的审批事项，减少环节，降低门槛，促进市场充分竞争。确保市场公平竞争，始终是政府不可推卸的职责。更加强调结果导向的监管措施，就要加强出租汽车行业事前事中事后全链条联合监管，特别是事中事后监管。要加强反垄断执法，打击不正当竞争行为，维护市场秩序。对于违法违规的企业，将依法予以严惩，保障市场的公平竞争。

二是保障乘客合法权益。提升、确保乘客安全是首要考虑，重点加强对运营安全影响最大的事中监管，如对驾驶员每天总工作时长、连续工作时长和车辆定期检测等加强监管，逐步弱化对安全影响不大的驾驶员证、车辆运输证办理等事前监管，仅保留对安全有较大影响的近期是否有暴力

犯罪记录背景审查。政府必须确保乘客权益得到充分保障，最重要的就是事故纠纷处理和赔偿，政府应确定承运人为服务的责任主体，制定合理的保险标准，并强制实施。至于具体保险的机制，车辆作为私家车行驶时使用私人商业保险，作为出租汽车经营时由承运人提供保险，可以认可平台公司自保的方案，也可支持商业保险探索按订单或按里程计费等方式。

　　2.以监管停放秩序为抓手规范共享单车市场

　　（1）现行配额管理和招投标制度不尽合理

　　一是有违国家要求。市场准入负面清单制度，是指国务院以清单方式明确列出在中华人民共和国境内禁止和限制投资经营的行业、领域、业务等，各级政府依法采取相应管理措施的一系列制度安排。市场准入负面清单以外的行业、领域、业务等，各类市场主体皆可依法平等进入。共享单车属于国务院市场准入负面清单以外的领域，各类市场主体应当都有权进入、参与竞争，各地用市场饱和的名义禁止新市场主体进入是有违国家要求的，也制约了国内统一大市场的形成。

　　二是缺乏法理依据。《基础设施和公用事业特许经营管理办法》规定，基础设施和公用事业特许经营，是指政府采用竞争方式依法授权中华人民共和国境内外的法人或者其他组织，通过协议明确权利义务和风险分担，约定其在一定期限和范围内投资建设运营基础设施和公用事业并获得收益，提供公共产品或者公共服务。共享单车不是公共产品和公共服务，也不是政府所有的基础设施和公用事业。共享单车仅须占用自行车停车资源进行市场经营行为，而城市自行车停车资源对全体居民是免费赋予的，不是政府的可经营资源。

　　三是具体操作难以保障公平。由于共享单车属于自负盈亏的市场经营行为，政府介入管控的具体操作手段，包括如何确定合理的总额配额，如何确定招投标的企业数量，有关配额如何在各个企业之间分配等，在现实中缺乏具有公平性和公信力的制度设计，往往容易导致权力寻租和腐败问题。

　　四是管控效果也不尽理想。虽然各地在实践中确定了总量配额，但并没有根本解决共享单车停放秩序混乱的问题，城市热门区域由于停放需求的集中和停放空间的不足，仍然经常出现停放秩序混乱的现象，而与此同时，非热门地区又经常出现供给不足的情况，反而影响了共享单车骑行者的体验感受。

（2）弱化事前准入，监管停放秩序，提高违法成本

现阶段，共享单车是完全的企业经营行为，应为其进入市场创造宽松的环境，不对投放车辆、企业数量做事前控制。

同时，明确政府在共享单车管理上的职责：确定城市合理的停放空间；提升对违法停放行为的管理能力，对违法停放行为加大处罚力度，建立事中事后监管体系，违法停放严重扰乱公共秩序的，依据相关法规予以严重处罚。

（3）从鼓励绿色出行的角度，可适时考虑纳入公共服务体系

共享单车同前些年各城市政府主导的公共自行车项目服务性质完全相同，只是经营主体不同。如果共享单车自身不具备盈利性，政府从鼓励绿色出行的角度，可通过财政补贴购买公共服务。在此条件下，政府可通过招投标，选择最满足政府所期望服务标准的企业进入。

3. 以开放定制公交市场准入倒逼传统公交行业竞争性改革

与网约车、共享单车经营主体已经高度市场化不同，公交行业基本仍处于政府主导经营之下，市场元素缺乏，行业整体服务质量不高，管理效能低下。

（1）明确定制公交市场化属性

建议从服务对象、运输效率、服务品质、市场参与度等因素差异，进一步细分城市公共交通服务领域，将城市公共交通服务供给划分为适宜政府主导提供的基本公共交通服务和适宜市场主导提供的多元化公共交通服务，科学明确基本公共交通与多元化公共交通的发展定位、服务特征，科学指导推动公共交通实现公平与效率、公益与效益的统筹与平衡。其中，基本公共交通服务以满足人民群众基本公共出行需求为主，应当由政府主导建设和保障，为人民群众日常出行提供普惠、安全、可靠、持续的公共

交通服务，在城市公共交通服务体系中定位为基础性、保障性、普惠性的服务。

多元化定制公交服务在保障基本公交服务的基础上，引入市场化机制，通过整合出行起讫点、出行时间等相近出行需求，为乘客提供一人一座等高品质、个性化的公共交通服务。主要形式包括通勤定制公交、交通客流集散地定制公交线路（火车站、高铁站、飞机场等）、商务定制公交（企业快车、学生校车、旅游巴士等）。多元化定制公交服务要坚持市场属性。商务通勤、企业快车、学生校车、旅游巴士、服务包车等定制公交服务具备满足民众多样化、个性化、高品质出行需求的能力，属于品质公交服务范畴。同时定制公交与巡游出租车、网约车、定制客运等市场化经营的客运方式存在市场竞争关系，发展时应坚持其市场属性，采取市场化定价模式，保障城市客运市场的公平环境。

参考本书第四章对香港公交的构成分析，香港有 6905 辆非专营巴士，其角色主要是纾解市民主要在繁忙时间对专营巴士和专线小巴服务的需求，以及在一些专营巴士和专线小巴行走并不符合营运效益的地区提供服务，应付乘客需求，日均客运量约为 54 万人次，占香港地面公交日均客运量的 9%。香港的非专营巴士不需要通过招投标程序申请香港运输署的巴士专营权，但从业者须向香港运输署申请客运营业证，持证人可以经营以下一种或多种服务：游览服务、酒店服务、学生服务、雇员服务、国际乘客服务、居民服务、复式类型交通服务、合约出租服务。

（2）推进传统公交与定制公交公平竞争

在当前定额补贴、成本规制补贴等现有补贴政策不变的情况下，应要求各地公交集团将定制公交业务独立出来，成立相应的公司专门经营，并将这一部分成本排除在政府补贴之外。这样才能吸引更多社会主体参与定制公交经营服务。

（3）推进传统公交改革

在根本上，需要改革各地对公交运营管理的模式，成本规制的补贴模式不能调动公交企业降本增效的积极性。从公交企业从事定制公交经营的角度，如果这部分收益在核算时纳入了公交集团的总收入，减少了集团的运营亏损，相应的政府补贴就会减少，公交集团最终获得的收入没有变化，这样的定制公交经营对公交集团而言就毫无吸引力，只是完成相应的任务。

面向未来，应建立以客流为基准的补贴制度，探索补贴从生产者转移到消费者，鼓励公交企业开拓市场，通过市场经营实现企业的增收和可持续发展。具体而言，对于冷僻线路等由政府保障的基本公共交通服务，可以按照行驶里程进行补贴；对于多数能够发挥市场效益的公交线路，政府管制价格的，由政府补贴市场定价和政策性票价之间的差额，价格定价放开的，政府不参与补贴。

4. 支持"出行即服务"市场化产品创新

（1）消除制约因素，建设完善基础环境

完善评价体系，统筹考虑市场供给、市场需求、设施支撑、数据开放、政策保障等多个维度的发展条件，组织各地评估"出行即服务"模式发展所需的外部环境成熟度，有针对性支持地方政府夯实基础、补齐短板，引导"出行即服务"模式发展搭上智能交通建设"顺风车"，加强智能交通发展对系统关键环节支撑。强化机制保障，聚焦平台下各类运输服务以及交通运输与消费服务企业间的业务对接、票务结算、收益分配、责任划分等关键环节，制定相应的规章办法和激励政策，促进跨方式、跨业态相互赋能。

（2）创新服务功能，拓展服务模式

在"出行即服务"项目建设上充分考虑不同地区经济社会和交通发展水平差异，鼓励因地制宜拓展"出行即服务"模式承载功能。支持在数字经济发展基础较好、消费水平较高的地区优先开展"出行即服务"产品和业态模式创新，探索发展包含多种运输服务、定期统一付费、按需定制式的出行组合套餐包服务模式，以及接入生活消费服务功能、提供绿色出行碳普惠奖励等跨领域、多样化服务模式，以高质量的供给革新牵引创造新的需求和市场。

（3）加强顶层设计，有序开展试点建设

在国家层面明确"出行即服务"模式的发展目标、场景和路径，加强对地方开展试点建设的规范指引。鼓励推进城市交通与铁路、民航等方式的数据联通、服务对接，鼓励在农村地区发展预约响应式出行服务。支持具有政府背景的运输服务或平台企业（或通过政府购买服务）主导"出行即服务"系统建设，完善监管、考核办法，确立公共交通主体地位，引导共享交通有序规范发展。推动不同地区系统的运营标准、服务内容衔接统一，为逐步发展形成全国一体的"出行即服务"系统平台预留空间。

四、交通运输新业态发展的政策建议

（一）深化行业管理改革

1.继续推进巡游车运价机制改革

目前，制约巡游车竞争力的主要障碍之一仍是价格机制。建议进一步指导各地加快理顺巡游车运价机制，建立更为灵活、时效性更强的运价调价机制；加大地方实践经验的推广宣传力度，切实提升地方行业主管部门的改革意愿、改革能力，消除巡游车充分参与市场竞争的限制。

2.地面公交循序渐进引入市场竞争机制

城市地面公交领域的市场化改革不能一蹴而就，需要基于现有管理体制机制进行渐进性改革。建议推动基础设施产权和运营权相分离，逐步由政府垄断经营模式过渡为区域专营模式，再进一步按线路具体确定运营标准，实行线路招标、线路服务指标量化等，降低企业准入门槛，引入竞争机制。在政府补贴方面，目前，我国多数城市政府对地面公交企业以"一事一议"的方式给予补贴，部分城市政府通过成本规制约束公交企业的经营行为，但这些补贴方式本质上都保障了公交企业的基本利润率，补贴额年年攀升，公交企业缺乏不断降低成本、提高效率的内生动力。建议地面公交线路的招投标制度应以经济效益和服务质量为主要评标依据，公交运营企业的实际收入应与完成的运营里程、客流量、服务可靠性等绩效挂钩，有效调动公交运营企业降低成本、提高服务水平的主动性和积极性。

（二）健全适应建设统一大市场要求的市场准入制度

传统交通运输行业管理注重事前审批和准入，实施层级、区域、条块管理。相比之下，交通运输新业态具有网络化、跨区域、跨行业等特征，突破了层级和地域边界限制，行业治理也应逐步从传统的人、车审批管理这种传统的管理方式，转向更多依靠数据治理、法规保障、市场调节、公众监督等综合性的监管举措。面向未来，有效的政府监管必须紧紧围绕维护市场公平竞争秩序和保障乘客合法权益这一行业改革的根本目的展开，更加强调结果导向的监管措施。

1. 放宽网约车市场准入门槛

在各地对于出租汽车事中事后监管的手段和能力逐步提升和完善后，可以逐步弱化准入管理，这样能够有效降低网约车平台的经营成本，这对中小企业的成长更有利，也就更有利于促进竞争。促进形成充分竞争的市场格局，也是真正提升行业整体服务质量的最有效手段。未来，出租汽车行业应加大力度落实国家关于推进全国统一市场建设的要求，全面清理各类市场准入制度，取消不合理的审批事项，减少环节，降低门槛，促进市场充分竞争。

2. 健全共享单车市场准入制度

针对"以卖代管"及不合理设置市场准入门槛等行为，建议督促地方核查有关问题，妥善处理解决，指导地方有关部门开展违反公平竞争问题专项检查，推动各地方各部门清理废除有关规定和做法。指导地方人民政府积极采取有关措施，以提升共享单车服务水平为依据，通过合法合理的形式制定互联网租赁自行车市场准入制度，为各类市场主体投资兴业营造稳定公平透明、可预期的法治化营商环境，为人民群众提供优质出行服务。

3. 开放城市定制公交市场

常规公交为政府补贴的基本公共交通服务，票价和服务质量均受到政府严格管制，由政府通过特许经营、购买服务等方式，委托公交运营企业提供公交服务。定制公交是市场化的公交服务产品，价格由市场决定，政府不予补贴，服务质量也由市场需求优胜劣汰，属于各类市场主体皆可依法平等进入的领域。

明确新开定制公交线路时，定制公交企业应在线路开行前，向城市公共交通管理部门提出申请，建议采取备案管理制。定制公交线路需调整的，原则上也应提出申请。对于线路调整较小的，运营企业可根据实际需求及时进行调整，并将线路信息在投入运营前录入管理系统备案，供管理部门和社会公众查询监督。

（三）提高政府监管能力

1. 发挥新业态联合监管机制作用

适应新业态跨行业的特点，加强监管协同，着力营造公平竞争市场环境。依托交通运输新业态协同监管部际联席会议机制，充分发挥各部门职能优势，加强协调联动，切实增强对出租汽车、互联网租赁自行车监管合力。

引导各地参照国家行业管理构架，尽快确定牵头管理部门，建立健全联合工作机制，明确相关部门职责，形成分工明确、相互配合、齐抓共管的工作格局。同时，坚持鼓励创新的原则，进一步创新管理理念和方式，加强部门信息共享和线上监管。指导各地强化监督执法，督促运营企业切实落实主体责任，不断提升用户体验和提高服务水平。配合相关部门依法查处部分城市存在的滥用行政权力、排除限制市场竞争等违规行为，维护公平竞争市场环境。

2. 完善共享单车车辆投放与服务监督制度

聚焦互联网租赁自行车发展存在的突出问题，加大政策制度引导约束力度，推动建立健全适应互联网租赁自行车发展特点的新型管理制度体系。一是完善车辆投放机制。研究完善互联网租赁自行车容量测算指标体系，提升容量测算的科学性和合理性；在此基础上，结合合理合法的市场进入制度，建立与城市空间承载能力、停放设施资源、公众出行需求相适应的车辆投放机制，引导运营企业合理有序投放车辆。二是建立服务质量考核制度。基于运营企业依法合规经营、车辆安全管理、服务质量、服务投诉等情况，研究制定互联网租赁自行车服务质量信誉考核办法，建立行业事中事后监管制度，不断提升行业服务水平。三是建立服务标准化体系。针对企业基本情况、车辆投放秩序、运营维护、人员管理、停放秩序、投诉处理、安全措施与紧急情况处置等内容建立国家层面统一规范要求，并对服务质量评价规则、评价内容、评价指标、评价分级等做出原则性统一要求，为管理部门加强运营企业监管考核提供重要参考，全面提升行业服务质量和服务水平。

指导地方行业管理部门与公安交管、城市管理部门加强沟通协作，形成监管合力，督促企业落实主体责任，规范车辆停放秩序，及时清理乱停乱放的车辆，切实建立合法有效的常态化车辆停放秩序管理机制。同时，指导地方进一步明确清运工作操作程序、收费标准等，提高清运工作规范性。建议交通运输部会同中央文明办等有关部门共商如何引导地方降低"文明城市创建"工作对行业正常经营的影响，充分发挥互联网租赁自行车在"创文"中对经济社会秩序恢复、满足人民群众美好出行的积极作用；并建议将城市"绿色出行比例"纳入"全国文明城市测评体系"中。

3.强化定制公交服务质量管理

一是制定线路开通调整行业标准，重点围绕在定制公交和常规公交协同规划体系下，定制公交的线路开通和调整的相关要求，更好地整合城市居民出行需求，提高定制公交运营服务效率。二是制定服务运营效果评估标准，为行业主管部门或运营企业分析定制公交服务运营状况，强化定制公交管理提供参考。三是推动出台定制公交发展指南，明确定制公交服务发展路线，规范定制公交规划建设和日常运营工作，为城市交通主管部门和定制公交运营企业提供参考。

（四）发挥政府支持作用

1. 加强关键基础设施投资建设

以机场和铁路客运枢纽为重要抓手，加强支撑区域、城际、城市不同空间尺度的铁路、轨道系统以及地面公交网络的组织衔接，实现同站便捷换乘，具备条件的实现同台或立体换乘。以便捷换乘为导向，完善智能联程导航、标识引导等设施，优化进出站组织模式，推动空铁（轨）联运旅客换乘流程优化，切实提高全程出行效率。发挥好政府投资的引导带动作用，各级交通运输主管部门应积极争取各类政府财政性资金、专项资金，对符合条件的项目予以统筹优先支持。充分运用市场机制，多元化拓宽投融资渠道，吸引社会资本积极参与投资建设和运营服务，更好发挥市场支持作用，强化风险防控机制建设。

以保障路权、提高公共汽电车速度和准时性为核心，增强常规公交吸引力、竞争力。在拥堵路段、拥堵时段设置公交专用道，允许定制公交等其他中大型客车通行。

保障自行车道连续、成网，在最低宽度的基础上，以高峰时人流量、（电动）自行车交通量为基准，调整划分道路资源，保障充足的自行车道宽度；不能独立设置自行车道的路段，将最右侧车道作为机非混行车道，该路段自行车优先、限制机动车速度。加强执法，确保人行道、自行车道不被汽车停放、商贩等所挤占。居住区、办公和商务楼等各种建筑物周边，在允许停放、最便利的区域，优先停放自行车而非小汽车，安装监控设备等保障安全。修订自行车停车技术标准并加强落实，不符合标准的区域加强增设，特别在枢纽场站、轨道和公交站点周边要保障充足的停放区域，强化自行车与公共交通的衔接。

2. 加强数据资源开放共享

进一步完善交通出行信息资源共享机制和交换渠道，实现相关数据资源共享共用。研究制定交通出行公共数据开放和有效流动的法规制度、标准规范，完善城市交通领域的数据底座（包括接口标准、数据目录、处理流程等），推动条件成熟的公共数据资源依法依规开放和政企共同开发利用。推动交通运输领域公共信用信息在市场主体间开放共享，并将相关信用记录纳入全国信用信息共享平台。加强重要数据和个人信息保护，建立健全行业数据安全保护制度，加强数据分级分类管理。逐步推动"共享数据池"机制的构建，最终实现对国家和地方层面、公共和私人部门、交通和非交通（消费）业务数据的统一规范管理。

3. 加强从业人员权益保障

落实维护新就业形态劳动者劳动保障权益要求，同时根据行业特点，有针对性地优化行业从业人员特别是网约车驾驶员的权益保障服务。在推进巡网融合过程中，首先逐步提高网约车驾驶员的待遇，以保障巡游驾驶员在转变过程中有关权益不会受损，同时考虑专职、兼职等不同类型驾驶员差异。强化行业运营动态和市场饱和预警机制，指导相关市场主体特别是驾驶员谨慎选择网约车行业。推广网约车驾驶员可在就业地（或户籍地）参加企业职工基本养老保险，可以凭灵活就业人员身份缴费参加职工医保或户籍所在地居民医保，以及职业伤害保障、用工合同及协议示范文本等经验。普及出租汽车综合服务区、司机小站（驿站）、临时停靠点等服务设施，为驾驶员提供停车、休息、充电等便捷服务，推动解决"停车难、如厕难、就餐难"问题。加大推动网约车驾驶员群体党建和建会入会工作力度，加强思想引领、凝聚服务、权益保障等工作，提高维权服务能力水平。充分发挥12328、12315等监督电话作用，畅通各方利益诉求渠道，及时有效处理投诉，保障各方合法权益。

参考文献

[1] 蔡少渠. 公交企业爬坡上坎：厘清成本与运价，既输血又造血 [EB/OL]. 赛文交通网. https://www.7its.com/index.php?m=home&c=View&a= index& aid=17665.

[2] 程世东. 交通运输发展策略与政策 [M]. 北京：人民日报出版社，2021 年.

[3] Department for Transport. The National Bus Strategy Delivering Bus Service Improvement Plans using an Enhanced Partnership：Guidance[EB/OL]. https://assets.publishing.service.gov.uk/government/uploads/system/uploads/ attachment_data/file/1002507/national-bus-strategy.pdf.

[4] 杜玉梅，陈洁. 国内外公共汽车交通行业整合模式比较 [J]. 华东经济管理，2007，21（11）：108-111.

[5] 樊桦. 我国交通运输管理体制改革的回顾和展望 [J]. 综合运输，2008（10）：8-13.

[6] 费志荣. 时代的巨变——改革开放以来我国交通运输发展回顾与展望（一）[J]. 综合运输，1998（02）：1-5.

[7] 费志荣. 时代的巨变——改革开放以来我国交通运输发展回顾与展望（二）[J]. 综合运输，1998（03）：1-5.

[8] 国家发展和改革委员会综合运输研究所. 利用既有铁路资源发展市域铁路的机制研究 [R]. 2018 年.

[9] 何山石. 我国交通运输立法发展之回顾 [J]. 交通企业管理，2007（03）：17-19.

[10] 胡坤鹏，邹普尚. 城市公共交通服务供给侧政府管理职责边界与市场机制研究 [J]. 交通运输研究，2017，3（03）：1-5.

[11] 黄良会.香港公交都市剖析 [M].北京：中国建筑工业出版社，2014 年.

[12] 黄诗俊.城市公交运营模式优化研究——基于顺德 TC 模式与广州非 TC 模式的经验 [D].华南理工大学硕士学位论文，2021 年.

[13] ITE Technical Council Committee 6A–41. Privatization of Public Transit Services. ITE JOURNAL. Sep 1992: 29–33.

[14] 姜乾之，张靓.东京大都市圈演化的治理结构研究 [J].现代日本经济，2020，39（03）：41–53.

[15] 景国胜.广佛都市圈视角下的轨道交通发展思考 [J].城市交通，2017，15（01）：38–42+89.

[16] 景国胜，黄荣新，谢志明.广州城市轨道交通快线的创新实践与思考 [J].城市交通，2020，18（01）：18–23+11.

[17] 李连成.改革开放 30 年以来我国经济社会环境与交通运输发展 [C].第六期中国现代化研究论坛论文集，2008 年.

[18] 李连成.交通运输 2030：需求分析 国际经验 供给思路 [M].北京：中国市场出版社，2017 年.

[19] 李卫波.100 个数字交通新场景 [M].北京：人民交通出版社，2023 年.

[20] 李星，谭月，向蕾，邓沈煦.基于实证研究的市域铁路发展思考——以成灌铁路为例 [J].城市交通，2020，18（01）：24–30.

[21] 刘波.纽约、伦敦和东京的城市公交补贴机制及对我国的启示 [J].城市轨道交通研究，2013，16（12）：5–8.

[22] 刘倩，王缉宪，陈安鑫."公交都市"的要素体系与香港经验 [J].住区，2017（04）：32–37.

[23] 刘迁，张杰.城市轨道交通市域快线发展的实践与思考 [J].城市交通，2020，18（01）：12–17+43.

[24] 刘炜梁.城市公交 TC 模式的理论及实践研究 [D].华南理工大学硕士学位论文，2011 年.

[25] Scholl Lynn. Privatization of Public Transit: A Review of the Research on

Contracting of Bus Services in the United States. Berkeley Planning Journal. 2006, 19(1): 143–161.

[26] 凌小静，滕爱兵. 对推进轨道交通"四网融合"发展的思考 [J]. 交通工程，2020，20（04）：21–25+31.

[27] 刘龙胜，杜建华，张道海. 轨道上的世界——东京都市圈城市和交通研究 [M]. 北京：人民交通出版社，2013 年.

[28] 吕颖. 都市圈综合轨道交通线网规划布局研究 [J]. 铁道标准设计，2020，64（04）：18–21.

[29] Mayor of London. Annual Report and Statement of Accounts[R]. 2018/19– 24 July 2019.

[30] 孟昌波. 中国民航 60 年——中国民航法规体系发展情况 [EB/OL]. 民航资源网，http://news.carnoc.com/list/144/144248.html.

[31] 全永燊，刘剑锋. 区域轨道交通规划若干问题与思考 [J]. 城市交通，2017，15（01）：12–19.

[32] 全永燊，潘昭宇. 城市交通供给侧结构性改革研究 [J]. 城市交通，2017，15（05）：1–7+11.

[33] 人民论坛. 大国治理：国家治理体系和治理能力现代化 [M]. 北京：中国经济出版社，2014 年.

[34] 荣朝和，罗江. 日本铁路东京都市圈通勤五方面作战转型服务启示研究 [J]. 铁道运输与经济，2020，42（03）：1–6+23.

[35] E·S·萨瓦斯. 民营化与公私部门的伙伴关系 [M]. 周志忍等译. 北京：中国人民大学出版社，2002 年.

[36] 苏跃江，胡郁葱，李晓玉. 城市公共汽车运营管理模式的改革路径 [J]. 城市交通，2019，17（06）：63–70+128.

[37] 苏跃江，周芦芦，胡郁葱，李晓玉. 公共汽车票价体系和补贴机制问题与思考 [J]. 城市交通，2022，20（06）：46–55.

[38] 深圳市城市交通规划设计研究中心股份有限公司. 深圳市公交管理体制改革及第四轮公交行业财政补贴实施方案研究. 深圳规划微信公众号，

2023 年 .

[39] 孙群郎，宋晨 . 20 世纪后期美国联邦政府的公共交通政策及其影响 [J]. 吉林大学社会科学学报，2015，55（06）：159-166+176.

[40] 孙志毅 . 日本铁路经济发展模式研究 [M]. 北京：经济科学出版社，2012 年 .

[41] 谭国威，宗传苓，王检亮 . 深莞惠都市圈轨道交通发展问题与对策 [J]. 城市交通，2018，16（05）：30-35+63.

[42] Transport for London. London's Bus Contracting and Tendering Process[EB/OL]. https://content.tfl.gov.uk/uploads/forms/lbsl-tendering-and-contracting.pdf.

[43] U.S. Department of Transportation. Bipartisan Infrastructure Law [EB/OL]. https://www.transportation.gov/bipartisan-infrastructure-law.

[44] 万永和，张小华 . 对我国城市公交行业政府规制的思考 [J]. 企业家天地，2005（2）：41-42.

[45] 王超，王文杉，武剑红，张冰松 . 北京市利用国铁资源发展都市圈市郊铁路构想研究 [J]. 城市轨道交通，2020，42（05）：92-96.

[46] 王欢明，诸大建 . 我国城市公交服务治理模式与运营效率研究——以长三角城市群公交服务为例 [J]. 公共管理学报，2011，8（02）：52-62+126.

[47] 王江平，钟朝晖，姜仙童 . 推动建立健全政府购买公共交通服务制度的建议 [J]. 交通运输部科学研究院《交通发展与改革研究》，2022 年第 49 期 .

[48] 王洁 . 论我国铁路法规体系的完善——以高铁立法为契机 [D]. 湖南师范大学硕士学位论文，2012 年 .

[49] 王庆云 . 交通运输领域科技创新的重点和途径 [J]. 综合运输，2003（08）：4-7.

[50] 王世明 . 城市公交成本规制的现状及问题探讨 [J]. 纳税，2021，15（25）：187-188.

[51] 王祥，王忠强，朱洪.实现上海轨道交通多网融合的规划研究 [C].智慧城市与轨道交通.中国城市科学研究会数字城市专业委员会轨道交通学组年会论文集，2015 年.

[52] 王晓荣，荣朝和，盛来芳.环状铁路在大都市交通中的重要作用——以东京山手线铁路为例 [J].经济地理，2013，33（01）：54-60.

[53] 王园园.公交解困应关注财务效力问题 [N].中国交通报，2023 年 3 月 14 日第 7931 期.

[54] 武剑红，沈砾子.东京都市圈市郊铁路特点及对我国的启示 [J].中国铁路，2017（09）：13-19.

[55] 武剑红，王璞玉，王超，周子莫.国铁参与市域（郊）铁路发展的机遇与路地合作机制创新 [J].铁路运输与经济，2016，38（10）：59-63+71.

[56] 许耀桐.中国国家治理体系现代化总论 [M].北京：国家行政学院出版社，2016 年.

[57] 杨珂.都市圈多层次轨道交通系统规划研究 [D].北京交通大学博士学位论文，2017 年.

[58] 禹丹丹，徐会杰，姚娟娟，张向峰，王海涛.国外都市圈轨道交通互联互通运营对我国的启示 [J].综合运输，2019，41（05）：115-120.

[59] 于鼎修.铁路市郊旅客运输 [M].北京：人民铁道出版社，1959 年.

[60] 湛世坤，李洪波.香港公交运输管理及收费政策研究 [J].市场经济与价格，2010（08）：14-18.

[61] 张国强.交通运输大部门体制改革的回顾与展望 [J].综合运输，2016，38（10）：23-26.

[62] 张磊.都市圈空间结构演变的制度逻辑与启示：以东京都市圈为例 [J].城市规划学刊，2019（01）：74-81.

[63] 赵坚，赵云毅."站城一体"使轨道交通与土地开发价值最大化 [J].北京交通大学学报（社会科学版），2018，17（04）：38-53.

[64] 赵旭.都市圈城际轨道交通互联互通研究——以深惠城际与其他城际互联互通为例 [J].铁道标准设计，2021，65（02）：1-6.

[65] 郑明远，王睦. 铁路城镇综合体：理论体系与行动框架 [M]. 北京：中国铁道出版社，2016 年.

[66] 周华庆，杨家文. 公共交通经营规制沿革与启示——以深圳市公共汽车 40 年发展历程为例 [J]. 城市交通，2017，15（06）：63-72.

[67] 周竞. 上海轨道交通 3、4 号线共线运营行车组织研究 [J]. 城市轨道交通研究，2017，20（01）：107-111.

[68] 朱艳艳，李秀敏. 日本国铁改革的过程及其发展现状 [J]. 日本学论坛，2006（04）：18-23.

[69] Samuel Zimmerman. 美国联邦政府在城市交通发展中的角色 [J]. 城市交通，2010，8（05）：22-24.